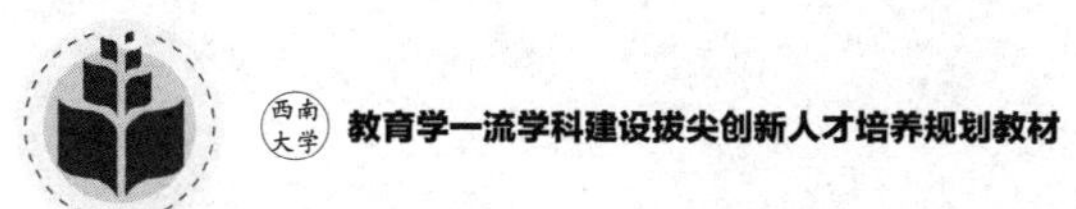

基础教育学

宋乃庆 赵鑫 张辉蓉 主编

西南大学出版社
国家一级出版社 全国百佳图书出版单位

图书在版编目(CIP)数据

基础教育学 / 宋乃庆, 赵鑫, 张辉蓉主编. -- 重庆: 西南大学出版社, 2023.10
ISBN 978-7-5697-1359-6

Ⅰ. ①基… Ⅱ. ①宋… ②赵… ③张… Ⅲ. ①基础教育—教育理论—高等学校—教材 Ⅳ. ①G630

中国版本图书馆CIP数据核字(2022)第052746号

基础教育学
JICHU JIAOYUXUE

主　　编　宋乃庆　赵　鑫　张辉蓉

责任编辑: 王　宁
特约编辑: 刘晓庆
责任校对: 曹园妹
装帧设计: 殳十堂_未　氓
排　　版: 张　祥
出版发行: 西南大学出版社(原西南师范大学出版社)
地址:重庆市北碚区天生路2号
市场营销部:023-68868624
邮编:400715
印　　刷: 重庆市正前方彩色印刷有限公司
幅面尺寸: 185 mm×260 mm
印　　张: 18.5
字　　数: 340千字
版　　次: 2023年10月 第1版
印　　次: 2023年10月 第1次印刷
书　　号: ISBN 978-7-5697-1359-6
定　　价: 58.00元

序

教材建设是国家事权，是育人的重要载体。在我国基础教育走向优质均衡发展的道路中，适时出版一本代表基础教育发展方向、体现基础教育新理念及新思维、展现基础教育新进展和新成果的基础教育学教材，将为新时代基础教育的发展注入活力。

基础教育学作为教育科学体系中的二级学科，是一门以普通中小学教育的问题与规律为研究对象，旨在培养基础教育理论与实践人才的教育学科。时至今日，基础教育学研究成果相继展露峥嵘，其教材开发也受到高度重视。但是，鲜有将基础教育学专门作为研究对象，结合基础教育的热点与难点，反映基础教育学最新研究动态，体现时代特色的教材。西南大学基础教育研究中心于2007年和2011年分别在教育学一级学科下自主设立基础教育学博士生和硕士生招生点，作为我国首批设立基础教育学博士点和硕士点、培养基础教育学专业博士生和硕士生的单位，中心负责人宋乃庆教授及其团队常年深耕基础教育关键领域，聚焦基础教育现实问题，探寻基础教育发展规律。

《基础教育学》是中华人民共和国成立以来有关基础教育教材的一部奠基之作。它对基础教育的本质、历史沿革、学生和教师、基础教育课程与教学、管理与评价，以及科学研究等主要议题，进行了全面而有创见的论述。这部教材遵循实事求是的原则，综合运用辩证唯物主义和历史唯物主义的方法论，坚持论述的理论逻辑与历史逻辑相统一，深入把握了基础教育学的发展脉络，系统阐释了基础教育学的学科意蕴、基础知识与重要观点，探索了基础教育教材理论的建构和创新。尤为可贵的是，在教育类教材中首次将数十所中小学校具有前沿性、经典性、鲜活性和推广性的教育实践经验作为教材案例，构建了理论与实践深层交互的内容体系，呈现了基础教育实践领域探索的宝贵经验和最新进展，通过积累本土经验，彰显出中国特色。

该教材的突出特点是：第一，学科定位精准，研究对象明确。教材以基础教育学学段中基础性和普遍性的教育现象与教育问题为研究对象，明确基础教育意蕴，搭建基础教育框架，挖掘基础教育演变，探索基础教育规律，把握基础教育原理，构建基础教育路径。第二，内容逻辑清晰，兼顾共性与个性。教材在围绕基础教育的主体、课程、教学、管理和评价等教育活动共性要素基础上，积极凸显并深入阐述基础教育中的目标体系、师生特性、课程标准、家校合作、教师教研等专有主题，兼顾全面系统性和学段特色性。第三，洞察历史规律，紧扣时代前沿。教材从历史、现实和未来三个维度，呈现了古今中外基础教育的演进及特点，梳理了基础教育的历史发展规律，通过读懂中小学教育改革的变革性实践，展现我国基础教育改革发展的规律和时代经验，明确新时代基础教育的基本路径，展望了基础教育的发展走向，体现了现实性、实践性和原创性。

这本教材既是高等院校教育学类课程的重要教科书，也是中小学教师专业发展和培养培训的必备文献，将为进一步深化我国基础教育学研究提供重要启示。教材凝结了宋教授及其团队多年扎根于基础教育一线、深入剖析基础教育关键问题、悉心总结基础教育宝贵经验的集体智慧，体现了他们直面问题、推动变革、引领发展的教育情怀和使命担当。我期待在未来的岁月，他们能够立足基础教育学科，开出更美好的“春花”，结出更丰硕的“秋果”。

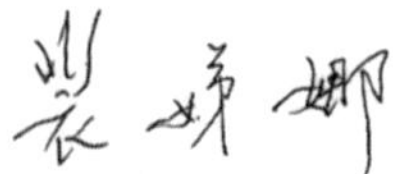

北京师范大学资深教授、当代教育名家、全国教学论学术委员会名誉理事长

2023年1月于北京求是书屋

编者的话

基础教育作为国家教育事业的基石，是提高国民素质、实现国家富强的基础性工程。虽然已有专著聚焦基础教育及其改革等领域，但在教材领域大都是以“小学教育学”或“中学教育学”命名，少有教材将“基础教育学”作为一门学科进行深入阐述。部分高师院校设立基础教育学学科硕士、博士生招生点，开设了基础教育学课程，但缺少《基础教育学》这样一本核心教材作为支撑。作为基础教育研究者，自觉有义务编撰一本紧扣新时代教育发展前沿、彰显基础教育核心观点与独特方法的专业教材，这对培养基础教育领域高素质专业化创新型教师队伍、推进基础教育现代化既必要又重要。

基础教育学作为教育学的重要分支，教材内容立足于基础教育改革、教育学原理等相关领域的已有研究成果，虽然借鉴了教育学原理的核心内容，但不是简单照搬或在相关内容之前“扣上”“基础教育”的“帽子”，而是在参照教育学框架的基础上凸显基础教育学的学段特殊性，将基础教育学的知识从教育学原理中凝练出来，使基础教育学获取“血液”、明确“归属”、得到“新生”。基础教育学是由基础教育学本体论、认识论和方法论相互联系、相互作用所构成的有机整体，反映在教材内容及体例上，既分析了基础教育学的内涵、范畴和属性等学科本体，也阐述了基础教育的目标价值、演变发展、教育主体、课程与教学、管理与评价等学科要素，以及基础教育的科学研究和未来发展等学科方法问题，全方位探讨了基础教育的基本理论。

全书分为七章，第一章“基础教育学绪论”，阐述了基础教育学的学科演变，明晰了基础教育学的内涵、范畴及发展。同时，阐明了基础教育学的学科现状，明确了学科定位、学科体系及其学习方法。第二章至第七章围绕基础教育学学科内容的六大方面进行深入探讨，加强读者对基础教育学知识体系及思维方式的深度理解与深层应用。

第二章“基础教育的本质”，明确了基础教育“是什么”“为什么”，界定了“基础”“教育”和“基础教育”等核心概念，辨析了“基础教育”与“普及教育”“义务教育”“素质教育”等相关概念的异同，阐释了基础教育的特有性质，剖析了基础教育目标的内涵与价值，梳理了我国基础教育目标的演变以及基础教育的育人、发展和衔接等功能。

第三章“基础教育的历史沿革”，介绍了基础教育“怎样变迁”，从国内和国外两个方面梳理了基础教育的渊源与演变。一方面，描绘了我国从古代基础教育的萌芽与开端，到近代基础教育的探索与发展，再到当代基础教育的振兴与繁荣；另一方面，既从纵向角度展示了国外古代和近现代基础教育的概览，也从横向角度阐述了美国、俄罗斯、芬兰、日本和新加坡等国家当代基础教育的改革与发展，挖掘可供借鉴的经验。

第四章“基础教育的主体”，阐述了基础教育“谁来执教”“谁受教育”。中小学教师作为学生学习的促进者、学生成长的引导者、学生言行的表率者和教育教学的研究者，需具备特有的职业修养和专业素质。针对中小学生处于快速成长期，小学、初中与高中阶段的学生各自具有的独特的身心特征和学习特点，教育工作者提出了相应的教育要求。

第五章“基础教育的课程与教学”，聚焦了基础教育“教什么”“怎么教”。在课程方面，涵盖了基础教育课程标准的价值、定位及特征，基础教育课程类型，各阶段课程设置与开发等；在教学方面，详细阐述了基础教育的教学设计、教学方法和教学组织形式等关键问题。

第六章“基础教育的管理与评价”，论证了基础教育实施“怎样组织”“效果如何”。涉及的内容有：学校管理的内容与方法，基础教育班级管理中的班主任工作和师生关系；基础教育家校合作的意蕴价值、教育指导及优化策略；基础教育评价应遵循的原则，教师教学工作评价和学生学业成就评价的内容与方法；等等。

第七章“基础教育的科学研究”，诠释了基础教育“怎样探索”“如何发展”。一方面，明确了科研在基础教育中的重要价值，阐述了基础教育的研究路径以及在中小学校运用较多的行动研究法、案例研究法和教育实验法等研究方法；另一方面，详细介绍了我国基础教育领域特有的教研制度，包括教研制度的形成、发展与特点，以及教研员的角色定位与专业发展等。

在上述各章内容支撑下，本教材立足我国新时代基础教育现代化的发展趋势及其对师资人才的需求，旨在为培养具有系统的基础教育理论素养和开阔的学术视野，怀揣服务基础教育的情怀，热爱中小学教育，富有创新精神，能胜任基础教育教学、管理和科研等工作的专门人才奠定扎实基础。在呈现基础教育学基本知识、观点与方法的基础上，着力吸收基础教育领域最新研究成果，反映基础教育学研究的最新进展，构建更为完整的基础教育学体系，并辅之以基础教育教学成果奖案例，将基础教育的理论与实践有效结合，确保教材兼具学理性与实操性。全书内容紧扣基础教育的基础性、全民性、普及性与全面性等特征，遵循基础教育的特殊规律，在强调经典性和原理性的基础上，以思想带事实，探讨基础教育学的核心问题，力求突出基础教育学的逻辑主线，较为全面地呈现基础教育学的概貌，构建更为完整的基础教育学体系。

一是导向先进化。新时代基础教育高质量发展必须遵循发展规律，既要回归基础教育的本质，也要顺应时代发展求得创新。教材以深入贯彻习近平总书记关于教育的重要论述、落实党的十八大以来教育相关会议精神为价值导向，在撰写中全面贯彻党的教育方针，立足党和国家颁行的《中国教育现代化2035》《关于深化教育教学改革全面提高义务教育质量的意见》《关于新时代推进普通高中育人方式改革的指导意见》《深化新时代教育评价改革总体方案》《义务教育质量评价指南》等系列教育文件，将加快推进基础教育现代化、办好人民满意的基础教育、建设基础教育强国等党和国家有关基础教育的最新思想和教育理论创新成果融入教材内容，从而有效落实基础教育阶段的立德树人根本任务，围绕基础教育培养目标，彰显基础教育的核心内容与发展规律。

二是内容前沿化。教材密切关注国内外基础教育研究和举措，反映了基础教育的实际情况和基本走向。一方面，通过梳理国内外基础教育研究领域的最新成果，包括基础教育学科前沿新进展、基础教育实践改革新举措、基础教育学校发展新经验、中外基础教育改革的最新成果等，全面了解基础教育的最新动态，有效把握基础教育理论与实践的整体概貌；另一方面，顺应时代发展趋势，各章内容融入了贴合基础教育实践的素材，引导读者结合基础教育实践掌握相关理论知识的形成脉络。此外，教材内容并不局限于介绍知识与结论，也着力揭示基础教育思想理论发展的过程，启发读者主动思考、获取新信息、得出自己的结论，为其自主学习、提升教学、开展研究奠定基础。

三是体例实用化。教材秉持“学习导向”的内容撰写方式，旨在激发读者的阅读兴趣和学习动机，实现学以致用。第一，精选基础教育国家教学成果奖的优秀成果作为教材的支撑案例，为读者掌握并应用基础教育学的理论知识提供直接参考。第二，设置“学习目标”。在每章开头列出学习本章内容应达成的目标，有助于读者明确学习方向，合理分配学习时间，扎实掌握教材内容。第三，设置“情境导入”。在每章前提供贴合该章核心内容的情境，引导读者身临其境，带着问题阅读相关内容，强化对内容的理解和运用。第四，设置“拓展性资料”。每个小节设有“拓展性资料”，包括基础教育研究者对相关概念或议题的各类见解等学习资料。第五，设置“思考”和“延伸学习”。“思考”包含对各章节重难点内容的设疑，巩固对相关内容的理解、思索与运用；“延伸学习”推荐并介绍了与章节内容密切相关的著作、杂志(期刊)、文章、网站等,拓宽基础教育学相关领域视野。

需要强调的是,从学段上而言,广义上的基础教育既包括普通中小学教育,也包括学前教育和中等职业技术教育。但是,普通中小学教育同学前教育与中等职业技术教育在教育性质、教育目标、教育主体和教育模式等方面都存在较大差异,近年来中共中央、国务院和教育部颁布的各类教育政策文件都分别对基础教育、学前教育与中等职业技术教育进行专门阐述,所以本教材将基础教育的主要研究对象确定为普通小学教育和普通中学教育,着力为破解基础教育学科建设中的系列问题贡献绵薄之力。

目　录

第三章　基础教育的历史沿革

第四章　基础教育的主体

第五章　基础教育的课程与教学

第一章
基础教育学绪论

【学习目标】

1. 从学理角度理解基础教育学的内涵、范畴及发展历史，形成对基础教育学学科的基本认识。

2. 明确基础教育学的学科定位，立足基础教育学的现实问题，把握基础教育学的学科现状，形成基础教育学的学科意识。

3. 重点掌握基础教育学的学习方法，并结合新时代导向理解基础教育的理论框架，积极投入专业学习。

【情境导入】

在教育学课堂中，学生们对于基础教育学的内涵及研究范畴等进行着激烈的争论。有人认为基础教育学，顾名思义，就是以教育学为基础，即以教育现象、教育问题为研究对象，归纳总结人类教育活动的科学理论与实践，探索解决教育活动产生、发展过程中遇到的实际教育问题，从而揭示出一般教育规律的一门社会科学，是整个教育科学体系中的一门基础学科。

但有人对此提出异议，认为这种界定说不通。因为，基础教育学需对应学前教育学、高等教育学、成人教育学等，分别以不同学段为研究对象，属于教育学下级分支学科，不能将其简单地理解成是基础的教育学。那么，基础教育学到底是基础的教育学，还是以基础教育为研究对象的教育学分支学科？

（改编自：蔡澄．基础教育学[M]．南京：江苏人民出版社，2006：1–3.）

教育是人类所特有的一种社会活动，自人类社会出现以来就存在教育活动，随着人类社会的发展而持续变迁。教育学是一门研究人类社会中学校教育现象，旨在揭示学校教育规律的科学。作为教育学的分支学科，基础教育学既是教育学一级学科中的重要二级学科，也是教师教育课程体系中的一门重要课程。掌握基础教育学的内涵、范畴及学科发展，是学习和研究基础教育学的重要前提。基础教育学的内涵、范畴、发展以及基础教育学的学科定位、学科体系与学习方法，都是值得深入思考和探讨的议题。

第一节　基础教育学的学科演变

基础教育学作为整个教育科学体系的重要组成部分，其内涵、范畴及学科发展都经历了历史性演变。立足已有研究成果，明确基础教育学的基本内涵，掌握基础教育学的研究对象及研究目的，并对基础教育学学科的形成与发展进行纵向梳理，才能描绘出基础教育学的学科全貌。

一、基础教育学的内涵

“基础教育学”作为一个复合概念，教育学界对其阐释主要归为两类。一类将基础教育学理解为“基础+教育学”。“基础”是指基本的、简单的、最低标准的；“教育学”则是指研究教育现象、揭示教育规律的知识体系和科学体系，也指教育学科的总称。[①]认为基础教育学是基础的教育学，是基础和基本的教育学理论或原理，是为了让人们掌握教育学的基本知识和理论以及教育教学的基本技能，了解教育学研究的对象、内容、方法及理论基础。这一界定的代表性著作有李方主编的《基础教育学教程》，汪潮主编的《基础教育学》，徐虹、傅金兰主编的《基础教育学》等。另一类观点把基础教育学诠释为“基础教育+学”。“基础教育”是具体的学段，指对国民实施基本的普通文化知识的教育，包含中学教育和小学教育；“学”则是指一门学科。即“基础教育学”作为教育科学体系中一个重要的组成部分，是研究基础教育的规律及其应用的学科。[②]

由此可见，不同的分解会产生对“基础教育学”的不同理解：前者重心在“教育学”，

① 顾明远.中国教育大百科全书(第2卷)[M].上海:上海教育出版社,2012:958.

② 吴锡改.基础教育学[M].武汉:中国地质大学出版社,1989:1-2.

后者重心在“基础教育”。从学科立场和教育实践的角度而言，第二种分解更为可取，即“基础教育学”属于教育学的分支学科，以基础教育为对象，是研究基础教育发展规律以及如何运用这些规律优化基础教育实践的学科。在教育学学科体系中，基础教育学与学前教育学、高等教育学、职业教育学、成人教育学等处于同一层级，其上位学科是教育学。虽然属于同一个分支体系，但是区别相对明显，最大的区别在于研究对象不同。

具体而言，基础教育学是以中小学教育为研究对象，专门研究基础教育阶段的现象、问题及规律。学前教育学是指专门研究学前儿童教育现象及问题、诠释学前教育规律的科学。研究对象主要是人类社会中的学前教育现象和问题，关注如何通过人自身的社会行为引导和促进个体和社会的发展，为人的终身发展奠定良好基础。[①]高等教育学以高等教育为研究对象，揭示其发展规律，主要分支学科有高等教育哲学、高等教育史、比较高等教育、高等教育经济学、高等教育社会学、大学生心理学、各层次和各科类高等教育研究、各学科教学论、高等教育管理学等。[②]成人教育学是研究成人教育现象、问题和规律的学科，研究内容包括成人教育基础理论研究、比较成人教育、成人教育课程教学研究、成人教育学习者和工作者研究、成人教育组织与管理等。[③]

二、基础教育学的范畴

基础教育学作为一门独立的学科，拥有不同于其他学科的、专门的研究范畴。深入探索基础教育学的研究范畴，有助于进一步明确基础教育学的研究对象与研究内容，对于学习基础教育学、开展基础教育学研究具有重要意义。

（一）基础教育学的研究对象

基础教育学主要是以基础教育为研究对象，所关注的特定领域是基础教育工作中的各种现象、因素、活动以及它们之间的客观联系，也包括基础教育的特殊问题，解释基础教育的特殊规律。只有通过对基础教育现象、基础教育问题的研究，才能认识基础教育的特殊矛盾，揭示基础教育的发展规律。1977年，联合国教科文组织将“基础教育”界定为向每个人提供并为一切人所共有的最低限度的知识、观点、社会准则和经验的教

① 顾明远.中国教育大百科全书(第3卷)[M].上海:上海教育出版社,2012:2210.

② 顾明远.教育大辞典(增订合编本上)[M].上海:上海教育出版社,1998:404.

③ 顾明远.中国教育大百科全书(第1卷)[M].上海:上海教育出版社,2012:105.

育。从学段上而言,有学者认为,“广义的基础教育,是指各级各类教育中的基础阶段的教育。广义的基础教育既指普通中小学教育,又包括职业技术教育、高等教育和成人教育中的普通文化科学知识教育。”[①]“学前教育是基础教育的外延”,“普通中、小学教育是基础教育的主体部分”。[②]但是,普通中小学教育同学前教育与职业教育在教育性质、教育目标、教育主体和教育模式等方面都存在较大差异。近年来中共中央、国务院和教育部颁布的各类教育文件都分别对基础教育、学前教育和中等职业教育进行专门阐述。为此,本书将基础教育的主要研究对象确定为普通中小学教育。在基础教育学成为独立学科之前,教育学界就已经探讨了小学教育学和中学教育学。其中,小学教育学以小学教育教学中基础文化科学知识的传授和掌握,以及小学生的身心发展水平与社会要求之间的特殊矛盾为研究对象。[③]中学教育学以中学教育教学中知识的传授和掌握,以及学生身心发展水平与社会要求之间的特殊矛盾为研究对象。[④]

(二)基础教育学的研究目的

基础教育学作为教育研究者和中小学教师重点关注的领域,对于探索基础教育规律、解决基础教育问题、促进基础教育改革、提高基础教育质量、推进基础教育事业发展具有重要价值。基础教育的理论创新和实践探索,为基础教育学的发展提供了基本依据和持续发展的动力。

1. 揭示基础教育的基本规律

基础教育学研究的重点内容之一就是把握基础教育阶段的基本规律,包括宏观层面的基础教育整体发展规律、中观层面的学校发展规律,以及微观层面的中小学生认知发展规律、身心发展规律、教的规律和学的规律等。明确基础教育基本规律,既有助于教育研究者更好地推进基础教育理论发展,又有助于教师在此基础上更好地开展基础教育教学。理论来源于实践,反过来指导实践,周而复始,螺旋上升。教师通过学习基础教育学的基本概念、基本知识和主要理论,掌握基础教育学理论,加深对基础教育实践的认识。同时,基础教育学既服务于教师的专业发展,又依赖于教师在各自学科领域通过创造性教学实践积累丰富的学术资源。概而言之,学习基础教育学,掌握基础教育

① 王维娅,王维,李桂华.基础教育的理论与实践[M].济南:山东教育出版社,1999:1.
② 郭福昌,吴德刚.教育改革发展论[M].石家庄:河北教育出版社,1996:65-66.
③ 顾明远.教育大辞典(增订合编本下)[M].上海:上海教育出版社,1998:1723.
④ 顾明远.教育大辞典(增订合编本下)[M].上海:上海教育出版社,1998:2094.

规律，是开展基础教育学理论研究和实践探索、促进基础教育阶段教师专业发展与学生成长的必由之路。

2. 指导基础教育的实践发展

开展基础教育学研究的最终目的在于有目的、有方法地指导基础教育的实践探索。就中小学教师而言，一方面，既要明确自己的工作角色，即教师肩负的历史使命、工作特点、努力方向和发展路径，又要了解自己的服务对象，即学生的心理特征和学习规律。另一方面，要熟悉基础教育的工作系统，包括基础教育的培养目标、教学工作、组织管理，以及基础教育的历史变迁。通过深入学习基础教育学，教师可以明确基础教育的培养目标，把握学生的特点及相关学习理论，了解良好师生关系的形成过程，熟悉中小学校和班级的组织管理等核心内容，为有效促进基础教育事业发展提供理论参照。

3. 提高基础教育的研究能力

进入新时代，我国基础教育事业发展迅猛，基础教育的观念、制度和实践向着高质量发展进行转型，各种基础教育现象纷至沓来，各类基础教育问题也层出不穷。比如，高考改革问题、中考改革问题、德智体美劳“五育”并举问题等备受关注。针对这些问题，如何运用教育学的理论知识加以分析并有效解决，是基础教育学研究所要达到的目标。开展基础教育学研究，有利于提高理论研究者与中小学教师研究基础教育的能力，进而更好地解决教育教学实践问题，促进学生的全面发展和基础教育质量提升。

三、基础教育学的发展

我国古代基础教育可以追溯到夏商周时期，《孟子·滕文公上》记载：“夏曰校，殷曰序，周曰庠。学则三代共之，皆所以明人伦也。”近代基础教育始于1878年张焕纶在上海创办的正蒙书院内附设的小班，公立小学堂正式建于1897年盛宣怀创办的南洋公学，基础教育随后得到了快速发展。[①]1904年，清政府颁布《奏定学堂章程》，对基础教育各阶段的办学宗旨、入学资格及年龄、课堂及修业年限等做了具体规定。[②]中华人民共和国成立初期，先后召开第一次全国中等教育会议、第一次全国初等教育会议，颁布了《中学暂行规程》《小学暂行规程》等系列文件，逐步确立了当代基础教育体系，为基础教育事

① 朱德全.小学教育学[M].重庆：西南师范大学出版社，2002：8.

② 宋乃庆，李森，朱德全.中国基础教育改革与发展[M].北京：高等教育出版社，2018：22-23.

业的蓬勃发展奠定了坚实根基。[①]但教育学界对基础教育学的系统研究时间还相对较短，其始于20世纪80年代，大致经历了学科形成与学科发展两个阶段。

（一）1980—2000年：基础教育学的学科形成阶段

在基础教育学作为教育学的二级学科还未被正式提出之前，学者认为教育学可以分为家庭教育学、学校教育学和社会教育学，而学校教育学又可以分为学前教育学、普通教育学、高等教育学与特殊教育学等，其中普通教育学包括小学教育学和中学教育学。[②]当时将普通教育学理解为教育学的分支学科，同学前教育学、高等教育学、特殊教育学并列，主要关注中小学教育的发展和普及、中小学校实现国家教育方针与培养目标的路径以及有效实现学生全面发展的策略等。[③]可见，普通教育学作为基础教育学的雏形和前身，与基础教育学"所阐述的基本原理、原则和方法基本上是一致的，但阐述理论的侧重点及应用方面则有很大的区别……基础教育学所研究的是基础教育中的特殊问题、特殊矛盾，而普通教育学则重在阐明教育工作的普遍规律和一般原理"[④]。

1982—1984年期间，我国教育学科体系初步向两方面分化与发展：一是分化出教学论等学科；二是形成了学前教育学、基础教育学、高等教育学、成人教育学等分支学科。[⑤]1984年，人民教育出版社出版了华东师范大学比较教育研究所翻译的苏联学者休金娜所著的《中小学教育学》，引介和学习国外基础教育学说，促进了我国基础教育学的相关探索。1989年，吴锡改主编了我国第一本书名为《基础教育学》的著作，探讨了基础教育学的学科领域、学科地位和学科体系，并对基础教育的性质及规律、目标与任务、教师和学生、施教原则、基本内容、基本途径、管理与评价等方面进行了系统阐述。[⑥]1999年，郭思乐在《课程·教材·教法》发表了题为《建立和发展基础教育学学科的若干思考》的文章，强调"基础教育学的建立是教育学学术发展的结果……建立'基础教育学'学科是基础教育改革与发展的实际需求……基础教育学已经有丰富的学术积累"[⑦]。

---

① 毛礼锐，沈灌群．中国教育通史（第6卷）[M]．济南：山东教育出版社，1989：12-14.

② 叶立群．小学教育学[M]．北京：人民教育出版社，2000：1.

③ 顾明远．教育大辞典（增订合编本下）[M]．上海：上海教育出版社，1998：1196.

④ 倪文杰，张成福，马克锋．现代交叉学科大辞库[M]．北京：海洋出版社，1993：234-235.

⑤ 侯怀银．中国教育学之路[M]．合肥：安徽教育出版社，2009：51.

⑥ 吴锡改．基础教育学[M]．武汉：中国地质大学出版社，1989：前言．

⑦ 郭思乐．建立和发展基础教育学学科的若干思考[J]．课程·教材·教法，1999（9）：53-55.

【拓展性资料1-1-1】

建立和发展基础教育学学科的若干思考

当前,设置“基础教育学”学科已成为教育学科研和教学的突出问题。在全国教育科学规划领导机构中,设立了基础教育学科规划机构,但在学位专业目录上基础教育学科仍然是空白。在现行专业目录的一级学科“教育学”内,有教育学原理、中外教育史、学前教育学、高等教育学、职业教育学、成人教育学、课程与教学论、比较教育学,但没有基础教育学。专业目录中没有设置“基础教育学”,既说明对该学科尚未给予应有的学术承认,也使得高等院校和专门科研机构难于有针对性地培养具有基础教育专门知识的高层次人才,这些均不利于基础教育理论与实践的进一步发展。考察基础教育学的学术积累和发展需求,分析其建立的可行性,可促进这一学科的建立和发展,有利于建立基础教育学特定的学科体系,从而有利于基础教育研究的专门化和深刻化,有利于培养高层次的基础教育研究人才,有利于研究和解决基础教育改革与发展中遇到的重大理论和实践问题。

(选自:郭思乐.建立和发展基础教育学学科的若干思考[J].课程·教材·教法,1999(9):53-55.)

这一阶段基础教育学的学科积累主要表现为分支领域的形成、方法论的构建以及研究队伍的建设。具体而言,一是初步形成了基础教育学的分支领域。主要囊括基础教育哲学、基础教育史、比较基础教育、基础教育经济学、中小学学校管理学、中小学生心理学、基础教育课程与教学论、中小学生德育学、中小学生学习论、基础教育体育论、中小学生美育论、中小学生劳动教育学、中小学教育技术学、中小学教育工艺学、中小学校卫生学、中小学校教育环境学和中小学校建筑学等。这些分支学科扎根于基础教育的实践需要,符合学科分化交叉发展的规律。二是构建了基础教育研究的方法论,为基础教育学的发展提供了强有力的工具支撑。基础教育学的研究方法从调查研究、分析研究、实验研究、行动研究发展到应用现代技术手段、利用实验室和“软件上的实验”等,力图通过方法的创新寻获更为丰富、准确的研究信息。三是锻炼了基础教育学的研究队伍。一批教育研究者开始致力于探索基础教育学,出版和发表了一系列以基础教育为研究对象的论著(表1-1-1所示)。许多学者怀揣着为发展基础教育事业服务的情怀,深入中小学校开展研究,掌握基础教育实践的迫切需求和现实问题,探寻问题的解决路径,从基础教育实践中汲取学术营养。

表1-1-1　1980—2000年间出版的有关基础教育学的部分著作

著作	作者及著作方式	年份	出版社
《小学教育学》	中央电化教育馆等主编	1986	北京师范大学出版社
《小学教育学》	叶立群主编	1989	人民教育出版社
《中小学比较教育学》	商继宗著	1989	人民教育出版社
《基础教育学》	吴锡改主编	1989	中国地质大学出版社
《中学教育学》	叶瑞祥等主编	1990	广东高等教育出版社
《中学教育学》	范广仁主编	1991	辽宁人民出版社
《小学教育学教程》	哈敬主编	1991	华东师范大学出版社
《中学教育学》	刘光梅主编	1992	湖南师范大学出版社
《中学教育学》	班华主编	1992	人民教育出版社
《小学教育学》	朱作仁主编	1993	江西教育出版社
《小学教育学》	刘修文主编	1993	苏州大学出版社
《中学教育学》	叶上雄主编	1993	高等教育出版社
《中学教育学》	孙立明主编	1994	辽宁大学出版社
《小学教育学》	谢麟主编	1994	西南师范大学出版社
《中学教育学》	余本祜主编	1995	中国科学技术大学出版社
《基础教育学》	沈晓良、于淑云主编	1995	新疆大学出版社
《小学教育学教程》	胡寅生主编	1995	人民教育出版社
《中学教育学》	施良方主编	1996	福建教育出版社
《中学教育学》	叶瑞祥、沈晓良主编	1997	广东高等教育出版社

(二)2000年至今:基础教育学的学科发展阶段

进入21世纪,新一轮基础教育课程改革推动基础教育学步入了学科快速发展期,在相关研究成果持续增长的基础上,西南大学、华南师范大学、山东师范大学等高校开始自主设置基础教育学博士招生点和硕士招生点,培养了大量专业人才,奠定了学术队伍建设的人才基础。同时,还成立了一批基础教育研究中心,为基础教育学的学科发展搭建了稳固的学术平台。

第一，基础教育学研究论著呈“井喷”式增长。在中国知网等数据库以“基础教育”为篇名进行精确检索，从2000年1月至2021年11月共发表30271篇相关文献①，涉及基础教育（课程）改革、基础教育均衡发展、基础教育公平、农村基础教育、基础教育现代化、基础教育阶段、素质教育、教师专业发展、中小学生、课堂教学、教学方式、课程标准等基础教育主要领域。2000年以来，研究者出版了有关基础教育的系列著作（表1-1-2所示）。除了宋德如等主编的《基础教育学》、蔡勇强等编著的《基础教育学》等基础教育学元研究著作，还出版了一批基础教育学分支学科著作，影响较大的有《小学教育学》（黄济等主编）、《小学教育学》（朱德全主编）、《中学教育学（第二版）》（班华主编）、《中学教育学》（施良方主编）、《基础教育哲学》（陈建华著）、《比较基础教育》（马健生主编）等，以及深入探讨基础教育改革的著作，如《“新基础教育”论——关于当代中国学校变革的探究与认识》（叶澜著）、《中国基础教育改革发展研究》（叶澜主编）、《基础教育课程改革理论与实践》（徐仲林、徐辉主编）、《中国基础教育改革与发展》（宋乃庆等主编）等。此外，冯增俊主编了《新世纪国际基础教育丛书》，详细介绍了世界主要国家基础教育实践探索，包括美国、英国、德国、俄罗斯、澳大利亚、瑞典、日本、新加坡、马来西亚、泰国和印度等国家，剖析了这些国家基础教育改革的得失成败与发展趋向，对中国基础教育发展具有重要的参考价值。

表1-1-2　21世纪以来出版的有关基础教育学的部分著作

著作	作者及著作方式	年份	出版社
《小学教育学教程》	人民教育出版社教育室组编	2000	人民教育出版社
《小学教育学》	汤书翔主编	2001	华中科技大学出版社
《小学教育学》	朱德全主编	2002	西南师范大学出版社
《中学教育学》	张启哲主编	2003	陕西人民出版社
《新世纪国际基础教育丛书》	冯增俊主编	2003—2007	广东教育出版社
《基础教育概论》	李森、宋乃庆主编	2004	四川教育出版社
《中学教育学（新编本）》	叶上雄主编	2004	高等教育出版社
《基础教育课程改革理论与实践》	徐仲林、徐辉主编	2005	四川教育出版社

① 2021年11月检索。

续表

著作	作者及著作方式	年份	出版社
《基础教育学》	宋德如、卞佩峰主编	2005	江苏人民出版社
《“新基础教育”论——关于当代中国学校变革的探究与认识》	叶澜著	2006	教育科学出版社
《小学教育学精讲》	姚便芳主编	2006	四川教育出版社
《中学教育学》	孙俊三主编	2006	湖南人民出版社
《基础教育学》	蔡勇强等编著	2006	厦门大学出版社
《小学教育学》	黄甫全主编	2007	高等教育出版社
《小学教育学》	虞国庆、漆权主编	2008	江西高校出版社
《中学教育学》	虞国庆、漆权主编	2008	江西高校出版社
《中学教育学》	陈新宇、滕鲁阳主编	2008	重庆出版社
《小学教育学》	湖南省教育厅组织编写	2008	湖南科学技术出版社
《比较基础教育》	马健生主编	2008	江苏教育出版社
《基础教育哲学》	陈建华著	2003	文汇出版社
《基础教育改革与中国教育学理论重建研究》	叶澜等著	2009	经济科学出版社
《中国基础教育改革发展研究》	叶澜主编	2009	中国人民大学出版社
《中学教育学》	洪明、张荣伟主编	2010	福建教育出版社
《小学教育学》	《小学教育学》编写组编	2011	西北大学出版社
《中学教育学(第二版)》	班华主编	2012	人民教育出版社
《基础教育研究》	唐东堰主编	2012	世界图书出版广东有限公司
《中学教育学》	张子梅主编	2013	清华大学出版社
《中学教育学》	施良方主编	2013	福建教育出版社
《中学教育学》	郭平主编	2015	西南交通大学出版社
《新编小学教育学》	唐智松主编	2016	西南师范大学出版社
《小学教育学》	郑晓生编著	2016	福建教育出版社
《中国基础教育改革与发展》	宋乃庆等主编	2018	高等教育出版社

第二，部分高师院校自主设置硕博士招生点。以西南大学为例，2007年该校在教育学一级学科下自主设立基础教育学博士招生点，首届招收2名博士生，截至2020年共招收20余名博士生。2011年又自主设置了基础教育学硕士招生点，首届招收5名硕士生，截至2020年共招收50余名硕士生。该校基础教育学的专业发展主要体现在三个方面：一是组建了导师团队，目前共有20余名研究生导师；二是完善了课程体系，开设了教育基本理论专题研究、教育研究方法、教育心理学进展、基础教育概论、基础教育中外主文献研读、基础教育课程与教学改革专题研究、基础教育统计与评价等专业必修课，以及当代中国重大基础教育改革问题研究、基础教育政策法规专题研究等专业选修课；三是细化了培养方向，针对基础教育理论研究与实践探索的需要，基础教育学博士生培养方向囊括中小学课堂教学改革与创新、基础教育质量监测与评价、基础教育管理与课程改革，硕士生培养方向分别为基础教育课程及政策研究、基础教育领导与管理、基础教育城乡统筹发展研究、基础教育国际比较研究、基础教育质量测评和教育政策、中小学课堂教学改革与创新、基础教育学校整体改革等。

第三，基础教育学研究中心和基地相继建立。专业研究机构作为学术探索与学术交流共同体，是研究者研讨互通的桥梁和纽带。目前已成立的基础教育学术机构主要有中国教育科学研究院基础教育研究中心、华东师范大学基础教育改革与发展研究所、西南大学基础教育研究中心、华南师范大学基础教育研究所、江南大学基础教育研究中心、江西师范大学基础教育研究中心、浙江省基础教育研究中心、河南省基础教育研究中心等。其中，中国教育科学研究院基础教育研究中心是综合性研究部门，研究范围覆盖学前教育、义务教育和普通高中教育三个学段，侧重基础教育的政策性和战略性研究；华东师范大学基础教育改革与发展研究所作为教育部人文社会科学重点研究基地，是隶属于华东师范大学的实体性研究机构，由学校综合改革、教育政策理论、教育与学生发展以及教师教育四个研究室构成，所依托的教育学原理与教育史学科都是我国第一批博士学位授予点、国家重点学科、华东师范大学教育学学科博士后流动站站点和“211工程”建设重点学科；西南大学基础教育研究中心源于1987年成立的义务教育教材（内地版）办公室，1990年更名为西南师范大学西南基础教育课程教材发展研究中心，1993年更名为西南师范大学西南基础教育研究中心，2005年随着西南大学组建更名为西南大学基础教育研究中心，2006年被重庆市人民政府命名为重庆市人文社会科学重点研究基地，下设基础教育课程与教学改革研究所、基础教育质量测评与提升研究所、农村基础教育研究所和基础教育国际比较研究所。一批基础教育研究中心的建立，为基础教育学的学科研究及发展提供了稳固平台。

第二节　基础教育学的学科现状

基础教育学作为教育学的一门分支学科，在整个教育学学科体系中的定位，关系着基础教育学的发展走向。明确其学科定位与学科特色，有助于进一步完善基础教育学的学科体系，推动学科建设，提升基础教育学的成熟度。

一、基础教育学的学科定位

学科定位旨在探讨基础教育学在教育学学科群体中的独特位置，由研究主体为建构和发展学科而确定，其目的是明晰与基础教育学发展相关的系列前提性问题，包括厘清学科领域、明确学科范畴以及分析学科属性等。从学科领域来看，基础教育学是教育学学科体系中的二级学科；从学科范畴来看，基础教育学主要研究中小学教育问题与教育规律，要对基础教育的内涵与性质、功能与目标、教师与学生、课程与教学、管理与评价等进行全面研究，形成比较完整的理论体系。同时，基础教育学具有一定的应用性和实践性，其形成的基础教育理论需运用于基础教育实践，为理论研究者和一线教育者提供指导与参考。由此可知，基础教育学是一门理论性与实践性有机结合并深度融合的学科。

（一）基础教育学属于教育学学科体系中的二级学科

在教育学学科体系中，基础教育学与学前教育学、高等教育学、职业教育学等处于同一层级，均属于二级学科，其上位学科是教育学。基础教育学必须以教育学为指导，反映教育学的精神实质，是教育学在基础教育领域的具体应用。基础教育学属于教育学，但又区别于普通教育学，它具有学科的专业性和独特性。同时，基础教育学是对中小学具体教育现象、教育问题的抽象和概括。这一学科定位既可以避免套用教育学而使基础教育学丧失自己的独立性，也可避免以中小学微观教育问题研究来取代基础教育学研究而降低其学科层次。

(二)基础教育学是一门研究中小学教育问题和教育规律的学科

基础教育学作为一门研究中小学教育问题及规律的学科。尽管当前已有许多小学教育学和中学教育学的相关成果,但基础教育学不等于二者的简单叠加。基础教育学关注的是中小学教育活动的核心要素、主要现象、特殊问题以及它们之间的客观联系,通过对基础教育现象和教育问题的探索,理解基础教育的特殊矛盾,诠释并揭示其中蕴含的特殊规律。这包含两个方面的含义:其一,基础教育学研究的是小学教育和中学教育两个教育阶段的教育问题与规律,主要面向中小学教育。对于其他学龄阶段的教育问题与规律,则应属于学前教育学、高等教育学、职业教育学等同一层级学科的研究范畴。其二,基础教育学研究的是中小学教育最普遍、最基本的教育问题与规律,并非局限于具体微观的教育事实。基础教育学以中小学教育实践为基础,但不是停留在感性层次上,而是在基于实践又高于实践的原理、规范和规律上对事实进行解释和分析。

(三)基础教育学的学科属性倾向于综合型研究学科

基础教育学的学科属性倾向于综合型研究学科。在教育学的二级学科中,基础教育学既不同于教育哲学等传统基干型学科,也有异于课程论、教学论等局域分支型学科,属于交叉综合型学科,兼具理论性、实践性与应用性。基础教育学定位为一种有价值的理论学科,其研究的起点应该是基础教育实践现象本身和其中存在的现实问题,而非用纯思辨的方法从主观概念中推导出假设矛盾,要关注基础教育学相关理论性知识的完整性与系统性,追求理论性和学术性;定位为一门应用学科,则要关注基础教育阶段的现实问题,追求研究的应用价值,理论与实践的统一是基础教育学学科进步和发展的必要条件,只有落脚于实践,才能更好地认识和把握相关理论。同时,只有通过基础教育实践,才能检验对基础教育理论的认识和应用是否合理。基础教育学的理论性与应用性既能够相互结合,更可以相互转化。基础教育学作为理论与实践相结合的学科,不仅要回答基础教育学“是什么、为什么”的问题,还要回答基础教育学应该“做什么、怎样做”的问题。因而不存在脱离基础教育实践的纯理论研究,也不存在脱离基础教育理论的纯应用研究。基础教育学研究的最终目的在于诊断并解决基础教育实践中提出的各种现实问题及理论难题,相关理论从基础教育实践中来,并回到基础教育实践中去。这就要求基础教育学理论研究密切关注实际问题,树立解决教育实践问题的研究导向;基础教育学的应用研究也立足于理论意识,秉持解决理论问题并在教育实践中进行理论提炼与学理建设的价值导向。

二、基础教育学的学科体系

构建基础教育学的学科体系，需要明确基础教育学在教育学学科整个体系中所处位置、下级学科构成以及关涉的学科内容。

（一）基础教育学的体系构成

基础教育学的上一级学科是教育学，教育学可以根据不同的标准划分为不同的分支学科。例如，从教育学分化出来的分支学科，如教育原理、课程论、教学论等；教育学与其他学科结合而产生的交叉学科，如教育哲学、教育心理学、教育社会学等；研究不同教育对象所产生的分支学科，如学前教育学、高等教育学、成人教育学、特殊教育学等，这些学科是与基础教育学同级的学科。①

基础教育学的下级学科可以分为以下几类：一是按学段划分为小学教育学和中学教育学；二是从基础教育学中分化出来的基础教育学史、比较基础教育学、基础教育课程论、基础教育教学论、基础教育学习论等学科；三是基础教育学与其他学科结合形成的基础教育哲学、基础教育经济学、基础教育行政学、基础教育法学、基础教育管理学、基础教育心理学等学科；四是涉及基础教育不同教学内容的学科，如基础教育德育论、基础教育体育论、基础教育美育论、基础教育劳动学、基础教育卫生学、基础教育环境学、基础教育建筑学等。

（二）基础教育学的学科内容

基础教育学的学科内容需从基础教育的实际出发，根据其性质、特点、目标和任务，并参照普通教育学的一般体系加以架构。②既要阐明基础教育的一般原理，又要阐述基础教育各个组成部分及要素的任务、内容、形式和方法；既要反映我国基础教育的客观实际，又要展现其改革趋势和发展走向，重在揭示基础教育各种层次、各个方面的客观规律，并就怎样在实践中运用这些规律提供指导与参考。

具体而言，基础教育学的学科内容主要包含六大方面：一是基础教育的本质，即明确基础教育"是什么""为什么"，界定"基础""教育"和"基础教育"等核心概念，阐释基础教育的独特性质，解析基础教育目标的意蕴、价值、功能与演变。二是基础教育的历史

① 郭思乐.建立和发展基础教育学学科的若干思考[J].课程·教材·教法，1999(9)：53-55.

② 吴锡改.基础教育学[M].武汉：中国地质大学出版社，1989：3

沿革，介绍基础教育“怎样变迁”，梳理基础教育及其思想的变革脉络。一方面，描绘我国从古代基础教育的萌芽与开端，到近代基础教育的探索与发展，再到当代基础教育振兴与繁荣的历史发展过程；另一方面，展示国外古代和近现代基础教育的概览，以及世界主要国家当代基础教育的改革与发展，并挖掘其可借鉴的经验。三是基础教育的主体，阐述基础教育“谁来执教”“谁受教育”，明确基础教育阶段教师的身份角色、职业素养以及专业发展的标准与路径，探明小学、初中、高中阶段的学生各自特有的身心特征和学习特点，以及各阶段学生的教育要求。四是基础教育的课程与教学，聚焦基础教育“教什么”“怎么教”，课程方面包括基础教育课程标准的含义、定位、特征及功能、基础教育课程类型、基础教育各阶段课程的设置与开发等，在教学方面，涉及基础教育的教学设计、教学方法和教学组织形式等关键问题。五是基础教育的管理与评价，论证基础教育的实施“怎样组织”“效果如何”，涉及基础教育班级管理、学校管理和家校合作的内涵、内容与策略，探讨基础教育评价的原则、内容、体系及方法等。六是基础教育的科学研究，诠释基础教育“怎样探索”“如何发展”，明确科学研究在基础教育中的重要价值，探索基础教育的研究路径及研究方法。

【拓展性资料 1-2-1】

基础教育学体系相关解读

基础教育学的体系、内容，必须根据基础教育的性质、特点、目标和任务，并参照普通教育学的一般体系拟定。既要阐明基础教育的一般原理，又要阐述基础教育的各组成部分的任务、内容、形成和方法；既要反映基础教育的客观实际，又要反映出其改革趋向和发展趋势，重在揭示基础教育各种层次、各个方面的客观规律，并就如何在实践中运用这些规律提供指导性意见。具体说，其体系包含四个方面：基础教育的基本原理，包括基础教育的性质及规律、目标和任务，教师与学生，基础教育的施教原则等；基础教育的基本内容，主要包括基础教育的各组成部分和课程设置方面的理论；基础教育的基本途径主要包括课堂教育工作、课外教育工作、班主任工作等方面的理论及其应用；基础教育的管理和评价，主要探讨如何提高基础教育的科学管理水平和建立科学的评价制度。

（选自：倪文杰，张成福，马克锋．现代交叉学科大辞库[M]．北京：海洋出版社，1993:235.）

三、基础教育学的学习方法

学习基础教育学这一学科，我们要在借鉴学习教育学及相关学科方法的基础上，选择适合基础教育阶段理论与实践的方法。

（一）坚持理论与实践相结合

基础教育学理论是为基础教育实践服务的，理论联系实践是学好基础教育学的必由之路。没有理论指导的实践是盲目的，脱离实践的理论是空洞的。首先，要学习基础教育学理论，不仅要有效掌握基础教育的基本原理、基本规律等，也要积极学习国内外有关基础教育理论的最新成果。其次，要认真研究不同时期关于基础教育的方针和政策，将基础教育理论同现阶段的政策要求紧密联系起来。再次，要主动了解基础教育的实际情况，注重以基础教育理论为基础去观察、分析和解决当前基础教育实践中存在的问题，立足基础教育实践，着眼基础教育长远发展，将基础教育学理论与实践有效地结合起来。最后，在学习过程中，切忌将学习基础教育学理论与参与实践相互割裂，应当在学习理论的同时加强实践探索，并在基础教育实践活动中完善和丰富理论学说。

（二）坚持经验与实验相结合

基础教育学研究扎根于中小学教育教学实践，在实践中开展实验、获取经验，由此升华成基础教育学理论，理论再反过来指导实践，如此形成良性循环，促进基础教育学的螺旋上升和发展。学习基础教育学，一方面要注重基础教育发达地区、优秀学校和优秀教师的教育理论与教学经验，在此基础上内化生成自身的教育知识与教学经验，运用于基础教育实践；另一方面，针对基础教育学的某一主题开展项目式研究，进行教育实验，并对实验结果进行总结升华，从而生成可借鉴、推广的基础教育经验和理论。基础教育实践经验的升华同基础教育实验的开展有机结合，是丰富和发展基础教育学理论的重要路径，也是深入学习和践行基础教育学理论的有效途径。

（三）坚持继承与创新相结合

基础教育学的理论与实践不是一成不变的，而是持续创新、不断变革。学习基础教育学，要勇于突破已有理论观点与方式方法的束缚，敢于革新陈旧的基础教育思想和观念，善于从基础教育实践的各类现象中去探索新问题，建构适合新时代基础教育的理论体系和实践方法。创新与改革并不等于排斥已有研究成果和经验，对已有的基础教育思想和观念要取其精华、弃其糟粕。在兼收并蓄、博采众长的基础上，大胆地创新基础教育学，将继承和创新合理地融于一体。随着时代的发展，基础教育面临新形势、新任务，凸显新问题，基础教育学研究必须在继承的基础上，根据基础教育的新形势、新任务和新问题，探索改革方法与创新措施，以推动基础教育持续发展。

【思考】

1.什么是基础教育学？与普通教育学的联系和区别是什么？

2.基础教育学的研究对象和研究内容分别是什么？

3.基础教育学作为一门独立学科，经历了哪几个阶段？每个阶段的特征有哪些？

4.基础教育学的学科定位是什么？具有什么样的学科特色？

5.基础教育学由哪些学科构成？其内容包含哪些方面？

【延伸学习】

1.吴锡改.基础教育学[M].武汉：中国地质大学出版社，1989.

《基础教育学》以我国师范院校普遍采用的《教育学》的各种版本为依托，结合基础教育的实际，构筑了新的思路。在吸取国内外教育科研的新成果、新经验方面做了一定的努力。在理论体系上注意对已有成果的继承，又力求有所创新；在内容上既反映基本教育规律的理论表述，又联系基础教育的实际，做到理论与实际相结合。从创新的角度探讨教育理论和现代教育实践问题，试图对原有教育理论中的观点和体系做出改革性思考与求异性探索。

2.施良方.中学教育学[M].福州：福建教育出版社，1996.

《中学教育学》一共分为五个部分：第一部分“绪论”，主要介绍中学教育的历史与现状，教育学的形成与演变，中学教育学的研究对象与框架，以及学习中学教育学的意义；第二部分“中学教育的性质与功能”，主要论述中学教育的性质、目的与任务，中学教育与社会发展，中学教育与学生个体发展；第三部分“课程·学习·教学”，主要探讨中学教育目的与任务，以及教育功能的主要途径和方法；第四部分“班级·学校·社区”，从社会学和管理学角度，对影响学生身心发展的一些制度化的社会组织及社会环境加以探讨；

第五部分“教育研究”,主要介绍了教育研究的概念与模式、学校情景中的教育研究、中学的教育实验研究和教师的课堂行动研究。

3.黄济,劳凯声,檀传宝.小学教育学[M].北京:人民教育出版社,2008.

《小学教育学》为了使师范生树立正确的教育观念,掌握小学教育学原理的基本知识,适当加强了学术性,提高了理论水平。同时,加强了时代性,力求反映基础教育发展和小学教育的新成果。该书具有理论和体例的权威性,其中知识点明确,尤其在指导学生参加小学教师资格证考试中有着较大影响力。

第二章

基础教育的本质

【学习目标】

1. 从多个角度理解基础教育的内涵,增强对基础教育专业的认同感。

2. 深刻体会基础教育与其他阶段教育的区别与联系,明晰基础教育的特殊性质。

3. 掌握基础教育目标的演变路径,结合实例分析基础教育的功能,形成对基础教育目标和功能的合理认识。

【情景导入】

进入新时代,中国社会主要矛盾发生关系全局的历史性变化。人民群众对教育的需求更加多样,教育发展不平衡不充分的问题依然突出。《中国教育现代化2035》提出,推进教育现代化的八大基本理念是:更加注重以德为先,更加注重全面发展,更加注重面向人人,更加注重终身学习,更加注重因材施教,更加注重知行合一,更加注重融合发展,更加注重共建共享。

随后出台的《国务院办公厅关于新时代推进普通高中育人方式改革的指导意见》和《中共中央、国务院关于深化教育教学改革全面提高义务教育质量的意见》都体现出"综合育人"的特点,坚持"五育"并举,全面发展素质教育,强调学生要德智体美劳全面而有个性地发展,突显以德为先、全面发展、面向人人、知行合一、五育并举等重要理念。在现代化进程中,未来基础教育不仅要通过构建综合育人体系,通过文化育人、实践育人、课程育人、变革育人方式,还要深入思考用何种理论观点和价值理念指导基础教育的实施,探寻基础教育的本质。

(改编自:高瑜.基础教育的未来方向[N].中国教育报,2019-09-12(6).)

基础教育是国家规定的对学生实施的最低限度的教育，对学生进行基础文化知识和基础技能的教育以及公民基本素质的培养，为学生继续升学或就业培训打好基础。对于社会而言，基础教育是整个教育事业大厦的“地基”，也是未来人才培养的奠基工程，在提高民族素质的伟大事业中，发挥着举足轻重、不可替代的作用。对于个体而言，基础教育是个体在社会中获得生存和发展的前提。一个人如果没有接受过良好的基础教育，将直接制约其参与社会能力的发展。[1]

第一节　基础教育的内涵与性质

基础教育作为国家教育事业的基石，是提高国民素质、实现国家富强的基础性工程，也是衡量社会发展水平的重要标杆。作为基础性工程，基础教育奠什么基？如何奠基？对这些问题的回答，涉及对基础教育内涵与性质的认识和理解。

一、基础教育的内涵

基于国内外学者对“基础”“教育”和“基础教育”等概念的界定，本书首先阐释对“基础”和“教育”的界定，进而衍生出“基础教育”的内涵，在此基础上辨析基础教育与普及教育、义务教育、素质教育等相关概念，进一步阐明本书对基础教育的理解。

（一）“基础”的界定

“基”从土、其（jī）声，合喻土墙的基础、根基。一作名词，指墙脚，泛指建筑物的底部；二作形容词，指最底层；三作名词，基础、根本之意；四作动词，指依据。[2]“礎”从石、楚声，合喻置于下面的石头，更换声旁简作础。《广韵》：“础，柱下石也。”作名词，理解为垫在柱下的石墩；事物的基础、根底。[3]在《新华大字典》中，“基”是形声字，土为形，其为声，本义指墙脚，又泛指建筑物的底部，后引申为一切事物的基础、根本，又引申为起头的、开始的；“础”是形声字，石为形，出为声，本义指垫在房屋柱子下的石头，引申为事物

① 谢维和，裴娣娜.走向明天的基础教育[M].成都：四川教育出版社，1997：14.

② 吕景和.汉字解形释义字典[M].北京：华语教学出版社，2016：408.

③ 吕景和.汉字解形释义字典[M].北京：华语教学出版社，2016：776.

的根基；故“基础”则是指建筑物的根脚和柱石，比喻事物的根基。[①]“基础”英译为“basic”，在英文中既可以作名词，也可以作形容词。在《牛津现代英汉双解大词典》中，“basic”作为形容词，是指“基本的、基础的，最低限度的、起码的”；作为名词，被理解为“基本原理、基本原则、基本供给”。在《朗文多功能英汉双解大词典》中“basic”被翻译为“基础的、基本的、根本的，最简单的、最初级的，起码的”。在《英汉百科翻译大词典》将“basic”翻译为“基本、根本、基础，主要的、主调，讲明白”。结合上述分析，可以将“基础”界定为“基本的、简单的、初级的”。

（二）“教育”的界定

“教”从攴（pū）（手执教鞭）、从子、爻（yáo，组成八卦的横道，此喻计数筹码）会意兼形声，表示手拿筹码和教鞭教子计数之意。[②]《说文解字》的解释为“教，上所施，下所效也”。“育”从月（肉，指母体）、倒“子”会意，表示“子”之头从女（母）体中先生出之意。[③]在《新华大字典》中，“教”是形声字，攵为形，孝为声。“教”表示边有所学，边有所给予；也可以表示为用体罚来督促、引导学习。“教”的本义是教导、教育，特指传授某种知识或技能，又有使、命令之意；“育”的本义指“养子使作善也”，即生养孩子使他做好事，就是生育、生养，引申指养活、抚养，又引申为教育、培育。[④]“教育”一词最早见于《孟子·尽心上》：“得天下英才而教育之，三乐也。”《教育大辞典》认为“教育”是指传递社会生活经验并培养人的社会活动。[⑤]《中国教育大百科全书》认为“教育是培养人的社会活动”，是人类通过传递生产经验和社会生活经验，实现自身再生产的手段。[⑥]综合众多教育家和教育学者对教育的理解，一般认为教育有两种主要的定义方式。一是从外铄的角度，以教育者进行定位，从广义上说，增进人们的知识和技能、影响人们的思想品德的活动都是教育。狭义的教育主要指学校教育，是教育者根据一定社会或阶级的要求，有目的、有计划、有组织地对受教育者的身心施加影响，把他们培养成为一定社会或阶级所需要的人的活动。二是从内发的角度，关注受教育者身心的健康成长，如“教育即生长”。

---

① 《新华大字典》编委会.新华大字典[M].北京：商务印书馆国际有限公司，2004：120+376.

② 吕景和.汉字解形释义字典[M].北京：华语教学出版社，2016：475.

③ 吕景和.汉字解形释义字典[M].北京：华语教学出版社，2016：582.

④ 《新华大字典》编委会.新华大字典[M].北京：商务印书馆国际有限公司，2004：420+1094.

⑤ 顾明远.教育大辞典（增订合编本上）[M].上海：上海教育出版社，1998：725.

⑥ 顾明远.中国教育大百科全书（第1卷）[M].上海：上海教育出版社，2012：668.

在西方，教育源于拉丁文“educare”，本义为“引出”或“发挥”，用指教育活动即引导学生固有能力得到完满发展，英文的education、法文的éducation、德文的Erzichung均源于此。[①]在《牛津现代英汉双解大词典》中，“education”是名词，被翻译为“（受）教育（过程），教育（理论与实践）”。在《朗文多功能英汉双解大词典》中，“education”被解释为“教育、培养，（某一主题的）教育，教育机构、教育界人士”。在《英汉百科翻译大词典》中，“education”翻译为“教养、培训、训练，学业、学历，教育、教育工作，知识，知书识礼”。1975年，第三十五届国际教育大会上通过的《国际教育标准分类法》对教育的定义是：“教育”不是广义的一切教育活动，而是有组织地和持续不断地传授知识的工作。该定义于1997年被更新：教育指专为满足学习需要的各种有意识而系统的活动，包括文化活动或培训，教育是导致学习的有组织的及持续的交流。[②]从中国和西方对“教育”的解释来看，有两个相同点：一是教育的目的重在使人为善，教育内容不限于知识，还包括德育和体育；二是教育方法注重启发引导，而非强迫注入，注意人格感化，而非强迫学生服从。

（三）“基础教育”的界定

随着对“基础”“教育”等概念的理解逐渐深入，不同时期的不同学者对“基础教育”的理解各有侧重。吴锡改认为：“基础教育是整个教育的奠基工程，它是指国民所应接受的最基本的教育和训练，是一种人人必备的以适应社会的变化发展，并有助于个人终身发展的准备教育，是一种基础学力教育。”[③]《教育大辞典》认为“基础教育”亦称“国民基础教育”，是对国民实施基本的普通文化知识的教育，是培养公民基本素质的教育，也是为继续升学或就业培训打好基础的教育。基础教育一般指小学教育，有的包括初中教育，学习年限为5年、6年至9年，经常同普及义务教育相联系。[④]金一鸣指出：“基础教育，包括初等教育和中等教育中的一部分，是使受教育者打下文化知识基础和作好初步生活准备的教育。基础教育学校具有双重的培养目标，一方面要为高一级学校输送合格人才，另一方面要为社会培养劳动后备力量。”[⑤]钱源伟对“基础教育”的解释是：“国家

---

① 顾明远.教育大辞典(增订合编本上)[M].上海:上海教育出版社,1998:725.

② 顾明远.中国教育大百科全书(第1卷)[M].上海:上海教育出版社,2012:669.

③ 吴锡改.基础教育学[M].武汉:中国地质大学出版社,1989:1.

④ 教育大辞典编纂委员会.教育大辞典(第1卷)[M].上海:上海教育出版社,1990:71.

⑤ 金一鸣.中国特色社会主义教育研究[M].济南:山东教育出版社,1998:147.

对儿童和青少年所实施的一定年限的一般教育或基本教育，是一切其他教育的基础……是以传授文化科学基础知识为主、以全面提高国民素质为目标的、不定向的、非专业的普通教育。”[①]陈桂生对“基础教育”的理解揭示了基础教育在我国普遍意义上的内涵，“所谓‘基础教育’，简单地说，指的是在未成年期为人的一生奠定基础的教育”[②]。李森、宋乃庆认为：“基础教育就是指为一个人的终身发展打基础的教育，也就是按照国家的规定对儿童和青少年实施的旨在培养国民素质的最低限度的普通教育。”[③]

在国外教育学界，《今日的教育为了明日的世界》中提出：“基础教育是向每个人提供的并为一切人所共有的最低限度的知识、观点、社会准则和经验。它的目的是使每个人能够发挥自己的潜力、创造性和批判精神，以实现自己的抱负和幸福，并成为一个有益的公民和生产者，对所属的社会发展贡献力量。”[④]《教育——财富蕴藏其中》将“基础教育”界定为“每一个人（无论他是儿童、青年还是成人）都应能获益于旨在满足其基本学习需要的受教育机会。基本学习需要包括人们为生存下去，为充分发展自己的能力，为有尊严地生活和工作，为充分参与发展，为改善自己的生活质量，为作出有见识的决策，为继续学习所需的基本学习手段（如识字、口头表达、演算和解题）和基本学习内容（如知识、技能、价值观念和态度）”[⑤]。基本学习需要的范围及其满足的方法因各种国家和文化的不同而不同，并不可避免地随着时代的变化而变化，基础教育是终身学习和人类发展的基础。

综上所述，基础教育是培养基础知识比较宽厚，创新意识较为强烈，掌握科学方法，具有基本人文修养、良好自学能力和动手实践能力，适应力较强的高素质人才的奠基性工程，主要包括小学教育阶段和中学教育阶段，它的首要任务是全面育人，为培养有理想、有道德、有文化、有纪律的新人奠定坚实的基础。[⑥]

---

① 钱源伟.基础教育改革研究[M].上海：上海科技教育出版社，2001：2.

② 陈桂生.“基础教育”辨析[J].上海教育科研，2002(4)：4-7.

③ 李森，宋乃庆.基础教育概论[M].成都：四川教育出版社，2004：2.

④ [瑞士]查尔斯·赫梅尔.今日的教育为了明日的世界[M].王静，赵穗生，译.北京：中国对外翻译出版公司，1983：130.

⑤ 国际21世纪教育委员会.教育——财富蕴藏其中[M].北京：教育科学出版社，1996：109-110.

⑥ 李森，宋乃庆.基础教育概论[M].成都：四川教育出版社，2004：2-3.

【拓展性资料2-1-1】

教育学界对基础教育的界定示例

①基础教育,是国家规定的对儿童实施的初等教育。对受教育者进行基础文化知识的教育和公民基本素质的培养,为儿童继续升学或就业培训打好基础。

(选自:谢维和,裴娣娜.走向明天的基础教育[M].成都:四川教育出版社,1997:14.)

②基础教育是公民走向生活或进一步学习深造应当接受的最起码教育,又称国民教育,它包括小学教育、普通初级中学教育、普通高级中学教育三个不同层次。它是对每个公民实施的做人的教育,是对公民进行必备的基本文化知识和技能的教育,是培养公民民族素质的教育。

(选自:曹正善.对我国现行基础教育政策的初步分析[J].四川师范大学学报(社会科学版),1998(4):122.)

③基础教育的对象主要是未成年人,基础教育是为人一生奠定基础的教育。

(改编自:陈桂生."基础教育"辨析[J].上海教育科研,2002(4):4-7.)

④基础教育是终身教育体系的重要组成部分,是为人一生的学习和发展打基础的教育阶段,更是使学生养成良好人格的重要时期。

(选自:高光.对基础教育的重新阐释[J].现代基础教育研究,2012(3):49.)

(四)相关概念辨析

立足我国教育的发展情况可知,基础教育与普及教育、义务教育、素质教育等相关概念有着包含或交叉的关系,有必要厘清基础教育同普及教育、义务教育、素质教育的区别和联系。

1. 基础教育与普及教育

普及教育包含基础教育,是"国家对学龄儿童不分种族、肤色、宗教信仰、性别和能力所普遍实施的一定程度的基础教育"[①]。它与法律规定强制实施的义务教育有所不同,但许多国家为有效实行普及教育,通常也都以法律形式规定其义务性质,因而又称为普及义务教育。普及教育的范围和程度反映了社会生产发展的客观要求,以及国家政治、经济的发展水平。中华人民共和国成立以后,普及义务教育受到了国家的高度重

① 顾明远.教育大辞典(增订合编本下)[M].上海:上海教育出版社,1998:1191.

视。1949年中国人民政治协商会议第一届全体会议通过的《中国人民政治协商共同纲领》规定要"有计划有步骤地实行普及教育"。1956年中共中央政治局提出的《1956年到1967年全国农业发展纲要(草案)》中规定:"从1956年开始……按照各地情况,分别在七年或者十二年内普及小学义务教育。"1985年中共中央颁布的《关于教育体制改革的决定》进一步提出在全国有步骤地实行九年制义务教育,提高民族素质的要求和相应措施。1986年《中华人民共和国义务教育法》正式颁布,使中国的普及义务教育得到了立法保证。

但普及教育与义务教育概念不同,普及教育的内涵主要是指教育的普及化,其外延则可指各级各类教育,包括普及学前教育、普及小学教育、普及初中教育、普及高中教育和普及高等教育;义务教育则指各国财力范围内所能实施的最基本的免费的教育。各国规定实施的义务教育年限相差无几,但各国普及教育的程度却差别较大。

2. 基础教育与义务教育

义务教育也称"强迫教育""普及义务教育"或"免费教育"。根据国家法律规定,通过学校对适龄儿童实施的一定年限内普及的、强迫的与免费的基础教育。[①]由国家提供必要的办学条件,社会、学校和家庭予以保证。对儿童来说义务教育既是应享受的权利,又是应尽的义务。1982年《中华人民共和国宪法》做出普及初等义务教育的规定。1985年《关于教育体制改革的决定》明确提出实行九年制义务教育,强调义务教育作为现代文明的一个标志,是现代生产发展和现代社会生活所必需。1986年《中华人民共和国义务教育法》的实行标志中国义务教育制度的正式建立,中国普及义务教育事业开始走上法治化的轨道。2006年新修订的《中华人民共和国义务教育法》再次明确"义务教育是国家统一实施的所有适龄儿童、少年必须接受的教育,是国家必须予以保障的公益性事业"。

义务教育作为教育普及化的一种普遍形式,表现出以下特征:一是强制性。义务教育就其最初的含义而言就是一种强迫教育,即通过国家的强制性手段迫使每一个适龄儿童入学接受规定年限的学校教育,强制性是义务教育最本质的特征。二是免费性。国家对接受义务教育的适龄儿童、少年免除其全部或大部分就学费用。三是公共性。义务教育是一项社会公益性事业,属于国民教育的范畴。四是普及性。全体适龄儿童、少年,除依照法律规定办理缓学或免学手续以外的,都应入学接受并完成规定年限的教育。五是基础性。义务教育作为基础教育的一部分,其目的是提高全民族素质。

① 顾明远.中国教育大百科全书(第3卷)[M].上海:上海教育出版社,2012:2168.

3. 基础教育与素质教育

"素质"的含义有狭义和广义之分。狭义是指生理学和心理学意义上的素质，指个体与生俱来的解剖生理特点；广义是指教育学意义上的素质，指个体以先天禀赋为基础，在后天通过环境影响和教育训练获得的稳定的、长期发挥作用的基本品质结构，是制约人的活动方向、水平、质量的内在因素。[①]"素质教育"是我国20世纪80年代中后期提出的教育改革和发展的教育思想，以提高全民族素质为宗旨。即依据人的发展和社会发展的实际需要，以全面提高全体学生的基本素质为根本目的，以尊重学生主体性和主动精神、注重开发人的智慧潜能、注重形成人的健全个性为根本特征，培养学生良好的协同与合作能力的教育。素质教育有三层要义：一是面向全体学生；二是要求学生德、智、体、美、劳全面发展；三是让学生主动发展。[②]素质教育的目标是使个体充分自由、全面地发展，培养满足现代化社会需要的、具有良好国民意识和民族精神的国民。《中华人民共和国义务教育法》规定："义务教育必须贯彻国家的教育方针，实施素质教育，提高教育质量，使适龄儿童、少年在品德、智力、体质等方面全面发展，为培养有理想、有道德、有文化、有纪律的社会主义建设者和接班人奠定基础。"《国家中长期教育改革和发展规划纲要（2010—2020年）》指出："坚持以人为本、全面实施素质教育是教育改革发展的战略主题，是贯彻党的教育方针的时代要求，其核心是解决好培养什么人、怎样培养人的重大问题，重点是面向全体学生、促进学生全面发展，着力提高学生服务国家服务人民的社会责任感、勇于探索的创新精神和善于解决问题的实践能力。"

素质教育具有全体性、差异性、主体性、发展性、全面性和基础性等主要特点。具体而言，全体性是指素质教育的着眼点与着力点是面向全体学生，旨在促进每一位学生的发展；差异性强调人与人是存在差异的，教育者应该尊重这种差异，针对这种差异开展工作，使每个学生充分发展其潜在能力，而不是用同一个模式要求所有的受教育者；主体性明确了素质教育具有充分弘扬人的主体性的特征，重视培养学生自我发展的能力，注重开发学生的潜能，提高学生自身的自主性、积极性和创造性等主体品质；发展性是指素质教育以促进学生各方面基本素质的发展作为教育的出发点和归宿；全面性明晰了素质教育要求受教育者德、智、体、美、劳等全面发展；基础性则指出素质教育注重打

① 顾明远.中国教育大百科全书(第3卷)[M].上海:上海教育出版社,2012:1674.

② 顾明远.中国教育大百科全书(第3卷)[M].上海:上海教育出版社,2012:1674.

基础，特别注重基础知识、基本技能、一般能力的培养，为学生素质持续发展奠定基础。

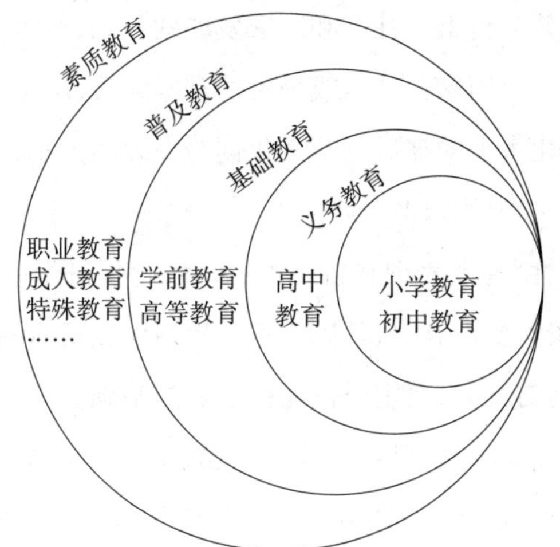

图2-1-1　基础教育与义务教育、普及教育、素质教育的范畴及关系图

二、基础教育的性质

基础教育有别于学前教育、高等教育和职业教育，具有基础性、普及性与全面性等特有的性质。

（一）基础性

2001年国务院颁布的《关于基础教育改革与发展的决定》强调：基础教育是科教兴国的奠基工程，对提高中华民族素质、培养各级各类人才，促进社会主义现代化建设具有全局性、基础性和先导性作用。保持教育适度超前发展，必须把基础教育摆在优先地位并作为基础设施建设和教育事业发展的重点领域，切实予以保障。作为提高国民素质的基础教育，它应该是学生接受由国家利益与公民自身利益而法定的思想品德、文化科学知识和身心健康等规范化的教育，并作为高等教育、职业教育及终身教育等一切教育的基础。[①]由此可见，基础教育的“基础性”包含三层含义：一是指基础教育要为学生的未来发展或终身发展打基础，体现在学生发展方面既包括了基础知识的掌握，也包括了基本方法的训练，以及基本态度与价值观的养成；二是基础教育要为职业教育和高等教育打基础，能够为职业教育和高等教育提供具有良好的知识基础、积极的求知欲望、

① 李森，宋乃庆．基础教育概论［M］．成都：四川教育出版社，2004：3-4.

充沛的生命活力、自觉的社会责任、纯洁的学术理想、健全的自我观念以及明确的公民意识的学生；三是基础教育是整个社会和国家发展的基础，在很大程度上决定了全体国民的基本素质，决定着一个国家劳动力或公民的基本素质，决定了国家经济发展后劲的大小、政治生活的理性化水平的高低以及文化创新潜力的大小，最终从总体上或根本上影响或制约整个社会和国家的未来发展。①

基础教育的"基础性"主要表现在以下方面：其一，促进学生身体良好地发育成长，奠定一个人基础的健康素质。其二，基础教育是提高民族素质的奠基工程，让每个公民意识到自身应有的权利与义务，奠定公民品德素养的基础。其三，基础教育是整个教育制度的基础，为各级各类学校教育培养不同层次的专业人才奠定基础。其四，基础教育要为发展国家的综合国力服务，为造就数以亿计能从事工业、农业、商业等各行各业工作的有文化、懂技术、业务熟练的劳动者奠定基础。其五，民族素质与建设人才素质的提高是以掌握科学文化基础知识为前提，使学生掌握基本的科学文化基础知识。其六，学生学习最终目的是追求自身人格的不断完善和建设更美好的生活，奠定学生的审美素质基础。②

【拓展性资料2-1-2】

如何理解基础教育的"基础性"

基础教育的"基础性"体现在：第一，学生发展方面既包括了"基础知识"的掌握，也包括了"基本方法"的训练，还包括了"基本态度与价值观"的养成，三者缺一不可。第二，大学希望于基础教育的，不仅仅是提供生源，而且更是希望它能够为自己提供有良好的知识基础、积极的求知欲望、充沛的生命活力、自觉的社会责任、纯洁的学术理想、健全的自我观念以及明确的公民意识的人。基础教育在这些目标方面完成得怎么样，将直接关系到大学的生源质量和大学本身的教育质量。第三，在当代，基础教育在很大程度上决定了全体国民的"基本素质"，从而决定了一个国家劳动力或公民的基本素质，决定了这个国家经济发展后劲的大小、政治生活的理性化水平的高低以及文化创新潜力的大小，最终从总体上或根本上影响或制约这个社会和国家的未来发展。因此，基础教育的"基础性"不仅是一种事实陈述，也是一种价值选择；不仅是一种结构性特征，也

① 石中英.如何理解基础教育的"基础性"[J].人民教育，2005(24)：11-12.

② 钱源伟.基础教育改革[M].上海：上海科技教育出版社，2001：5.

具有质的内涵；不仅是针对青少年学生的个体发展而言的，也是针对整个社会乃至国家的发展而言的；不仅是有待实现的价值目标，也需要必要而充分的条件保障。

（改编自：石中英.如何理解基础教育的“基础性”[J].人民教育，2005(24)：11-12.）

（二）普及性

普及民族文化和科学文化是基础教育区别于其他教育的独特属性，缺少“普及性”的教育就不能称之为基础教育。[①]普及性是就基础教育的对象而言，基础教育必须是全体性的教育，是作为社会成员都必须接受或享受的基本的教育。基础教育必须向所有适龄学生开放，加速现代化社会物质文明和精神文明成果在每一个人身心上的内化和积淀，使他们获得一个现代国民从事生产、生活所必须具备的基本素养，不断提高他们作为自然主体、社会主体和自我主体的行动与创造能力。[②]落实基础教育普及性的一个重要途径便是义务教育制度的建立。[③]

基础教育的普及性有三条规定性：一是要求面向全体学生，不能歧视学生，要公平对待每一位学生；二是要求面向全体公民，努力使全民享受基础教育，发挥基础教育对广大人民群众进行素质教育的作用，使基础教育真正成为提升中华民族整体素质的奠基工程；三是要求基础教育均衡发展，包括区域基础教育的均衡发展，以及参与基础教育活动、承担基础教育任务和责任的中小学校的均衡发展，使学生在公平的教育环境里得到充分发展。我国以义务教育为主体的基础教育的普及化趋势是民族振兴、国家现代化发展的客观需要，也使基础教育呈现出民族性的特点。基础教育是由国家与全民族共同承担的事业，普及性使基础教育在所有类型的教育中，特别强调非排他性、非功利性和非盈利性，不存在因一部分学生享受教育而排斥另外一部分学生的情况。

（三）全面性

基础教育的全面性是指基础教育要促进学生全面素质的整体发展，奠定学生思想政治素质、文化科学素质、劳动技能素质、身体心理与审美素质等各方面素质的基础，使各方面素质相互协调发展。[④]基础教育需要整合科学教育和人文教育，做到德育、智育、

① 程斯辉.试论基础教育的本质[J].中国教育学刊，2004(1)：12-16.

② 郭文安，陈东升.国民素质建构与基础教育改革[M].北京：人民教育出版社，1997：208-209.

③ 李森，宋乃庆.基础教育概论[M].成都：四川教育出版社，2004：4-5.

④ 钱源伟.基础教育改革[M].上海：上海科技教育出版社，2001：5.

美育、体育和劳育五育并举，确保学生的身心得到全面、健康、和谐的发展。

基础教育的全面性是个体生存所需的，对学生进行全面发展的教育，是由生命的整体性所决定的。[①]所谓生命的整体性是指人的生命是多层次、多方面的整合体，生命有各方面的需要：生理的、心理的、社会的，物质的、精神的、行为的，认知的、价值的、信仰的。任何一种活动，人都是以一个完整的生命体的方式参与和投入，并非局部的、孤立的、某一方面的参与和投入。[②]基础教育无论是为了培养合格的公民、合格的劳动者奠定基础，还是为培养专门的人才厚植基础，都要求能够从各个领域全面提升学生的素质。[③]

【拓展性资料2-1-3】

学术界关于基础教育性质的不同认识

年份	作者	来源	基础教育的性质
1987	孙运	《浅谈基础教育的性质》，载于《教育研究》1987年第4期	基础性、全面性、全民性
1989	吴锡改	《基础教育学》，中国地质大学出版社	基础性、全民性、全面性、地方性、法定性
1997	谢维和、裴娣娜	《走向明天的基础教育》，四川教育出版社	基础性、义务性、素质性、保护性
2003	陈建华	《基础教育哲学》，文汇出版社	基础性、全面性、全民性、普通性
2004	李森、宋乃庆	《基础教育概论》，四川教育出版社	基础性、全民性、全面性
2006	蔡勇强、黄清、李建辉	《基础教育学》，厦门大学出版社	普通性、基础性、全面性、义务性

① 程斯辉．试论基础教育的本质[J]．中国教育学刊，2004(1)：12-16.

② 叶澜．时代精神与新教育理想的构建——关于我国基础教育改革的跨世纪思考[J]．教育研究，1994(10)：3-8.

③ 程斯辉．试论基础教育的本质[J]．中国教育学刊，2004(1)：12-16.

第二节 基础教育的功能与目标

基础教育作为教育系统中的奠基性工程,关系着民族的振兴、国家的发展、公民素质的提高。明确基础教育阶段的功能和目标,有助于针对性地培养各级各类人才。

一、基础教育的功能

基础教育功能是基础教育系统及相关活动对于个体成长和社会发展所产生的各种实际作用和影响,是基础教育本质的外在表现,受基础教育规律的制约,主要依托中小学校发挥功效。基础教育主要具有育人、发展和衔接等功能,全面了解并充分发挥这些功能,可以使基础教育更好地为学生终身发展和社会繁荣进步服务。

(一)育人功能

育人功能是基础教育最基本的功能,明确了基础教育要培养什么样的人。基础教育的核心目标是培养人,使每一个人"成人"、学会"做人",成长为具有健全人格,具有继续学习所必备的知识、技能、方法,具有健康的体魄、心理素质,科学的生活态度与文明行为方式,成为遵纪守法的合格公民。[①]如前所述,基础教育的基础性表现为人一生发展的基础,更是提高公民素养的基础。国务院颁布的《关于基础教育改革与发展的决定》明确提出,"基础教育是科教兴国的奠基工程,对提高中华民族素质、培养各级各类人才,促进社会主义现代化建设具有全局性、基础性和先导性的作用",强调了基础教育作为提高民族素质的奠基工程,必须面对全体社会成员。每一个儿童、青少年都是国家和社会的未来,基础教育是每个公民所必须接受和享有的最低限度的教育,立足于此,才能使基础教育成为真正意义上的大众教育,而不是以造就少数升学者为目标的精英教育。

基础教育的育人功能也体现出了时代对"培养什么样的人"的要求。自1999年《中共中央、国务院关于深化教育改革全面推进素质教育的决定》正式提出基础教育对于"培养什么样的人"应该以素质教育为导向:要使学生具有爱国主义、集体主义精神,热爱社会主义,继承和发扬中华民族的优秀传统和革命传统;具有社会主义民主法治意

① 彭泽平.培养公民还是人才——对我国基础教育培养目标定位的思考[J].教育理论与实践,2002(7):12-16.

识，遵守国家法律和社会公德；逐步形成正确的世界观、人生观和价值观；具有社会责任感，努力为人民服务；具有初步的创新精神、实践能力、科学和人文素养以及环境意识；具有适应终身学习的基础知识、基本技能和方法；具有健壮的体魄和良好的心理素质，养成健康的审美情趣和生活方式，成为有理想、有道德、有文化、有纪律的一代新人。2016年《中国学生发展核心素养(征求意见稿)》对基础教育“培养什么样的人”又提出了新要求。核心素养是学生在接受相应学段教育过程中，逐步形成的适应个人终身发展和社会发展需要的必备品格与关键能力。[①]核心素养的界定可以凸显两个特色：一是强调“基础性”，基础教育不是成“家”的教育，而是成“人”的教育，是养成有社会责任感、有教养的公民的教育；二是强调“能动性”，基础教育不能满足于“低阶认知能力”，需要在“低阶认知能力”的基础上发展“高阶认知能力”。[②]学生核心素养培养不仅仅是单纯的知识技能、兴趣、动机和态度的培养，还重视运用知识技能、解决现实问题所必需的思考力、判断力与表达力及其人格品性，要求学生能够运用各门学科的内容进行思考及判断，并且需要通过记录、概括、说明、论述和讨论之类的语言性活动来进行评价。2019年《中共中央、国务院关于深化教育教学改革全面提高义务教育质量的意见》的颁布又为基础教育发展指明了新方向，即“坚持立德树人，着力培养担当民族复兴大任的时代新人”“发展素质教育，培养德智体美劳全面发展的社会主义建设者和接班人”。基础教育要坚持德育为先、坚持全面发展、坚持知行合一，让学生成为生活和学习的主人，着力在坚定理想信念、厚植爱国主义情怀、加强品德修养、增长知识和见识、培养奋斗精神、增强综合素质上下功夫，全面促进学生成长成才。

(二)发展功能

基础教育不仅向学生传递系统的科学文化基础知识和基本技能技巧，还培养学生的核心素养，目的在于促进学生德智体美劳全面发展。基础教育的发展功能主要表现在促进学生的智力、能力和思维等方面的发展，学生情感、意志及态度等心理品质和个性特征的发展，以及学生身体素质、劳动素养等方面的发展。

首先，基础教育能够促进学生智力与能力等方面的发展。智力是使适合环境的行为得以产生的心理能力，主要包括学生的感知观察力、注意力、记忆力、思维力和想象力

---

① 辛涛，姜宇，林崇德，等.论学生发展核心素养的内涵特征及框架定位[J].中国教育学刊，2016(6)：3-7+28.

② 钟启泉.基于核心素养的课程发展——挑战与课题[J].全球教育展望，2016(1)：3-25.

等。学生智力的发展是一个连续不断的由量变到质变的过程，既有连续性，又表现出阶段性，即不同年龄阶段，智力发展表现出不同的特征。能力是指顺利完成某种活动所需的个性心理特征。中小学生需要发展的能力主要有认识能力、操作能力、知觉速度能力、推理能力、词语理解能力和表达交流能力等。能力发展是指个体能力在社会生活条件和教育的影响下，随着年龄的增长而发生的有规律的变化。在基础教育中发展学生智力和能力，就是要使学生善于学习和运用知识，善于思考问题、分析问题和解决问题，不断提高各种认识能力，成为富有批判精神与创造才能的人。其次，基础教育能够促进学生情感、意志和态度等心理品质与个性特征的发展。情感是对客观事物的态度体验，包括人的喜、怒、哀、乐、爱等，是在情绪的基础上形成，但比情绪更加稳定和持久。意志是人们自觉地确定目的，支配和调节自己的行为去克服困难，以达成目的的心理过程。作为人类特有的心理现象，意志是人的意识能动性的集中表现。基础教育的课程中凝聚着各种情感、意志、态度等因素，这些因素具有促进学生自我发展、自我完善的价值。最后，基础教育能够促进学生身体素质、劳动素养的发展，提高学生的健康水平和劳动水平。这不单是体育课、劳动课的任务，也是其他学科教育的任务。2020年《中共中央、国务院关于全面加强新时代大中小学劳动教育的意见》中特别指出："劳动教育是中国特色社会主义教育制度的重要内容，直接决定社会主义建设者和接班人的劳动精神面貌、劳动价值取向和劳动技能水平……劳动教育是国民教育体系的重要内容，是学生成长的必要途径，具有树德、增智、强体、育美的综合育人价值。"基础教育与学生身心健康有着密切的联系，学科课程为学生的全面发展提供了合理的资源基础和方法指导。

基础教育阶段的学生身心发展处于迅速发展时期，同时又存在显著的生理和心理变化，需要接受良好的教育与积极的引导。中小学校根据社会对个体在德、智、体、美、劳等各方面的要求和规范，有意识地以教育目的和培养目标的形式去规范学校教育，通过各类教育活动促进学生全面发展达到相应的学段目标，明确学生身心发展的方向并着力提升发展质量。

（三）衔接功能

基础教育作为过渡性教育阶段，既是学前教育的进一步发展，也是高等教育发展的基石，基础教育的衔接功能是其学段赋予的特殊功能，主要包含两个方面：一是"承上"功能，即承接学前教育；二是"启下"功能，即为高等教育和职业教育奠基。

基础教育的"承上"功能。学前教育与基础教育是相邻的两个教育阶段,其教育任务不同,存在着阶段性。学前教育为基础教育阶段的小学教育做准备,小学教育作为当前我国义务教育的起始阶段,是学前教育的继续、发展和提高。[①]学生从学前教育迈入义务教育,从非约束型教育过渡到相对约束型教育,形成一道既有联系又有明显区分的沟坎。二者的衔接直接关系到学生身心健康和谐发展及教育质量的高低。幼小衔接面临"从无到有"的特殊教育情境,即从无目的教育过渡到有目的教育,从"无为而育"到"有规而治";从无课程标准和教材到有课程标准和教材,从下意识自然教学到有意识任务教学。[②]因而,要充分展现基础教育阶段的衔接作用,以实现学前教育与基础教育的无缝对接。

基础教育的"启下"功能。没有基础教育的奠基,高等教育和职业教育将缺少"根"与"基"。基础教育作为高等教育、职业教育生源的主要供给侧,其教育理念与教育方式很大程度上影响了专业人才和技能人才的发展。一方面,高等教育与基础教育作为教育领域的重要组成部分,不能割裂看待,两者既有分工又有联系,相互依存,共同构筑起教育事业的大厦。无论是在宏观意义上,还是在微观层面上,都应体现出基础教育对高等教育奠基,高等教育对基础教育超越的关系,具体表现为基础教育与高等教育在教育理念、教学目标、专业课程、专业实践、管理模式等方面的衔接。基础教育培养出高等教育需要的全面发展的人才,高等教育提出相关要求推进基础教育改革,是二者衔接的关键所在。另一方面,在基础教育与职业教育的衔接中,初中和普通高中是职业教育的主要生源,也是技能人才的萌芽之地与产出之处。基础教育通过渗透职业教育思想或元素,促进学生对自我以及职业的正确认知,形成职业兴趣与自身潜能的统一。[③]基础教育与职业教育衔接下的职业渗透可以实现对潜在生源的早期识别与引导,关照学生的现实处境与精神状况,使其在教育分流时变"伪自愿"为"愿意且适合"。[④]职业教育阶段学生的沟通能力、人际和社会能力、组织与计划能力、问题解决能力、创造性思维、读写能力及技术应用能力等通用技能,以及敬业奉献、精益求精、敢于创新等职业素养,其形成过程都离不开基础教育的培育。

---

① 郭丽亚,袁凤芝.试谈幼儿教育与小学教育衔接中的问题及对策[J].河南大学学报(社会科学版),1994(5):67-68.

② 郭跃进,柯美录.我国学前教育与小学教育衔接问题探讨[J].中小学教师培训,2012(12):57-58.

③ 肖龙,陈鹏.基础教育与高职教育衔接:何以必要与可能?——基于高技能人才成长的视角[J].中国职业技术教育,2018(21):5-10.

④ 鲁武霞.职业教育的阶梯——高职专科与应用型本科衔接[M].北京:高等教育出版社,2015:44.

【拓展性资料2-2-1】

基础教育的几种功能

(1)传递功能:向学生传递系统的科学文化基础知识和基本技能技巧,是基础教育的中心任务,也是基础教育的一个基本功能。(2)陶冶功能:在基础教育教学过程中,学生不仅能增长知识、发展能力,而且思想情感、精神面貌、道德品质也同时受到熏陶,发生变化。(3)审美功能:基础教育内容,无论是社会科学学科还是自然科学学科,都是真、善、美的统一,包含着丰富的审美因素,具有明显的或潜在的艺术性。

(改编自:李森,宋乃庆.基础教育概论[M].成都:四川教育出版社,2004:7-11.)

二、基础教育的目标

基础教育目标是教育目的在中小学阶段的具体化体现,是对中小学生培养提出的具体规格与要求,是国家各级各类中小学校的办学方针和标准。基础教育阶段的目标受到国家社会经济发展的影响,不同时期呈现出相应的基础教育目标。

(一)基础教育目标的内涵与价值

教育目标是指把学生培养成为一定社会需要的人的总要求,是对人才培养性质和规格的价值限定,从根本上说是指要培养什么样的人。[①]基础教育目标就是指基础教育阶段所培养的学生所应达到的标准的总体要求,即基础教育要培养什么样的人。基础教育在学生的一生中是初级教育,是奠定学生终身发展基础的教育。由于教育目标直接决定教育所培养的人才规格,所以基础教育目标的确定对我国基础教育人才培养标准具有决定性意义。国民素质的提高在很大程度上取决于基础教育的质量,具体取决于基础教育确定什么样的培养目标。[②]基础教育目标的定位,体现着人们对基础教育内涵及其功能的认识水平,并对基础教育实践产生重大影响。正确定位基础教育目标,有利于基础教育事业的健康发展,而错误的定位则会把基础教育带向误区。因此,基础教育目标的明确是关系基础教育健康发展的一个重要主题,它是国家及政府对基础教育的具体要求,对基础教育研究与实践工作的开展具有指导意义。

① 李森,宋乃庆.基础教育概论[M].成都:四川教育出版社,2004:104-105.

② 李森,宋乃庆.基础教育概论[M].成都:四川教育出版社,2004:106.

基础教育目标具有导向、评价和激励等作用。其一，导向作用是针对基础教育的具体实施而言的。基础教育目标的确定，可以为各级政府和各级各类中小学校提供方向，避免基础教育的发展走入“歧途”。其二，激励作用和评价作用是针对基础教育各级各类中小学校而言。国家明确具体的基础教育目标，一方面可以为中小学校指明办学方向，激励学校弥补不足，更高效地开展基础教育；另一方面，基础教育目标为中小学教育评价提供了基本依据和标准，并引领中小学校通过评价明确学校教育实践效果与基础教育目标之间的差距，从而及时调整并优化教育活动。

（二）我国基础教育目标的演变

在我国，党的教育方针代表了国家层面的教育目标，换言之，基础教育目标的演变基本体现于党的教育方针以及相关政策的变迁之中。中华人民共和国成立伊始，《中国人民政治协商会议共同纲领》规定：“中华人民共和国的文化教育为新民主主义的，即民族的、科学的、大众的文化教育。人民政府的文化教育工作，应以提高人民文化水平、培养国家建设人才……发展为人民服务的思想为主要任务。”社会主义改造完成后，1957年，毛泽东在《关于正确处理人民内部矛盾的问题》中提出：“我们的教育方针，应该使受教育者在德育、智育、体育几方面都得到发展，成为有社会主义觉悟的有文化的劳动者。”1958年，中共中央、国务院印发的《关于教育工作的指示》进一步明确了党的教育方针：“教育为无产阶级政治服务，教育与生产劳动相结合。”为了实现这个方针，教育工作必须由党来领导。十一届三中全会召开后，经济建设成为党和国家的重点，1985年，《中共中央关于教育体制改革的决定》提出：“教育必须为社会主义建设服务，社会主义建设必须依靠教育。”强调培养基础科学人才，注重提升学生的基础知识和基本技能，将学生“双基”的培养纳入法治化轨道。1999年，第三次全国教育工作会议上提出实施素质教育的导向：“我们必须全面贯彻党的教育方针，坚持教育为社会主义、为人民服务，坚持教育与社会实践相结合，以提高国民素质为根本宗旨，以培养学生的创新精神和实践能力为重点，努力造就有理想、有道德、有文化、有纪律的，德育、智育、体育、美育等全面发展的社会主义事业建设者和接班人。”21世纪初，《基础教育课程改革纲要（试行）》强调学生应当具备“知识与技能”“过程与方法”“情感、态度与价值观”等方面的素质要求。2012年，党的十八大报告再次强调：“要坚持教育优先发展，全面贯彻党的教育方针，坚持教育为社会主义现代化建设服务、为人民服务，把立德树人作为教育的根本任务,培养德智体美全面发展的社会主义建设者和接班人。全面实施素质教育,深化教育领域综合改革,着力提高教育质量,培养学生社会责任感、创新精神、实践能力",突出了基础教育"立德树人"的根本要求。2014年,《关于全面深化课程改革落实立德树人根本任务的意见》将制定学生发展核心素养体系作为深化基础教育改革的关键领域。2016年,《中国学生发展核心素养(征求意见稿)》对学生发展的核心素养做了详细阐述。2018年,习近平总书记在全国教育大会上指出:"培养德智体美劳全面发展的社会主义建设者和接班人,加快推进教育现代化、建设教育强国、办好人民满意的教育。"在新时代党的教育方针指导下,《中国教育现代化2035》《关于深化教育教学改革全面提高义务教育质量的意见》《深化新时代教育评价改革总体方案》《义务教育评价指南》等文件明确了基础教育"高质量"的发展方向和办学导向。概而言之,党的教育方针及教育政策的演进,反映出我国基础教育目标的发展大致经历了从"双基"目标到三维目标,再到核心素养的转变。

1."双基"目标

"双基"是基础知识、基本技能的简称。"双基"根植于中国大地,是教育工作者集体智慧的结晶,是基础教育实践的经验总结,是对教育理论与实践的重要贡献,已成为我国基础教育发展史的一大特色①,萌芽于20世纪50年代初,形成于20世纪70年代末,在20世纪八九十年代不断完善丰富。②"双基"是依据社会主义教育目的、任务、教学规律和教学实践经验而形成的,在其指导下编写教材并进行基础知识与基本技能的教育,它的提出和实践对恢复中小学正常的教学秩序,提高教育质量、培养社会主义建设人才曾起到重要作用。③1952年教育部颁发的《中学暂行规程(草案)》中提出中学的教育目标之一是使学生获得"现代科学的基础知识和技能",首次明确提出"双基"概念。④"双基"目标基本成型于20世纪70年代末,1978年全日制十年制中小学教学计划、各科教学大纲和教科书先后出台,中小学各科教学都突出"双基"教学。"双基"已成为具体指导中小学课程编制,并被广大教育工作者所接受的基础教育目标。⑤20世纪80年代以来,"双基"得到进一步发展,其内涵和外延不断丰富,董远骞、钟启泉、陈侠等研究者都对"双

① 宋宝和,宋乃庆.淡化"双基"是对"双基"的误解——多元视角下的"双基"解读[J].人民教育,2004(11):12-13.

② 李涛.新中国历次课程改革中的"双基"理论与实践探索[J].课程·教材·教法,2009(12):77-86.

③ 李森,宋乃庆.基础教育概论[M].成都:四川教育出版社,2004:57.

④ 汪潮,吴奋奋."双基论"的回顾与反思[J].课程·教材·教法,1996(12):5-9.

⑤ 汪潮,吴奋奋."双基论"的回顾与反思[J].课程·教材·教法,1996(12):5-9.

基”进行了专门的论述。《关于教育体制改革的决定》和《中华人民共和国义务教育法》的颁行,拉开了第七次课程改革的序幕,也使“双基”理论与实践的发展走上了法治化的轨道。2001年《基础教育课程改革纲要(试行)》的颁布标志着第八次课程改革的开始,学校课程的目标逐渐由“双基”发展为三维目标。

2. 三维目标

《基础教育课程改革纲要(试行)》提出的三维目标不仅明确了基础教育培养对象应达到的素质要求,也规定了学校教学活动的基本准则,为教学方法的选择、教学媒体的运用和教学评价提供了依据,为教师教和学生学指明了方向。三维目标的基本内涵为:第一维目标“知识与技能”,是人类生存所不可或缺的核心知识和基本技能;第二维目标“过程与方法”,其中“过程”意指应答性学习环境与交往体验,“方法”指基本学习方式和生活方式;第三维目标“情感、态度与价值观”,旨在培养学习兴趣、学习态度、人生态度以及个人价值与社会价值的统一。①三维目标作为借鉴国际优秀教育经验与扎根中国本土教育实践的结晶,是教育理论工作者关于教学目标分类研究的创造性成果,是基础教育课程改革推进素质教育的根本体现,其制订依据:一是认真解读课程标准中关于课程目标的论述;二是系统解读教材是课程目标转化为教学目标的必要步骤;三是依据学情设定教学目标。②三维目标要求课堂教学在落实“双基”等基础性学力的前提下,进一步关注学生在“过程与方法”和“情感、态度与价值观”上的变化,提高学生的发展性学力和创造性学力。③三维目标的演化大致经历了从“政策文本”中的三维目标到“学术论证”中的三维目标,其中“学术论证”的三维目标主要表现在课程目标观与教学目标观、整全的人与完整的知识等不同视角的多种观点的论证。④三维目标之所以能够成为基础教育课程改革的亮点,在于它对教育活动提出了一种顺向超越的思路,即知识要通过方法才能被学会,方法要养成情感态度才能使外在知识升华为内在动力,只有当知识内化成为学生情感性动机,普遍的、客观的知识才能被加以个性化与主体化习得,学生可持续学力才得以养成。⑤

① 钟启泉.“三维目标”论[J].教育研究,2011(9):62-67.

② 梁靖云,吕素巧.教学目标设计初探——如何理解、设定与表述三维目标[J].教育理论与实践,2014(8):51-53.

③ 刘春梅.新课程三维目标的内蕴[J].教育研究与实验,2009(5):50-53.

④ 李润洲.继承与超越——“三维目标”与“核心素养”的异同辨析[J].当代教育科学,2016(22):11-16.

⑤ 刘次林.刍议三维目标[J].教育发展研究,2013(Z2):111-114.

3. 核心素养

“核心素养”并不是机械照搬西方相关概念和研究结论，而是在借鉴国际经验的基础上，结合我国基础教育课程改革实际情况和现实问题创造性地加以运用。2014年教育部印发的《关于全面深化课程改革落实立德树人根本任务的意见》，第一次提出了“核心素养”概念，“教育部将组织研究提出各学段学生发展核心素养体系，明确学生应具备的适应终身发展和社会发展需要的必备品格和关键能力，突出强调个人修养、社会关爱、家国情怀，更加注重自主发展、合作参与、创新实践。”核心素养是指“学生在接受相应学段的教育过程中逐步形成起来的适应个人终身发展与社会发展的人格品质与关键能力。……‘核心素养’的界定是学校教育从‘知识传递’转向‘知识建构’的信号，标志着我国学校的课程发展进入了新的阶段。……旨在勾勒新时代新型人才的形象，规约学校教育的方向、内容与方法。”[①]2016年《中国学生发展核心素养（征求意见稿）》颁布，强调核心素养以培养“全面发展的人”为中心，分为文化基础、自主发展和社会参与三个方面，综合表现为人文底蕴、科学精神、学会学习、健康生活、责任担当和实践创新六大素养，具体细化为人文积淀、人文情怀、审美情趣、理性思维、批判质疑、勇于探究、乐学善学、勤于反思、信息意识、珍爱生命、健全人格、自我管理、社会责任、国家认同、国家理解、劳动意识、问题解决和技术运用等18个基本要点，充分反映新时期经济社会发展对人才培养的新要求，高度重视中华优秀传统文化的传承与发展，系统践行社会主义核心价值观。[②]落实到基础教育的具体学科，学科核心素养是一根主线，统领着学科课程知识的选择、课程内容的组织、课程难度的确定、课程容量的安排以及课程实施和学业质量标准的确立，学科核心素养是课程标准的“魂”，课程标准因此有了“人的身影”，课程标准和学生发展融为一体。学科核心素养使课程标准的形态从教学大纲（双基）、内容标准（三维目标）走向成就标准（核心素养），即以学生应该达到的素养（成就）作为课程标准的纲领。[③]基础教育界所称“核心素养”的内涵可以从三个层次上来把握：最底层的“双基指向”，以基础知识和基本技能为核心；中间层的“问题解决指向”，以解决问题过程中所获得的基本方法为核心；最上层的“学科思维指向”，是指学生在系统的学习中通过体验、认识及内化等过程逐步形成的相对稳定的思考问题、解决问题的思维方法和价

① 钟启泉.基于核心素养的课程发展——挑战与课题[J].全球教育展望，2016(1)：3-25.

② 核心素养研究课题组.中国学生发展核心素养[J].中国教育学刊，2016(10)：1-3.

③ 余文森.从三维目标走向核心素养[J].华东师范大学学报（教育科学版），2016(1)：11-13.

值观，实质上是初步塑造认识世界和改造世界的世界观和方法论。①

在教育方针的指引下，我国基础教育目标的变迁在很大程度上体现了从学科本位到以人为本的转变。从“双基”目标到三维目标，其中不仅有从“一维”到“三维”的量变，还有三维目标强调学生发展的质变，三维目标是在“双基”目标之上的继承与超越。②核心素养的关键能力和必备品格，本质上是三维目标的提炼和整合，即把知识与技能、过程与方法提炼为能力，将情感态度价值观提炼为品格，所以核心素养较之三维目标同样也有继承和超越。从“双基”到三维目标再到核心素养，其变迁基本上体现了从学科本位到以人为本的转变。“双基”是外在的，主要是从学科的视角来刻画课程与教学的内容和要求。核心素养是内在的，是从人的视角来界定课程与教学的内容和要求。三维目标是由外在走向内在的中间环节，三维目标里面既有外在又有内在的东西。相对于三维目标，核心素养则是具有根本性和统领性的成分，抓住了核心素养也就抓住了基础教育的根本。③中华人民共和国成立以来，基础教育目标伴随着社会的发展不断演变，每一时期的目标都是在已有基础上的继承和超越，最终导向都紧扣教育方针及文件，旨在为社会主义现代化建设服务，培养德智体美劳全面发展的社会主义建设者和接班人。

【思考】

1.怎样界定基础教育？

2.辨析基础教育与普通教育、素质教育、义务教育的区别和联系。

3.基础教育的性质是什么？

4.中华人民共和国成立以来，基础教育目标经历了怎样的演变过程？

5.基础教育有哪些基本功能？

【延伸学习】

1.李森，宋乃庆.基础教育概论[M].成都：四川教育出版社，2004.

《基础教育概论》将国际视野与中国特色紧密结合，在国际视野的框架内，对中国基础教育的系列问题进行系统探讨。第一章论述了基础教育的本质、特征和功能；第二章先从英美文化圈、欧洲大陆文化圈和东方文化圈等方面透视外国的基础教育，并从历史

① 李艺，钟柏昌.谈“核心素养”[J].教育研究，2015(9)：17-23+63.

② 余文森.从三维目标走向核心素养[J].华东师范大学学报(教育科学版)，2016(1)：11-13.

③ 余文森.从三维目标走向核心素养[J].华东师范大学学报(教育科学版)，2016(1)：11-13.

发展的角度考察了我国基础教育发展史；第三章至第八章分别探讨了基础教育体制、目标、课程、形式与方法、模式以及评价；第九章研究了基础教育师资及其培养；第十章展望了基础教育改革与发展的趋势。

2. 王策三，孙喜亭，刘硕. 基础教育改革论［M］. 北京：知识产权出版社，2005.

《基础教育改革论》一书汇集了三位作者在教育期刊上发表的有关基础教育改革的论文。全书分为三个专题：上篇介绍了基础教育课程改革的指导思想，中篇探寻了基础教育的基础，下篇探讨了基础教育改革的内容。讨论与争论了我国教育改革和发展的主要目标、中小学校最基本的工作以及基础教育改革最基本的特点等议题。

3. 裴娣娜. 我国基础教育现代化发展的根本转化［J］. 北京大学教育评论，2004(2)：63-69.

中国基础教育现代化发展是历史的必然。该论文从基础教育战略地位、教育观念、教育体制、研究主题以及区域推进五个方面论述了中国基础教育现代化的主要标志及特色，提出了推进中国基础教育现代化发展理论范畴研究的几个问题，诸如怎样处理基础教育发展中传统与现代的关系以及本土化与国际化的关系、基础教育的高投入与效益问题等。

第三章 基础教育的历史沿革

【学习目标】

1. 了解我国基础教育的历史沿革，掌握各个历史时期基础教育发展的经验与成就，积淀基础教育的历史底蕴。

2. 反思我国基础教育的历史使命，明确新时代我国基础教育的发展任务。

3. 借鉴国外基础教育发展经验，把握世界主要国家基础教育的特点，初步形成对基础教育理论与实践的国际理解与全球意识。

【情境导入】

每个时代总有特定的旋律和属于自己的篇章，伴随社会的变迁基础教育也在不断变革。特别是工业社会的到来，不仅影响了每个社会与国度的生活方式和生存方式，也在一定程度上改变了整个基础教育的结构和形态。面对急剧变化的社会形势，中国基础教育的根基何在？中国基础教育的经验何在？中国基础教育的问题何在？中国基础教育应当何去何从？中国基础教育应该何为？这些是每个致力于基础教育研究的人都必须面对的问题。面对这些问题，我们需要寻源传统，弄明白基础教育走过且走出了哪些道路，这些道路是如何延伸或消逝的，在此过程中又有哪些经验和教训。“过去”不仅奠定了“现在”的基础，也能让人们更清晰地认识到“未来”基础教育改革之路。

（改编自：宋乃庆，李森，朱德全．中国基础教育改革与发展[M]．北京：高等教育出版社，2018：前言.）

洞察我国基础教育的发展历程及趋向，可以知过去、明现在、筹未来；熟悉国外基础教育的演变动态，可以拓视野、启思路。通过梳理国内外基础教育的演进历程，对古今中外基础教育发展进行系统的介绍和剖析，明晰中外基础教育的经验与成就，进而深化对基础教育的认识和理解，反思基础教育现象与问题，为基础教育的未来发展奠定基础和指明方向。

第一节　我国基础教育发展沿革

基础教育的发展离不开对优秀传统的发掘与传承，当代基础教育的发展同古代和近代基础教育一脉相承，我国古代基础教育无论是在教育体系建设，还是在教育思想萌发等方面都颇有建树。厘清我国基础教育的历史沿革，汲取基础教育的本土经验，有助于从整体上深入了解我国基础教育的历史发展，推动未来基础教育改革与发展。

一、1949年之前：基础教育的渊源与演变

我国基础教育经历了数千年的发展历程，是基础教育从萌芽向逐步成熟的发展历程。系统整理其中的发展脉络，可以整体把握我国基础教育的发展渊源与历史演变。

（一）古代基础教育

在我国古代时期，尚未有基础教育的说法，与现行的基础教育在年限和学制等方面存在着一定差异。为了方便理解，本节以现代基础教育为参照，梳理古代基础教育的发展状况。我国古代基础教育的相关描述散见于各个历史阶段的国家制度、教育著作以及教育家的思想学说当中，其以蒙学为主要形式，按照不同的划分标准有官学和私学、国学和乡学之分等。为集中探讨古代基础教育的发展历程，明晰基础教育发展的经验与成就，本节从基础教育的教育目标、教师与学生、课程与教学、管理与评价等方面加以阐释。

1. 教育目标

在儒家思想影响下，历朝历代都重视教育尤其是基础教育，《大戴礼记·保傅》中载有“少成若天性，习惯之为常”，充分体现了当时社会对基础教育的重视程度。古代基础教育目标既强调为个人道德的养成奠基，也注重引导个体品德的社会化发展，从而为实

现社会稳定、缓解阶级矛盾服务。《学记》开篇就强调“发虑宪，求善良，足以谀闻，不足以动众。就贤体远，足以动众，未足以化民。君子如欲化民成俗，其必由学乎！”其中“化民成俗”体现了当时教育为社会稳定和缓解阶级矛盾服务的功能。基础教育阶段的政治性功能虽相对较弱，但对基础教育目标仍然有较大影响。儒家思想中“修身”的目的在于“治国平天下”，个体伦理道德的发展也是以政治为目的。国家将人才培养制度和任人取士制度相结合，并将学校教育也纳入“学而优则仕”的轨道，满足国家机构的人才需要，为达成基础教育目标提供必要的制度保障。“学而优则仕”对古代社会产生了深刻影响，基础教育也不例外，凸显为选官而培养人才的教育目标。

为实现这一目标，我国古代基础教育阶段先是将“六艺”作为教育内容，以系统的教学方法向学生传授基础知识，使学生能够较为均衡地习得不同科目的知识，进而成为通才。“六艺”在逐渐典籍化之后，又被编撰成为“六经”，“经学”教育随之兴起，从培养通才逐渐转化为培养经学者。[①]君子是古代文人推崇的兼具知识素养和宅心仁德的代表，培养君子逐渐成为基础教育的具体目标，《论语》中对这一目标做了较为详细的注解，如“人能弘道，非道弘人”（《论语·卫灵公》）、“士志于道，而耻恶衣恶食者，未足与议也”（《论语·里仁》）、“笃信好学，守死善道”（《论语·泰伯》）、“志士仁人，无求生以害人，有杀身以成仁”（《论语·卫灵公》）等，明确了“君子”所必须具备的特质。

2. 教师与学生

教师在古代享有较高社会地位，但并非“人人皆可为师”，对教师的要求和任用都相当严格。古代对学识和师风师德较为注重，相关教育著述中有详细阐述，孔子最早提出教师应具备“学而不厌”（《论语·述而》）、“温故而知新，可以为师矣”（《论语·为政》）的能力。《师说》作为我国古代第一篇集中系统论述教师的文章，也明确了教师具有“传道、受业、解惑”的职责，以及“无贵无贱，无长无少，道之所存，师之所存”的职业标准，对教师道德学习水准和教育教学水平提出了较高要求。在基础教育阶段，我国古代教师主要分为官学教师与私学教师两种，历代官方学校的教师都被纳入政府官员体系中，官员选拔也有相应的选拔标准和途径方式，官学教师也是如此。西周时期基础教育的特点主要体现于“官师合一”，学校教师基本是由从政官员兼任，具有教育与教化的双重作用。秦代官学的教师一般由官吏兼任，以后从汉朝至清朝，教师的选用在延续旧制的同时愈加严格化和制度化，而“德才兼备”则是历朝历代对教师的基本要求。而官方对私人办

① 李弘祺.学以为己——传统中国的教育(上)[M].上海:华东师范大学出版社,2017:19.

学并无限制，对私学教师条件方面也没有制度性要求。高级程度的私学从孔子开始，教师靠人品和学识吸引学徒；初级程度的私塾，教师只要有基本文化水平，便可以教童蒙。私学能否办理，只取决于供求关系，即能否吸引学生，无须具体规定教师标准。①

在学生方面，我国传统社会中官学有一套较完备的制度，包括对入学者数量的限定。科举制度产生后，经过了长时间的发展，官学逐渐被整合到科举制度中，官学学额制度被科举制度接收。科举学额制度发挥了特定的历史功能，保障社会资源有效、合理分配，其在明清时期表现出：控制总量、按照区域分配、兼顾特殊利益群体等特点。②受"天地君亲师"的师道传统影响，"尊师重道"成为学生的基本行为准则。孔子的弟子对孔子心悦诚服，虚心听取他的教诲，视他如日月，敬之如父母。荀子说，"言而不称师，谓之畔；教而不称师，谓之倍。倍畔之人，明君不内，朝士大夫遇诸涂不与言。"他甚至断言："人无师无法而知，则必为盗，勇则必为贼，云能则必为乱，察则必为怪，辩则必为诞。"③尊重教师并不意味着学生需要一味顺从教师，古代教育家们较早意识到了师与生、教与学可以相互转化。如子夏问孔子："巧笑倩兮，美目盼兮，素以为绚兮，何谓也？"子曰："绘事后素。"曰："礼后乎？"子曰："起予者商也！"（《论语·八佾篇》），表现了孔子虚心向学生学习和"不耻下问"的态度。孟子也认为"人皆可以为尧舜"。韩愈在《师说》更是强调"弟子不必不如师，师不必贤于弟子。"即师生关系是相对的，在学生学有所成的基础之上可以相互转化。但对于古代基础教育阶段的学生来说，大多还是以道德归化、知识积累为主，学生对教师高度敬重，教师具有较大的权威性。

在传统师道的影响下，教师在教育活动和师生关系中占据着主导地位。受古代不同时期社会局势的影响，师生关系也较为复杂。先秦时期百家学者各自收徒，求学者可自行择师。这些扮演教师角色的学者常常被各国君主奉为上宾，礼聘为官，由于他们的社会地位较高，加之学识渊博，具有独特的人格魅力，对学生的感染性较强。师生之间常以道相交，高谈理想抱负、拘束较少。但在汉朝以后，随着察举、征召、品评成为当时取士的主要手段，师生关系逐渐带有功利化色彩，演变为谋取官职的投机工具。两汉时期学问为世家所垄断，学生想要进仕途须得教师"举荐"。即使隋唐时期科举制出现，学生要进入官场仍然要看重教师的名望与出身。从整体而言，在师道传统的维系下，古代

① 俞启定，杨瑾．关于中国教师资格的历史考察[J]．河北师范大学学报（教育科学版），2009(7)：65-70.

② 谢海涛．中国古代官学中的学生数量问题研究——以科举学额制度发展演变的历史为中心[J]．山西师大学报（社会科学版），2009(6)：94-99.

③ 张相乐．中国古代教育家的师生关系论及其现实意义[J]．长江大学学报（社会科学版），2004(5)：97-102.

教师享有较高的社会地位，学生对教师的尊崇和敬仰既是当时师道的具体要求，也是作为学生最基本的义务和品行要求。

3. 课程与教学

古代基础教育的课程与教学体现出“重德”的特点，在课程设置、教学内容等各方面都渗透着传统社会的道德观念，也会根据社会需要和统治者偏好而有所变化。古代基础教育课程内容涉及范围较广，以西周为例，“六艺”即礼、乐、射、御、书、数，是当时基础教育课程的典型。其中“书、数”是基础文化课，为“小艺”，相当于基础教育小学阶段的课程。“礼、乐、射、御”作为“大艺”，相当于中学乃至大学阶段的课程。“六艺”教育内容的确定，形成了以礼为首，包含有德、智、体、美的完整教育内容。礼是维系宗法社会的根本，是一个人在社会上立身行事的基本准则，同乐、射、御紧密地结合在一起，最终实行政教合一，适应周代宗法社会的需要，为统治者培养合格人才，体现了当时基础教育的课程设置要求。到了宋、元、明、清时期，蒙学成为当时基础教育内容的主要载体，蒙学在课程安排上独具特色。重视汉字的识记，紧密联系日常生活，考虑学生的兴趣特点，在蒙学教材中多用故事，常配有插图。在蒙学教材中最为著名、影响最大的教材为《三字经》《百家姓》和《千字文》。随着科举制的兴起，“四书五经”成了基础教育阶段学生学习的重点内容。总的来说，我国古代启蒙课程多包含礼仪、道德、历史等基础课程，整体设置上较为重视汉字识记，识字课程是其他课程的基础，同时又紧密联系日常生活，设置相关常识类课程和通识类课程。

我国古代基础教育的教学原则与方法灵活多样，其中以孔子主张的“因材施教”教学方法为典型代表，《学记》中也包括教学相长、藏息相辅、长善救失等在内的多元化教学原则与方法。宋代还出现了直观教学法，胡瑗、朱熹等将《礼记》《仪礼》和《周礼》等经典文献记载的礼仪器物绘制成图，在教学中向学生展示。[①]教学手段受当时技术条件限制，多以教师口述、学生重复为主。古代教师在教学中享有一定惩戒权，打手心、罚跪、罚站等较为常见。舜曾在器物上刻画过五种常用刑罚，其中“扑作教刑”是以木棍抽打管教学生。在教学组织形式上，先秦学校一般采取个别教学，即一位教师在一定时间内面对数位学生上课，学生的年龄、学习时间不定，教学不分年级和科目。汉朝以后，为有效培养吏治之才，汉武帝设立太学，起初规模很小，只有几位教师和50名学生，汉成帝之后学生人数剧增，同教师奇缺的矛盾日益尖锐，集体教学应运而生。隋唐以后已产生班

① 熊明安，熊焰. 中国古代教学活动简史[M]. 重庆：重庆出版社，2013：227.

级教学的雏形，或称为“个别—小组教学制”。教学活动是在几个教师（主讲、辅讲）和一组（数十名）学生之间展开，学业内容、顺序有相应的计划，分科分级教学也基本形成，为后来的班级授课制奠定了基础。[①]

4. 管理与评价

道德占据了我国古代基础教育的核心地位，无论是教师管理还是学生考核，都以道德考评为先。受当时社会背景影响，“官僚制”和“分级管理”模式曾在基础教育阶段发挥着较为关键的作用。

在教育管理方面，先秦时期的学校教育以“学在官府”“政教合一”为重要特点，学校通常由官府掌握或开办，学校教育与政事活动紧密相连，基础教育的管理与评价权实际由官府所掌握，并成为统治者巩固政权、维护稳定的重要手段。汉代基础教育既有中央开办也有地方开办，地方教育系统逐步建立。基础教育的管理权部分由地方承担。随着科举制度的逐渐完备，从中央到地方建立起较为规范的“中央与地方分级管理”“统一管理与对口管理”并举的教育行政体制，中央设置了国子寺，置祭酒，专门管理基础教育的学校工作，这是我国历史上专门设立教育行政部门和教育官职的开端。地方上按行政区划设府州县学，基础教育管理趋向规范化。宋代学校教育制度更为完备，基础教育管理逐渐形成较为完善的、从上至下的体系。中央官学由中央统一管理，地方建立“路—州—县”三级地方行政区划制度，由地方行政长官保障教育经费。元朝时期，基础教育管理在继承前朝的基础上，形成“路—府—州—县”的地方四级管理制度。明清时期，基础教育的管理制度更为完备。整体上，古代基础教育管理在中央统一管辖之下，逐渐形成了较为完备的“中央—地方”执行体系。

在教育评价方面，我国古代基础教育评价体现出竞争性、多样性和全面性等特点。科举制度产生前，基础教育评价没有严格固定的形式，考核对象既包括贵族子弟，也包括少量平民子弟。《学记》中记载“比年入学，中年考校：一年视离经辨志，三年视敬业乐群，五年视博习亲师，七年视论学取友，谓之小成。九年知类通达，强立而不反，谓之大成”，规定了九年学习期间的课程内容，提出了不同学段课程与教学实施效果的评价标准。隋唐时期，科举作为一种崭新的评价制度登上了历史舞台，成为古代基础教育评价的主要形式。科举制度采取“怀牒自进”的方式，各方人士包括师生在内均可自由报名参加，选拔时由国家统一考试，一定程度上体现了教育评价的历史公平性，影响深远。

① 李慧仙.我国古代教学的组织形式和方法[J].西南民族学院学报(哲学社会科学版),1997(5):120-122.

在基础教育的评价主体上，主要由君王、朝臣、吏部、礼部、考官等组成，评价内容较为多元，“子以四教文、行、忠、信”（《论语·述而》）。在评价方式上较为多样化，以唐朝为例，考试科目繁多、形式多样，不下十余种，学生可根据自己的情况从中选择某科报考。经过唐、宋、元、明、清各朝代的完善，我国古代基础教育形成了一套完备的科举考试评价制度。

【拓展性资料3-1-1】

学记（节选）

比年入学，中年考校：一年视离经辨志，三年视敬业乐群，五年视博习亲师，七年视论学取友，谓之小成。九年知类通达，强立而不反，谓之大成。夫然后足以化民易俗，近者说服而远者怀之。此大学之道也。《记》曰“蛾子时术之”，其此之谓乎！

大学始教，皮弁祭菜，示敬道也。《宵雅》肄三，官其始也。入学鼓箧，孙其业也。夏楚二物，收其威也。未卜禘不视学，游其志也。时观而弗语，存其心也。幼者听而弗问，学不躐等也。此七者，教之大伦也。《记》曰“凡学，官先事，士先志”，其此之谓乎！

大学之教也，时教必有正业，退息必有居学。

不学操缦，不能安弦；不学博依，不能安《诗》；不学杂服，不能安礼。不兴其艺，不能乐学。

故君子之于学也，藏焉，脩焉，息焉，游焉。夫然，故安其学而亲其师，乐其友而信其道，是以虽离师辅而不反也。《兑命》曰“敬孙务时敏，厥脩乃来”，其此之谓乎！

今之教者，呻其占毕，多其讯言，及于数进，而不顾其安，使人不由其诚，教人不尽其材，其施之也悖，其求之也佛。夫然，故隐其学而疾其师，苦其难而不知其益也。虽终其业，其去之必速，教之不刑，其此之由乎！

（选自：高时良．学记［M］．北京：人民教育出版社，2016：5-6.）

（二）近现代基础教育

我国自1840年鸦片战争开始，经历了重要的发展与变革，清政府深陷于各种内忧外患，被迫“开眼看世界”，了解和学习西方的教育制度。受社会局势影响，近现代基础教育的发展在不同时期各有侧重，本节着重分析不同阶段基础教育发展的重要政策及关键举措。

1. 近代基础教育的萌芽(1900—1919年)

这一时期是我国基础教育的前现代化时期,基础教育的主体仍是古代的童蒙教育,课程体系仍以伦常之节和诗书礼乐典章制度为中轴,教学宗旨及目标也仍是培养正知正见和“童蒙养正”。但随着“西学东渐”思潮的影响不断扩展,1901年清政府开始实施“新政”,文化教育领域主要表现为废除八股文和科举考试制度,决定从学校教育系统中选拔人才。为此,拟定了相关学堂章程,实施学校教育改革,明确基础教育宗旨,变革基础教育制度,改革基础教育行政机构。在明确基础教育宗旨方面,1904年公布的《奏定学堂章程》(又称“癸卯学制”)成为我国近代教育史上第一个以法令形式公布并在全国推行的学校教育制度。虽然在当时专制制度仍然存在,同时在“中体西用”思想指导下,国民意识尚未彻底挣脱束缚,但客观上刺激了现代基础教育雏形的浮现。《奏定学堂章程》提出了总的教育宗旨:“至于立学宗旨,无论何等学堂,均以忠孝为本,以中国经史之学为基”,[①]并详细规定了基础教育各个阶段的具体宗旨(参见表3-1-1),填补了当时基础教育宗旨的空缺。在变革基础教育制度方面,随着新学制的颁行,对蒙养院、初等小学堂和高等小学堂的入学资格、年龄、课程及修业年限等都做了具体规定。在改革基础教育行政机构方面,建立了基础教育行政机构,主要分为中央和地方两级,设有专门负责师范教育和中小学教育的管理机构,基础教育的管理工作趋向有序化。

表3-1-1 《奏定学堂章程》对基础教育各阶段的宗旨[②]

蒙养院的教育宗旨	发育其身体,渐启其心知,使之远于浇薄之恶风,习于善良之轨范。
初等小学堂的教育宗旨	以启其人生应有之知识,立其明伦理爱国家之根基,并调护儿童身体,令其发育为宗旨;以识字之民日多为成效。
高等小学堂的教育宗旨	以培养国民之善性,扩充国民之知识,强壮国民之气体为宗旨;以童年皆知作人之正理,皆有谋生之计虑为成效。
中学堂的教育宗旨	以施较深之普通教育,俾毕业后不仕者从事于各项实业、进取者升入各高等专门学堂均有根柢为宗旨。

1911年南京临时政府成立后,颁布了《普通教育暂行办法通令》和《普通教育暂行课程之标准》,对基础教育的学制、课程标准、教学内容和教学形式等做出明确规定。1912

① 舒新城.中国近代教育史资料(上册)[M].北京:人民教育出版社,1981:195.

② 舒新城.中国近代教育史资料(中册)[M].北京:人民教育出版社,1981:384-501.

年，当时的教育部公布了新的教育宗旨，即“注重道德教育，以实利教育、军国民教育辅之，更以美感教育完成其道德”，旨在培养学生德智体美的健全人格。在相关政策指引下，基础教育学制在持续完善中逐渐系统化。1913年又颁布了比较完备、系统的学校制度——“壬子癸丑学制”，将基础教育划分为两个阶段：第一阶段为初等教育，分为初等小学4年和高等小学3年；第二阶段为中等教育，设4年中学校。新文化运动爆发后，义务教育受到各界关注，1917年通过了《请促进义务教育案》，次年又提出《推行义务教育案》，在这些政策引导下，各地开始尝试施行义务教育。实际上，由于这一阶段社会局势动荡不定，缺乏政策实施和教育发展的有利环境，相关政策未能得以有效施行，但为基础教育的现代化转型奠定了基础。

2. 现代基础教育的开端（1919—1927年）

1919年五四运动的爆发拉开了我国基础教育现代化的序幕，成为基础教育发展的里程碑。这一时期，基础教育以社会实际和实用为导向，联系当时的社会现实，满足经济发展的需要为宗旨。

中国共产党自1921年成立，为了领导广大工农群众进行革命斗争，对工农教育格外关注，先后开办了一批农民学校和工人补习学校，提出相应的教育主张。当时的国民政府也采取了一系列措施，如整顿学风、新生活运动、建立训育制度和教科书审查制度等，拟定了“养成健全人格，发展共和精神”的基础教育目标。在“五四”时期教育改革的推动下，根据社会形势发展的实际需要，1922年进行了学制改革，颁布了《学校系统改革令》（又称“壬戌学制”），该学制比较符合教育规律和教育实际，重视学生的生活教育、社会交际能力及可行发展等方面。①规定小学课程“得于较高年级斟酌地方情形，增置职业准备之教育”，初级、高级中学要在实施普通教育的同时，视地方实际需要兼设职业科，高级中学农工商科或另设职业学校等，体现出对“国民经济力”“社会进化之需要”的适应，有利于满足经济发展对各种人才的需求。在政策引导下，基础教育课程结构不断改进，教学方法持续更新。小学教育的年限缩短，进一步推动了教育普及。中等教育得到了进一步加强，相关改革力度也逐渐加大，在课程设置以及教学内容上更加注重实用性和实际性，实行学分制与选课制的同时在中学设立各种职业科，在注重升学的同时兼顾就业。

---

① 毛礼锐，沈灌群．中国教育通史（第5卷）[M]．济南：山东教育出版社，1988：79.

3. 现代基础教育的探索(1927—1949年)

这一时期国家尽管处于战争状态,但为了发展基础教育,中国共产党领导的革命根据地和解放区进行了相对规范有效的探索,可以划分为三个阶段。

第一阶段为1927—1937年,土地革命时期中央革命根据地的基础教育。这一时期为适应革命战争的需要,创建了一套独具特色的基础教育体系。从学制来说,小学为5年制,包括3年初级小学和2年高级小学,根据当时农村的实际情况,小学分为半日制和全日制。在课程设置上,《小学课程教则大纲》规定初级小学设国语、算术和游艺3种课程,每周上课18小时,另设劳作实习及社会工作等课外活动,每周上课至少12小时。高级小学设国语、算术、社会常识、科学常识和游艺等课程,每周上课24~26小时;同样也设劳作及社会工作等课外活动,每周上课12~18小时。从教学角度而言,要求采用启发式教学,反对一味注入式的教学和机械记忆,充分培养学生的主动创造性行为,采用"混合统一"的教授方法。对学生实施民主管理,禁止对学生强迫威吓和敲打,采用诱导劝告和帮助的方法。

第二阶段为1937—1945年,全面抗战时期的基础教育。为适应抗日救亡的需要,以服务战争和生产劳动作为基础教育总方针,重视国防教育,强调教育与生产劳动相结合,着力培养战争和生产劳动所需的后备人才。小学阶段重视政治思想教育,在教材里增加了政治常识和军事训练的内容,组织学生参与各种形式的抗战工作。在教学管理上,实行民主管理,要求教师以说服代替打骂、以鼓励代替高压、以商讨代替命令,在教师指导下成立学生会,锻炼学生的独立能力和集体主义精神,鼓励并组织学生进行自我教育与批评,比如开展生活检讨会,这些民主管理的特征充分体现了新民主主义教育的优越性。中等教育的培养目标是为根据地的建设和战争的需要培养干部,学校不仅重视学生普通文化知识的教学,也为抗战所需开设政治、军事、群众工作等课程。在教材方面,数学、物理、化学、英文和生物等课程基本上采用的是国统区的课本;语文课则在旧制中学教材的基础上,大量选用了报纸上的论文等;政治和史地课主要是学习革命史和革命根据地的发展态势、地理位置、减租减息、清算斗争及抗日的形势和任务等宣传性的内容。在班级管理上,学生的班级编制和生活管理等大都采用军事化管理。但在课堂外,学校有学生会、俱乐部、歌咏队、剧团等课外活动团体,还通过墙报等形式让学生的思想得到充分表达,增强学生的自主学习能力和工作能力。

第三阶段是1946—1949年,解放战争时期的基础教育。新局势对基础教育提出了新要求，基础教育不仅要培养解放战争所需要的干部人才，更要培养战争胜利后所需要的建设人才——既有无产阶级政治觉悟，又有科学文化知识的人才。于是各解放区纷纷召开教育会议讨论教育正规化问题。1948年东北解放区第三次教育会议指出，为了适应土地改革胜利后生产建设的需要，除短期政治训练班外，还要建立正规化教育制度，办正规学校，注重文化科学知识的学习。该会议还规定小学仍为“四二制”，中学采用“三三制”，高中可以根据各地建设需要实行分科制；在教学方法上，努力实现因材施教，深入浅出；提倡尊师爱生，建立民主团结的师生关系，并要提高教师的生活待遇、政治待遇和社会地位。1949年召开的华北小学教育会议对小学教育制度和实施办法进行了深入讨论，针对学校师资、教材、办学经费、管理体制等问题做了具体探讨，拟定了《华北区小学教师服务暂行规程》和《华北区小学教育暂行实施办法》等文件。总之，解放区基础教育的改革使得新、老解放区的中小学走上了正规化发展道路，有计划地培养了大批优秀的建设人才，为我国基础教育发展提供了宝贵经验，奠定了制度与人才基础。

二、1949年之后：基础教育的变革与发展

中华人民共和国成立后基础教育的发展经历了当代基础教育体系的确立、基础教育的快速发展、基础教育改革的深化推进和基础教育事业的全面振兴四个阶段，并在教育管理体制、教师与学生、课程与教学等方面得到长足发展。随着社会发展和人民生活质量的提高，人民对高质量教育的需求日益高涨，我国基础教育的发展也步入了新的阶段。

（一）当代基础教育体系的确立（1949—1976年）

近代以来，我国经历了长期的动乱与战争后，造成了建国初期经济发展落后、社会矛盾尖锐、各行各业百废待兴的状态。在此历史背景下，我国基础教育也在艰难挫折中积极迈进，逐步确立了当代基础教育体系。

1. 办学管理体制

1949年12月，第一次全国教育工作会议提出了“以原有的新教育的良好经验为基础，吸收旧教育的某些有用的经验，特别要借助苏联教育建设的先进经验”的指导思

想[①]，着力建设当代基础教育管理制度及办学体系。在建国初期，基础教育战线一项重要的历史任务就是要对国民政府的旧教育在接收过程中进行改造，破旧立新，改革旧的教育体制，摒弃半殖民地半封建的教育思想，在新民主主义教育成功的基础上，确立社会主义教育的教育管理体制。首先，对接管的公立学校进行了改造，主要内容包括办学方向、管理体制、教育结构、学校制度、教学和德育等诸方面。其次，接办、整顿和初步改造私立学校。1952年教育部发出《关于接办私立中小学的指示》决定从1952年下半年至1954年将全国私立中小学全部由政府接办，改为公立学校。[②]通过几年的努力，包括私立中等技术学校在内的私立中小学的接办工作至1956年初全部完成。再次，接办和改造外资资助的学校，这一举措彻底结束了百年来帝国主义的文化侵略，维护了我国的教育主权。

这一时期基础教育的管理体制经历了多次改革。建国初期实行高度集中统一的中央领导体系，在基础教育领域实行军事接管体制，为社会主义基础教育体制的建立及基础事业的恢复与发展夯实了基础。1952年，教育部在《小学暂行规程（草案）》和《中学暂行规程（草案）》中规定，中小学校一般由县级教育行政部门负责，实行“统一领导、分级管理”。社会主义改造完成后，实行“中央集权和地方分权相结合”的管理体制，即基础教育管理体制改革由中央政府引领，地方政府负责管理。从1960年下半年开始，在“调整、巩固、充实、提高”方针的引导下重点强调集中统一，践行“大权独揽、小权分散”的民主集中制原则。1963年，中共中央在批准试行“中学五十条”和“小学四十条”过程中，对基础教育的管理体制进行了调整，进一步强化了中央和省（自治区、直辖市）对基础教育的管理权。

2. 教师与学生

中华人民共和国成立初期，各项事业百废待兴，为尽快对旧师范教育体系做出调整，本阶段政策多以草案形式集中出现，核心任务为快速培养师资，建立新师范教育体系。[③]1949年教育部召开的中华人民共和国第一次全国教育工作会议，1951年合并召开的第一次全国初等教育会议和第一次全国师范教育会议，要求借助“苏联模式”对中小学教师队伍进行全面改造。随后，国家相继颁布《关于中小学教师进修问题的通报》

① 何东昌.中华人民共和国重要教育文献（1949年—1997年）[M].海口：海南出版社，1998：8.

② 高奇.中国教育史研究（现代分卷）[M].上海：华东师范大学出版社，2009：297.

③ 李广，李欣桐.新中国教师教育政策变迁历程、演进逻辑及发展趋势[J].华南师范大学学报（社会科学版），2020（6）：57-68.

(1951年)、《师范学校暂行规程(草案)》和《关于高等师范学校的规定(草案)》(1952年)、《关于迅速提高在职教师政治、文化、业务水平的初步意见》(1960年)、《关于颁发高等师范学校教学计划(草案)的通知》和《三年制中等师范学校教学计划草案(征求意见稿)》(1963年)等政策文件,确立了为培养百万人民教师而奋斗的目标。这一时期,中小学教师队伍建设主要体现在以下几方面:一是注重加强对基础教育阶段教师的思想改造,将提升教师知识和学历水平作为刻不容缓的大事来抓;二是建构了中师、师专和大学本科相对独立完整的“三级师范教育体系”,并保证在每个省份建成一所师范类院校;三是按照“统一领导、分工负责、办好学校”的原则,建立健全基础教育阶段的教师组织领导制度。①1961年提出“调整、巩固、充实、提高”八字方针,深受“大跃进”影响的师范教育乱象得以遏制。②基础教育教师队伍建设经历了效仿、反省、试误和调整的阶段,建构了师资发展的基本框架,为改革开放时期的教师教育改革奠定了坚实基础。③

在学生发展方面,党中央基于马克思列宁主义基本教育原理,提出了“教育应培养全面发展的人”的育人方针。教育部颁发的《小学暂行规程(草案)》指出:“小学教育的宗旨是:根据新民主主义的教育方针和理论与实际一致的教育方法,给儿童以全面的基础教育,使他们成为新民主主义社会热爱祖国和人民的、自觉的、积极的成员。”同时,也高度重视学生思想道德品质的提升,教育部规定的中学德育目标旨在发展学生报效祖国、为人民服务的思想,养成其热爱祖国、爱人民、爱劳动、爱科学、爱护公物的公民公德和刚毅、勇敢、自觉遵守纪律的优良品质。1958年提出了用工人阶级的阶级观点、群众观点和集体观点、劳动观点、辩证唯物主义观点教育学生。④此外,学生“减负”问题在这一时期也备受关注。例如“三一〇”指示和“七三”指示都特别强调要减轻学生负担、促使青少年主动发展。中共中央、国务院转批了教育部临时党组《关于克服中小学学生负担过重现象和提高教学质量的报告》,在当时的基础教育界影响很大,对解决中小学生负担过重等问题起到了推动作用。

3. 课程与教学

建立社会主义课程与教学体系是这一时期基础教育发展的主要任务之一。1951年第一次全国中等教育会议集中讨论了中学政治、语文、历史、地理、数学、物理及化学等

① 杨乐英,于维涛.我国中小学教师队伍建设政策演进及展望[J].中小学管理,2020(2):38-41.

② 卢小陶,杜德栎.新中国70年教师教育政策的历史、结构与动力[J].教育科学研究,2019(9):79-84.

③ 李广,李欣桐.中国共产党百年教师教育政策——历史进程、伟大成就与发展愿景[J].现代教育管理,2021(6):1-9.

④ 尚小军.建国后小学毕业年级语文教科书德育价值取向演变研究[D].陕西师范大学,2012:1.

学科的课程标准，认为各科教材必须保持完整的科学性，贯彻爱国主义精神，并以苏联的中学教科书为蓝本，重编符合中国国情的新教科书，使普通中学有了整顿和提高的标准以及统一的发展方向。[①]中小学教学计划的修订工作也受到高度重视，从1953年至1956年，为适应政治形势变化和经济发展需要，先后制定了《小学(四二制)教学计划(草案)》等4个小学教学计划以及《中学教学计划(修订草案)》等5个中学教学计划。1963年教育部发出《关于全日制中小学开始实行新教学计划(草案)的通知》，规定小学各年级仍然设置周会，进行道德品质教育和时事政策教育。中学按年级分别设置道德品质教育、经济常识、辩证唯物主义常识等课程。为加强学生为农业服务的思想意识，使学生习得一定的生产知识和生产技能，小学六年级开设生产常识课，初中三年级开设生产知识课，高中三年级开设农业科学技术知识作为选修课。为了使学生掌握基本的文化和科学知识，教学计划中适当提高了语文、数学和外语等课程的教学要求，并相应增加了课时；物理和化学的课时也有所增加，并加强实验与课堂练习；历史、地理和生物等课程避免了不必要的重复，开设时间适当集中，并在高中三年级开设选修课。[②]

我国基础教育的教学工作在这一时期也得到发展。1963年中共中央颁发了《全日制小学暂行工作条例(草案)》，对小学的教育教学工作提出了统一要求，是小学进行教学管理的重要依据，也对教师日常教学各个环节的行为提出了明确要求，包括教学的基本形式、教学需尊重学生的年龄特点、考查和考试的具体要求等内容。依据这些规定，小学初步建立起一套教学规范制度，确立了教师备课、上课、批改作业、辅导、考评学生学业等环节的行为准则，加强对教师教学行为与程序的管理，使得教学行为与程序进一步规范化与理性化。[③]对于教学方法，教育界这一期间也探讨了“全面发展与因材施教”“启发式教学”以及“教学中的师生关系”等问题，讨论形成的新观念对基础教育教学活动产生了积极影响。许多中小学教师基于新观念的指导进行了各类教学方法改革，其中影响较大的有段力佩提出的“八字教学法”、卢仲衡倡导的“自学辅导教学法”等。[④]

(二)当代基础教育的快速发展(1977—1992年)

1977年恢复高考制度后，我国基础教育事业重新步入正轨。十一届三中全会召开

---

① 何东昌.中华人民共和国重要教育文献(1949年—1997年)[M].海口：海南出版社，1998：88.

② 中央教育科学研究所.中华人民共和国教育大事记(1949—1982)[M].北京：教育科学出版社，1984：340.

③ 刘波.我国小学教学制度研究[D].内蒙古师范大学，2007：19-20.

④ 赵鑫，李森.我国教学方法研究70年变革与发展[J].课程·教材·教法，2019(3)：14-21.

后，党和国家以及地方教育行政部门以“三个面向”为指导方针，奠定了基础教育发展的政治基础，对基础教育进行了全面整顿，重新确立了基础教育的战略定位，基础教育步入了快速发展的轨道。

1. 教育管理体制

改革开放后的第一次全国教育工作会议在北京召开，通过了《关于教育体制改革的决定》，明确了教育与社会主义建设的关系，认为教育必须为社会主义建设服务，社会主义建设必须依靠教育，提出了基础教育管理体制改革的方针，即改革管理体制，在进行宏观管理的同时，坚决实行简政放权，扩大学校的办学自主权；调整教育结构，改革劳动人事制度；改革同社会主义现代化不相适应的教育思想、教育内容和教育方法。

从基础教育外部管理体制而言，《中小学暂行条例规定（试行草案）》（1978年）与《关于普及小学教育若干问题的决定》（1980年）都指出“必须切实改革普通教育和领导管理体制”，促进了基础教育外部管理体制的进一步发展。《关于教育体制改革的决定》提出基础教育的管理权属于地方，中央只负责调整与制定大的方针与宏观计划，而具体的政策、制度、计划等均由地方负责。1986年《中华人民共和国义务教育法》又强调了基础教育管理实行地方负责、分级管理的体制。1987年国家教育委员会、财政部联合发布了《关于农村基础教育管理体制改革若干问题的意见》，对“地方负责、分级管理”的原则给予了充分肯定，并且对县、乡、村各自的基础教育管理权限做出了具体规定，此文件的发布标志着基础教育管理体制改革由局部实验转入全面推广阶段。从基础教育内部管理体制来看，《关于教育体制改革的决定》规定校长是学校的负责人，对外代表学校，并具有法人资格，校长负责制得到重新确立。校长在上级机关的领导下，主持学校的教育、教学和其他行政工作，具有工作的决策权、指挥权、人事权、财产和经费管理支配权，并对上述工作承担全部责任。[①]

2. 教师与学生

20世纪70年代末至80年代初，我国基础教育教师队伍建设面临着一系列亟待解决的问题：教师被随意借用、调出，教师编制被随意占用；数量有限的师范生，难以保质保量分配到中小学校；教师的自然减员得不到有效补充等。[②]为此，中央有关部门先后发布了《关于中、小学教师队伍调整整顿和加强管理的意见》《关于加强在职中、小学教师

---

① 《中国教育年鉴》编辑部．中国教育年鉴（1989）［M］．北京：人民教育出版社，1990：144．

② 国家教育委员会办公厅．基础教育法规文件选编［M］．北京：北京师范大学出版社，1988：317．

培训工作的意见》等文件，从政策上着力解决基础教育师资存在的问题，但是要建设一支数量、质量都满足基础教育需要的教师队伍仍需努力。为加强师资队伍建设，1986年开始起草《中华人民共和国教师法》，依法保障教师的权利和义务，并在1993年第八届全国人民代表大会常务委员会第四次会议通过。《中华人民共和国教师法》的颁布解决了教师队伍建设无法可依的问题，不仅从法律层面提升了教师的社会地位，保障了教师的权益，也有利于吸引优秀人才加入教师行业，为留住优秀教师发挥了积极作用。

这一时期学生的培养主要集中在为满足现代化建设的需要，全面普及义务教育，保障学生基本的受教育权。《中华人民共和国义务教育法》为解决义务教育阶段学生的入学和上学问题提供了法律依据，强调国家、社会、学校与家庭依法保障适龄儿童、青少年接受义务教育的权利。随后，国家又出台了《中华人民共和国未成年人保护法》，主要从家庭、学校、社会以及政府等角度对适龄儿童和青少年接受义务教育的权利做出了具体规定。《中华人民共和国义务教育法实施细则》则从实施步骤、基本条件、就学、教育教学、实施保障、管理与监督、罚则等方面对《中华人民共和国义务教育法》进行了详细解读，为学生依法接受义务教育提供了详细的、可借鉴的凭据。

3. 课程与教学

为推动教学大纲和教科书的编写工作，1977年教育部组织了各学科专家、学者和有丰富教学经验的教师共二百多人，组成了“中小学教材编写工作组”，集中编写全国通用的十年制中小学各科教学大纲（草案）和教科书。1978年教育部颁布了《全日制十年制中小学教学计划（试行草案）》，恢复了中小学校分科课程模式和开设的主要课程，确定了学校的课程设置，突出了中小学阶段的基础教育性质。1981年教育部颁布了《全国五年制小学教学计划（修订草案）》，对1978年教学计划中的小学部分进行了修改，比如在课程设置上，用“思想品德”取代了“政治”，用“自然”取代了“自然常识”，恢复了地理与历史，加强了思想品德教育和爱国主义教育，增设了劳动课，并将课外活动正式纳入教学计划。总体而言，这一时期在课程方面改变了对基础知识和基础理论的轻视排斥态度，强调对各门学科中基础知识和基本技能的学习；更新了部分课程内容，明确规定了各学科的课时数；调整了课程结构，恢复了以学科课程为主的课程结构，促进少年儿童在德、智、体、美等方面的发展。

在教学领域，这一时期涌现出诸多有影响力的教学改革试验，逐步形成了彰显本土特色的教学实践体系和教育理论学说。据统计，1977—1992年，我国具有一定理论依据和可操作性，并产生较好实验效果和反响的教学法改革实验多达120项；实验范围虽然集中于华东、华北和东北等地，但已遍及全国；实验类型既有单科教学法改革实验，也有应用于多科的一般教学法实验。[①]对于课堂教学结构，教育学界反思了凯洛夫五环节课堂教学结构在实践中的利弊，积极创新教学方法，开展教学实验，突破旧结构，创造新结构，再联合社会力量携手推广，共同推动了自下而上的课堂教学结构改革，课堂教学形态也因之异彩纷呈。[②]

（三）当代基础教育改革的深化推进（1993—2000年）

20世纪90年代以来，随着社会主义市场经济体制的建立，生产力的进一步解放，我国经济发展和综合国力迈上了一个新台阶，改革开放和现代化建设进入了一个新阶段。1993年中共中央、国务院印发了《中国教育改革和发展纲要》，对把教育放在优先发展的战略地位做了具体部署，确定了到20世纪末教育改革与发展的基本目标和任务，将基础教育作为教育事业发展的重中之重，进一步深入推进基础教育改革。

1. 教育管理体制

《中国教育改革和发展纲要》规划了2000年前我国基础教育发展规模和结构，要求适应社会主义市场经济体制改革需要，推进基础教育管理、办学和投入等体制改革，进一步改变政府包揽办学的状况，形成以政府办学为主、社会各界参与办学相结合的新体制。1994年第二次全国教育大会对基础教育管理体制提出了相应的规定：在办学体制方面，在已有基础上，提出了“公办民助”与“民办公助”的基础教育办学理念，进一步向社会开放办学权限，整合社会教育资源；在管理体制方面，明确了中央和地方的基础教育责任，并提出镇（乡）财政要承担一定额度的基础教育经费。

1997年国务院发布第一部专门规范民办教育的行政法规《社会力量办学条例》，明确了社会力量举办实施义务教育的机构作为国家实施义务教育的补充。这一阶段，从“基础教育是社会力量办学的主要领域之一”到“社会力量举办实施义务教育的机构作为国家实施义务教育的补充”，再到“在保证适龄儿童、青少年均能就近进入公办小学和初中的前提下，可允许设立少数民办小学和初中，在这个范围内提供择校机会”，形成了“主要”到“补充”再到“允许限制”的微调，进一步完善了基础教育管理体制。[③]

---

① 缪学超．改革开放40年我国基础教育教学法改革实验的历程与反思［J］．教育科学，2018(5)：20-26.

② 黄盼盼．新中国成立70年来课堂教学结构的演变［J］．当代教育科学，2019(10)：3-8.

③ 石鸥．中国基础教育60年(1949—2009)［M］．长沙：湖南师范大学出版社，2009：346.

2. 教师与学生

这一阶段教师队伍建设得到较为充分的法规保障和政策支持。除了之前颁布的《中国教育改革和发展纲要》和《中华人民共和国教师法》，国家还出台了一系列相关配套政策推进师资队伍建设。例如，1993 年发布《特级教师评选规定》《关于加强中小学骨干教师培训工作的意见》和《关于贯彻实施〈中华人民共和国教师法〉若干问题的通知》等，1994年出台《中小学贯彻〈事业单位工作人员工资制度改革方案〉的实施意见》《全国中小学校长岗位培训评估工作指导意见》和《关于开展小学新教师试用期培训的意见》等，1997年颁布《中小学教师职业道德规范（修订）》，1998年颁行《教师教育工作者奖励规定》和《面向21世纪教育振兴行动计划》，在上述法规、政策的推动下，教师权益得到保障，社会地位逐步提高，收入与福利稳步增加，中小学教师队伍发展逐渐稳定。

大力推进素质教育，为学生全面发展奠基是该时期促进中小学学生成长的核心议题，学生的主体性获得认可与重视。《中国教育改革和发展纲要》正式提出了中小学教育要从“应试教育”向“素质教育”转轨，即以素质教育为导向，以学生全面发展为旨归。为进一步落实素质教育，1997年国家教育委员会印发了《关于当前积极推进中小学实施素质教育的若干意见》，要求各地要结合实际情况，有效实施素质教育。以此文件为依据，1998年国家教育委员会印发了《关于推进素质教育调整中小学教育教学内容、加强教学过程管理的意见》，强调推进素质教育要在不改变现行课程结构、课时、教材体系的前提下，本着有利于教育教学秩序稳定、减轻学生过重的课业负担、实施素质教育以及促进学生全面发展的原则有效进行。

3. 课程与教学

这一阶段的课程与教学改革高度重视素质教育的落实，为后续改革定下了基调。在课程领域，主要是对1993年在全国开始施行的基础教育课程进行适当调整与修订，素质教育的相关理念逐步融入其中。1994年国家教育委员会制定了《实行新工时制对全日制小学、初级中学课程（教学）计划进行调整的意见》和《实行新工时制对高中教学计划进行调整的意见》，随后，中小学校陆续将上课时间缩短为五天。1995年又印发了《关于实行每周40小时工作制后调整全日制中小学课程（教学）计划的意见》，对中小学课时与课程进行了调整。1996年又颁发《全日制普通高级中学课程计划（试验）》，将普通高中作为一个独立的学段，提出了高中阶段课程结构由学科类课程和活动类课程组成，课程分为必修、限定选修与任意选修三种方式，并首次规定了中央、地方和学校的三级课程管理体制。1998年秋季，各省（自治区、直辖市）的中小学校开始按照《关于推进素质教育调整中小学教育教学内容、加强教学过程管理的意见》规定的教学内容进行教学及评价工作。此次课程内容的调整，是课程权力下放的结果，中央和教育部给予了地方与学校更多的自主权，至此，课程的三级管理体制正式形成。①

在教学领域，《中国教育改革和发展纲要》明确指出当时的教学内容和教学方法不同程度地脱离实际，正确处理教学理论与教学实践之间的关系成了当时教学改革的焦点话题。在坚持贯彻落实科教兴国战略的基础上，教育部出台了《面向21世纪教育振兴行动计划》，对教育事业做了全面部署，描绘了教学内容改革、教学方法和手段创新，强调了在信息技术发展所带来的时代变革中培养综合创新型人才的重要性。1999年中共中央、国务院发布的《中共中央、国务院关于深化教育改革，全面推进素质教育的决定》对中小学校教学改革提出了具体要求：改变传统的教学方式，积极实行启发式和讨论式教学，激发学生独立思考和创新意识，突出培养学生创新能力；重视实验课教学，加强课程的综合性和实践性，培养学生实际操作能力；等等。

（四）当代基础教育事业的全面振兴（2001年至今）

改革开放以来，我国基础教育取得了辉煌成就，但基础教育总体发展水平还不够高，无法完全适应时代发展需要。2001年，为贯彻《中共中央、国务院关于深化教育改革，全面推进素质教育的决定》和国务院《关于基础教育改革与发展的决定》，我国进行了第八次基础教育课程改革，以全面推进素质教育。

1. 教育管理体制

随着基础教育改革的不断深化，关于中小学校自主办学的认识进一步深入。2002年《中华人民共和国民办教育促进法》的出台是教育事业发展和法治建设中的一件大事，是民办教育事业发展史上一个重要的里程碑，标志着民办教育事业将要进入一个依法快速健康发展的新时期，对于促使早日形成民办教育与公办教育共同发展的新格局具有重大意义。《国家中长期教育改革和发展规划纲要（2010—2020年）》是进入21世纪之后的第一个教育规划，将现代学校制度建设定义为“依法办学、自主管理、民主监督、社会参与”。2012年教育部《全面推进依法治校实施纲要》指出“要以建设现代学校制度为目标，落实和规范学校办学自主权，形成政府依法管理学校，学校依法办学、自主管理，教师依法执教，社会

① 宋乃庆，李森，朱德全．中国基础教育改革与发展[M]．北京：高等教育出版社，2018：183-184.

依法支持和参与学校管理的格局”。上述关于中小学校教育管理体制的表述，既肯定了学校的办学自主权，又构建了规范和制约学校办学自主权的结构性框架。2015年修订的《中华人民共和国教育法》第二十九条规定，学校及其他教育机构拥有的权利，有助于完善现阶段基础教育的教育管理体制，打造新时代的教育管理格局。2017年《关于深化教育体制机制改革的意见》指出其主要目标是“到2020年，教育基础性制度体系基本建立，形成充满活力、富有效率、更加开放、有利于科学发展的教育体制机制……政府依法宏观管理、学校依法自主办学、社会有序参与、各方合力推进的格局更加完善，为发展具有中国特色、世界水平的现代教育提供制度支撑。”党的十八大以来，以习近平同志为核心的党中央，坚持把教育摆在优先发展的战略地位，全面深化教育综合改革，基础教育发展的整体水平得到进一步提升。国家连续印发了关于学前教育、义务教育、普通高中改革发展的三个文件，从顶层架构起基础教育改革发展的“四梁八柱”。①

2. 教师与学生

第八次课程改革的实施对教师专业发展提出了新要求。2001年《关于基础教育改革与发展的决定》明确强调要“以转变教育观念，提高职业道德和教育教学水平为重点，紧密结合基础教育课程改革，加强中小学教师继续教育工作，健全教师培训制度，加强培训基地建设。”紧接着国家出台了多项有关教师队伍建设的政策文件和教师培训举措，对加强教师专业素养，提升教师队伍质量有重大突破。2003年国务院提出了在全国实行“教师教育网络联盟计划”，目的在于通过教师教育体系、现代信息技术整合培训资源，提高教师学习效率。2004年教育部发布《关于加快推进全国教师教育网络联盟计划组织实施新一轮中小学教师全员培训的意见》，要求将教师集中培训与校本研修结合起来，此次参与全员培训的教师共计1000万名。此外，为了提高教师队伍的整体素质，农村教师的专业发展也得到了高度重视。同年，教育部发布《关于进一步加强基础教育新课程师资培训工作的指导意见》，强调了教师培训要讲求针对性和实效性，并启动了“农村学校教育硕士师资培养计划”，一系列举措既充实了教师队伍的数量，也有助于提升教师队伍的整体素质。2011年，为了进一步完善教师培训体系，教育部印发了《关于进一步做好中小学教师补充工作的通知》，提出以“国培计划”为抓手，有目的、有计划地采取研修培训、学术交流、项目资助等方式开展中小学教师培训。2012年国务院发布《关于加强教师队伍建设的意见》，明确了加强教师队伍建设的指导思想、总体目标和重点

① 陈如平.紧扭住基础教育高质量发展的关键[J].人民教育，2019(Z3)：1.

任务，提出形成一支师德高尚、业务精湛、结构合理、充满活力的高素质专业化教师队伍。2018年中共中央、国务院印发《教师教育振兴行动计划（2018—2022年）》和《关于全面深化新时代教师队伍建设改革的意见》，要求以促进教师终身学习和专业发展为目标，通过转变培训方式、改进培训内容、搭建教师培训与学历教育衔接的“立交桥”等措施，全面提高教师质量。《中国教育现代化2035》《中华人民共和国国民经济和社会发展第十四个五年规划和2035年远景目标纲要》再次强调建设高素质专业化创新型教师队伍。大力加强师德师风建设，将师德师风作为评价教师素质的第一标准，推动师德建设长效化、制度化发展。

关于学生发展，2001年颁布的《基础教育课程改革纲要（试行）》强调“注重培养学生的独立性和自主性，引导学生质疑、调查、探究，在实践中学习，促进学生在教师指导下主动地、富有个性地学习”。《国家中长期教育改革和发展规划纲要（2010—2020年）》提出了以制度保证中小学生减负，明确提出减轻学生课业负担是全社会的共同责任，政府、学校、家庭、社会必须共同努力，标本兼治，综合治理。规范学生日常行为的“中小学生守则”在这一时期也进行了调整和更新，2012年教育部将《小学生守则》《中学生守则》和《小学生日常行为规范》三者合而为一，形成了新的《中小学生守则》，把70条规范浓缩成9大准则。2015年，教育部印发《中小学生守则（2015年修订）》，共9条、282字，涵盖学生德、智、体、美、劳全面发展的基本要求，引导学生健康成长。2018年，习近平总书记在全国教育大会上首次提出“培养德智体美劳全面发展的社会主义建设者和接班人”的教育方针。中小学生道德品质的发展是我国基础教育长期关注的重点，《加快推进教育现代化实施方案（2018—2022年）》提出要注重学生的德育培养，增强中小学德育的针对性与实效性，从中小学生身心特点和思想实际出发改进德育方式方法，注重循序渐进、因材施教、潜移默化，开展喜闻乐见、入脑入心的德育活动。2020年，中共中央、国务院颁布《关于全面加强新时代大中小学劳动教育的意见》，要求把劳动教育纳入人才培养全过程，贯通中小学各学段，贯穿家庭、学校、社会各方面，与德育、智育、体育、美育相融合，促进学生形成正确的世界观、人生观、价值观。

3. 课程与教学

1999年《关于深化教育改革，全面推进素质教育的决定》，提出了调整和改革课程体系、结构、内容，建立新的基础教育课程体系的主张。2001年教育部颁发了《基础教育课程改革纲要（试行）》，秉持“以人为本”的价值观，不仅强调知识的获取，更重视学生能力的发展，尤其是提出了培养学生发现问题、分析问题与解决问题的能力以及创新能力。在非智力因素方面，把情感、态度与价值观的形成纳入课程的目标，贯彻了全面提升学生素质以及综合能力的精神。从课程内容与结构来看，体现了基础性、综合性以及选择性等特点。基础性主要指所有的课程都从基础知识的掌握出发，改变之前课程与教学“繁、难、偏、旧”的状况；综合性指小学以综合课程为主，初中则综合课程与分科课程相结合，而高中则以分科课程为主；选择性指课程中设有选修课，供学生依据自己的特长爱好选择。课程结构更加符合不同阶段学生学习的特点，既保证了学生基础知识的掌握，同时也照顾了不同学生的学习兴趣。就课程管理来看，形成了国家、地方、学校三级课程体系，在遵循了国家课程目标的前提下，也给予地方与学校更多的空间和时间，使其按照自身的实际情况展开课程编制与教学工作。就课程评价来看，小学与初中阶段实行了等级制，弱化了分数给学生带来的影响力。此外，中考和高考招生制度也在不断改革，逐步推行学业考试、学校测试与其他方面能力评估相结合的评价方式。2014年，教育部印发了《关于全面深化课程改革，落实立德树人根本任务的意见》，强调要高举中国特色社会主义伟大旗帜，推动社会主义核心价值观进教材、进课堂、进头脑，着力培养学生高尚的道德情操、扎实的科学文化素质、健康的身心、良好的审美情趣，努力使学生具有中华文化底蕴、中国特色社会主义共同理想、国际视野，成为社会主义合格建设者和可靠接班人。

在教学方面，面对新课程与新教材，教学方法也在持续优化，推广并运用注重启发式、互动式、探究式教学，引导学生主动思考、积极提问、自主探究，开展研究型、项目化、合作式学习。同时，随着信息技术的发展，各类信息化技术逐渐应用到了基础教育教学活动当中。2018年教育部印发的《教育信息化2.0行动计划》指出，信息技术对基础教育具有革命性的影响。《中国教育现代化2035》强调“建设智能化校园，统筹建设一体化智能化教学、管理与服务平台”。《关于深化教育教学改革全面提高义务教育质量的意见》特别指出“融合运用传统与现代技术手段，重视情境教学”，许多中小学校都在积极探索智慧教室与智慧课堂等新兴教学平台，信息技术正全面而深刻地影响着教学活动及其方式手段。特别值得指出的是，教育部为了奖励取得基础教育教学成果的集体和个人，鼓励教育工作者从事教育教学研究，提高教学水平和教育质量而设立的最高级别的奖励——基础教育国家级教学成果奖。2014年首届基础教育国家级教学成果奖共有417项成果获奖，2018年第二届基础教育国家级教学成果奖共有452项成果获奖，这些优秀教学成果充分展现了近年来我国基础教育改革发展的最新成果，体现了广大教育工作者坚持党的教育方针、落实立德树人根本任务、发展素质教育、积极参与基础教育教学改革的新探索和新实践。

【案例3-1-1】远程协同 双师育人——现代远程教育促进普通高中优质均衡发展的创新与实践

四川省作为一个多民族大省，受客观条件限制，存在着省内区域、城乡、校际之间普通高中教育发展不均衡、不充分，现代远程教育促进普通高中优质均衡发展的多方协同机制尚未健全，各帮扶方对省内欠发达地区普通高中输送的教学资源缺乏时效性、针对性和系统性，欠发达地区普通高中师生成长内生动力不足等问题。

为此，依托于“四川省民族地区教育发展十年行动计划”，成果以全日制远程直播教学为手段，以“远程协同、双师育人”为核心，以促进远端教师专业成长为着力点，探索了以“四个同时、四位一体、四种交互、四位协同、四项服务、四个共同体”为要点的全日制远程直播教学新形态和“同堂跟岗、集中培训、专题研讨、双向赴校”的远端学校教师培养新路径，构建了大规模、低成本、持续性助推边远民族地区普通高中优质均衡发展的现代远程教育模式，探索出城市名校带领边远欠发达地区学校高质量发展之路，实现师生共育，名校与薄弱学校共荣共生。

该成果创建了有中国特色的现代远程教育实践模式，探索出城市名校带领欠发达地区学校优质发展路径，创新建立了“政府主导、学校主体、企业服务”的运行机制和“政府主导、学校主体、公益服务+企业服务”的推广机制，建立四川云教平台，建立四川云教技术规范、管理办法和学术规范，实现了高中教育优质均衡发展的重心从资源配置转向提升育人质量，从分数唯一到实现生命自觉的战略性时代转换。

成果实施21年，构建的“政府主导、学校主体、企业服务”运行机制保障了全日制远程直播教学持续健康发展，后经四川省教育厅“四川云教”项目公益推广，变单点辐射为全省17所名校多点辐射，现已应用于全国13省3区1市482所普通高中，在校学生121 891人，累计毕业713 441人，培训教师69 570余人。大规模、低成本、可持续地促进了不同地区尤其是欠发达地区薄弱学校优质发展，助推区域、城乡、校际教育优质均衡发展。出版论著3本，发表论文100余篇，专题报告360余场，累计接待国内外1 200多个代表团、20 000余人次前来考察；中央电视台、新华社、《人民日报》、《光明日报》、《纽约时报》、路透社等80多家国内外主流媒体报道100余次。

（本案例为四川省成都市第七中学主持的四川省2021年基础教育教学成果特等奖成果）

随着经济的飞速发展,我国的社会矛盾已转变为人民日益增长的美好生活需要和不平衡不充分的发展之间的矛盾,其中也包含了人民群众日益增长的对高质量教育的需要和教育不平衡不充分的发展之间的矛盾。党的十九大报告提出建设教育强国,以服务于本世纪中叶建成社会主义现代化强国目标。党的十九届五中全会则将建设教育强国作为2035年远景规划教育目标,并确定“十四五”期间把建设高质量教育体系作为主题。2021年政府工作报告又明确了路径——实施教育提质扩容工程,并进一步细化为“发展更加公平更高质量的教育”。在社会主要矛盾的变化、从教育大国到教育强国的转变、办好人民满意教育的背景下,我国基础教育发展有了新的机遇和挑战,特别是十九届五中全会提出的“基础教育迈入高质量发展阶段”,为我国基础教育提出了新的任务和课题,例如:全面落实“五育”并举,切实促进学生德智体美劳全面发展;加强人工智能、大数据等信息化技术与基础教育的结合;借助深度学习等新的教育理论深化课堂教学改革;深入探索跨学科教学实践,有效开展跨学科学习、STEAM教育等。

第二节　国外基础教育发展历程

发展具有中国特色的社会主义基础教育,在立足国情的同时,还需放眼世界,具备广阔的国际视野,积极借鉴吸收国外基础教育发展的优秀经验。梳理国外基础教育的发展史,并了解东西方代表性国家基础教育的现状,有助于全方位、多视角地分析基础教育现象,为我国基础教育发展提供借鉴参考。

一、国外基础教育纵览

国外基础教育的发展历史源远流长,内容丰富。从纵向而言,主要涉及国外从古代到近现代基础教育产生和演变的历程,通过梳理基础教育的目标与功能、教师与学生、课程与教学以及近代以来各具风格的管理体制等,可以明晰国外基础教育的发展脉络。

(一)国外古代基础教育

与中国古代教育一样,国外古代教育中也没有明确的基础教育说法,本节仍然立足现代基础教育的内涵,梳理和分析古代教育中属于基础教育的内容。溯源西方基础教育的发展，离不开对古希腊和古罗马文明的探寻，其间涌现出的教育家及其教育著作、教育内容与方法等至今影响着国外基础教育的发展。此外，西欧中世纪以及文艺复兴与宗教改革时期的基础教育作为西方基础教育发展的重要组成部分，也为国外基础教育的历史画卷增色添彩。

1. 古希腊时期的基础教育

古希腊文明是国外基础教育的重要发端之一。斯巴达与雅典作为古希腊文明中最具代表性的城邦，分析这两大城邦对教育的贡献有助于把握古希腊时期基础教育的发展概况。

（1）目标与功能

斯巴达基础教育以严酷纪律著称。为了维护国家权力和社会政治制度，斯巴达把教育作为治国最主要的工具，教育成为国家事务中最主要的工作。斯巴达的统治者为了适应其特殊的社会政治经济生活的需要，建立了一套以培养战士为目标的教育制度。这种教育强调以军事训练为中心内容，忽视人的智慧和才能。教育的任务就是要使每一个斯巴达人都能在长期而严肃的训练中，成为一个坚忍不拔的战士和绝对服从的公民。[①]在这一教育目标导向下，斯巴达从基础教育阶段伊始就显现出一定的严酷性，军事化训练是斯巴达学生主要接受的教育内容。

雅典的教育目标与功能有别于斯巴达，体现的是一种和谐教育。雅典基础教育的目标在于培养身心和谐发展的合格公民，追求健美的体魄和高尚的心灵完美结合的人，即“身心既美且善”的人。在雅典教育中，一个极其重要的概念就是和谐，身心的和谐发展是雅典教育最主要的目标，深刻影响了雅典的基础教育发展。在培育和谐发展的合格公民这一目标指导下，雅典主张“用体育锻炼出儿童健美的体格；用美育发展儿童的行为美、语言美；用德育剔除儿童心中的邪念，使他们具有坚强的意志和巨大的毅力；用智育使儿童获得真正有用的学问，成为身心既美且善，和谐发展的人。”[②]虽然斯巴达与雅典对基础教育目标与功能有着不同的认识，但二者的根本目的都是为了维护奴隶制贵族阶级的统治。

（2）教师与学生

斯巴达对教师的身份要求十分严格，教师通常是那些身份地位显贵的公民，而非父

---

① 滕大春．外国教育通史（第一卷）[M]．济南：山东教育出版社，1989：147-148．

② 李莉．雅典和谐教育及给我们的启示[J]．首都师范大学学报（社会科学版），1996(1)：99-104．

母、外国人或奴隶，教学工作在督导的监控下由公民承担。[①]教师在斯巴达基础教育教学中占据主要地位，斯巴达的学生需依从教师的指导行事。年满7岁的斯巴达儿童会被送进国家公育机关，过着半军营式的生活，接受严格的体育锻炼，为进一步的军事训练做准备，至28岁结束。在国家公育机关中，为了使学生适应艰苦生活，要求学生一年四季只穿一件单衣，光头赤脚，饮食十分粗劣，睡在自己编织的草垫上。[②]相较于雅典的学生，斯巴达学生接受的基础教育显得格外严苛。

对于雅典的教师与学生而言，在和谐教育的理念下，雅典的基础教育主张教师积极引导，并以监督学生的方式辅之，实现学生身心自由而和谐的发展。当雅典的儿童年满6岁上学时，父母会指定一名年长的、可信赖的奴隶充当儿童的教仆，在儿童年满18岁之前随时跟随，照管他、监督他的行为。教仆是雅典教育的特色，最主要的职责是训练儿童的举止和德行。儿童如果有违规行为，教仆可以惩罚他，但教仆的奴隶身份决定了其社会地位的低下。同样，雅典的专职小学教师地位也不高，有时会遭到社会的蔑视。从事小学教师的人多半是贫穷落魄的人，靠着微薄的酬金谋生。他们的收入低且不固定，在节假日，家长还会扣除相应酬金。

(3)课程与教学

斯巴达的儿童从7岁起就要开始受到各种训练，学习的课程包括狩猎、体操、音乐舞蹈、智力训练、军训等，并随着年龄增长、课程要求逐步提高。斯巴达人的教学方法非常残酷，为了锻炼学生们忍受肢体伤痛的能力，他们把鞭挞作为训练的方法之一。公元前7世纪以后，斯巴达为了镇压奴隶暴动，走上了一条尚武的道路，文化科学知识几乎都被忽略。除了军事训练，道德训练也是斯巴达人基础教育中的重要内容，二者也构成了斯巴达基础教育中的两大杠杆。道德教育贯穿全部教育过程，贯穿学生从儿童、少年到青年的整个教育时期，渗透在体育、音乐舞蹈、军事训练之中。此外，女子教育可以说是斯巴达教育中较有价值的部分。斯巴达女孩所受的教育和男孩教育相似，其所受训练同样严厉，区别在于女孩在家受教，男孩则体验军营生活。

雅典非常重视文学教学，男孩自7岁上学起就开始学习识字。道德教育在雅典基础教育中也占据着重要的地位，在学生初入学时，首先重视学生品行的养成，其次才是阅读和音乐。雅典的智者学派推崇的“三艺”(逻辑、修辞学和文法)与柏拉图重视的“四

① 汤建.古希腊教师群体的来源及身份——以斯巴达和雅典为例[J].宁波教育学院学报,2015(4):46-48+64.

② 李江源.斯巴达教育初析[J].教育评论,1991(4):69-71.

艺”(算术、几何、天文和音乐)并称为“七艺”,不仅是古希腊广泛传授的课程,也影响了古罗马的课程发展。此外,雅典的基础教育也强调体育和音乐,并设计相应的课程与教学。在体育方面,雅典的学生16岁以前进入角力学校接受体育训练,年幼的学生开始时只做些简单的身体锻炼,13岁以后进入较高一阶段的训练,要求较为严格,“五项竞技”成为这一阶段训练的主要内容。在音乐教育方面,课程几乎包括了除体育以外的所有科目,并与舞蹈、诗歌等紧密结合。

2. 古罗马时期的基础教育

在西方基础教育史中,古罗马时期的基础教育与古希腊时期的基础教育拥有相似的地位,是西方文明的另一个重要源头。古罗马先后经历了罗马王政时代、罗马共和国和罗马帝国三个阶段,其中罗马共和国与罗马帝国是古罗马时期基础教育发展较为重要的两个阶段。

(1)目标与功能

古罗马时期的基础教育在共和国时期与帝国时期各呈现出不同的目标与功能,共和国时期又可分为共和早期与共和后期。在共和早期,基础教育的目标是培养一个合格的罗马公民,即既能从事农业生产劳动,又会打仗的农民兼军人,为其之后的个人生活做准备,同时履行作为国家公民的职责。这就决定了该时期罗马的基础教育主要围绕着农业生产知识与军事训练展开。古罗马共和后期也称为“希腊—罗马时期”,此时对外战争扩大,工商业得到一定的发展,政治斗争激烈,社会处于不稳定时期。但向外扩张的同时学习和吸收了外来文化教育,尤其是古希腊的文化教育。在希腊文化的潮流之下,培养雄辩家逐渐成为古罗马共和后期的重要教育目的。在进入帝国时期的过程中,罗马已成为囊括地中海沿岸的大国,共和制日益成为罗马的政治和经济发展的累赘。公元前30年罗马帝国建立,由于帝国需要大批的官吏和文士以适应广大统治区域内各项管理事业,基础教育目标由培养雄辩家转变为培养忠于帝国的官吏和公民。虽然古罗马帝国时间和空间跨度都很大,但是从整体上而言,帝国的世俗小学教育发展水平一直不高。[①]由于世俗学校要收费,以及罗马帝国时期普通平民经济状况恶化,许多平民子女都交不起学费。而贵族子弟大都被送入文法学校,文法学校也兼设小学科目,起到中学预科的性质,其质量、条件都比小学强,教育史一般认为这是“双轨制”的萌芽。[②]

---

① 魏艳,苏振兴.古罗马帝国的世俗小学教育初探[J].绥化学院学报,2008(3):127-129.

② 袁桂林.外国教育史[M].长春:东北师范大学出版社,1995:24.

(2)教师与学生

在古罗马共和早期,儿童7岁之前由母亲抚育。7岁以后,女孩由母亲负责教育,男孩由父亲负责教育。父母是古罗马儿童真正的教师,即使到了共和后期和帝国时期,男孩进入公立或私立学校接受较为正规和系统的教育,父亲仍在他们的成长中起着重要作用。古罗马共和后期虽开办有小学,但小学教师收入菲薄、社会地位低微,教师资源匮乏。许多奴隶主贵族和富豪不愿意把他们的子弟送到小学,而是聘请家庭教师教其学习文化知识。与小学教师不同,古罗马中等教育阶段的教师被称为文法家,有较高的社会地位。起初这类学校完全由希腊人主持,教授希腊文和希腊文学,后来出现了拉丁文法学校,学生可同时学习希腊文和拉丁文,或者兼上两种学校。

到了罗马帝国时期,教师的地位和待遇有所提高,在进一步组建国家教育制度的进程中,规定了各城市文法、修辞教师的数额,并由国家支付其薪俸。罗马帝国于公元150年将元老院的许多特权授予文法和修辞教师。在随后的发展中,帝国奉行赋予教师、医生、哲学家等人以某些特权,如免税、免服兵役等;授予部分从行省来的教师以公民权;教师住宅不受军队侵犯等。在罗马帝国鼎盛时期,部分统治者特别是安敦尼王朝的皇帝们不仅关心教师的地位及待遇,还给予贫穷家庭的子女一定程度的关注,其中最值得一提的是贫儿补助金制度。[①]这项制度虽筹集款项不多,收效甚微,但其带来的影响不可小觑。贫儿补助金制度不仅鼓励了人口出生率的提高,也扶助了部分贫困儿童接受教育。此外,由于罗马帝国奴隶社会的本质,培养学生的方法依旧受到权力意志的影响,对学生进行强制性体罚司空见惯,学生的身心健康被忽视。

(3)课程与教学

古罗马时期基础教育的课程与教学随着政权的更替变得较为复杂,从古罗马共和时期的社会背景来看,平民和贵族作为罗马公民,具有政治权利,但在经济上以农业为主,工商业不发达,同时古罗马战争频繁,决定了这一时期的教育主要是"农民-军人"教育,教学形式主要是家庭教育。如前所述,1~7岁时主要由母亲抚养和教育。从7岁起,女孩在家里跟母亲学习与作为家庭主妇有关的内容,男孩则跟随父亲接受作为"农民-军人"的实际教育,同时学习读、写、算等知识,16岁即成为罗马公民。共和早期的家庭教育虽有读、写、算之类的教学内容,但其在基础教育中并不占据主要地位。占据这一时期基础教育课程中心地位的是道德教育,即注重培养学生虔信神明,孝敬父母,忠于

① 姬庆红.罗马帝国教育政策研究[D].曲阜师范大学,2006:17.

国家,遵守法律及坚强、勇敢、庄严、谦逊等品质。[①]在共和后期,学生7岁入学,学习的课程主要涉及读、写、算,当其接受完初等教育以后,贵族及富豪的孩子便进入文法学校,以学习文法为主,包括文法与语言。

罗马帝国时期的小学相较于共和后期的发展变化较少,而文法学校发生了一些显著的变化,主要表现在拉丁文上升为主要教学内容。拉丁语作为思想交流的工具,其在文法学校的价值地位日益增长,文法学校拉丁文的学习逐渐代替了希腊文学习。公元3世纪,文法学校日趋形式主义,教学与生活脱离,实用学科减少。学习文学逐渐丧失了激励人心和文学欣赏的人文精神价值,只是作为形式和辞令存在。在教学方法上,以昆体良(M.Quintilianus)为代表的古罗马教育家倡导模仿、理论、练习三个顺序递进的阶段,并详细论述了讲授法、问答法和练习法等常用的教学法。[②]

3. 欧洲中世纪时期的基础教育

在欧洲中世纪时期,宗教势力成为一股举足轻重的政治力量,教育由教会掌握,学校由教会举办,僧侣们掌握学校教育的垄断权,基础教育渗透了神学性质。宗教的政权介入使得这一时期欧洲的基础教育发展滞缓。

(1)目标与功能

欧洲中世纪时期的基础教育发展,主要受到基督教教育和封建主贵族世俗教育的影响,封建主贵族的世俗教育又可以分为宫廷教育与骑士教育。基督教教育旨在通过基础教育把学生训练成笃信上帝、服从教会的基督徒,其教育目的在于传播教义、争取信徒,主张人的教育过程就是使人摆脱尘世困扰、逐渐从俗世挣脱出来的过程,只有基督教教育能够实现人的自我拯救和精神超脱。在基督教“人生而有罪”的观念指导下,儿童自出生起就会受到各种限制,对儿童的培养要求严格统一。在封建主贵族的世俗教育中,针对王室贵族儿童采取的是宫廷教育,即一种设在国王或贵族宫廷中,主要培养封建统治阶级所需官吏的教育。骑士教育则是这一时期西欧封建社会等级制度的产物,也是一种特殊的家庭教育形式,主要目标是培养英勇善战、忠君敬主的骑士精神和技能。

(2)教师与学生

在中世纪欧洲,教师主要由教会委派,担任教师的大多是神职人员,修道院学校的

---

① 陈浩.中西古代教育理念比较[J].贵州民族学院学报(哲学社会科学版),2008(3):174-177.

② 李森,陈晓端.课程与教学论[M].北京:北京师范大学出版社,2015:36.

教师多是由修道士或其他神职人员担任。他们通常具有一定的文化素养，对各个学科富有兴趣，且热爱教育事业，主教学校以及堂区学校则完全由教士担任。宫廷学校学习科目和当时的教会学校一样，也富有浓厚的宗教色彩。教师基本上是教会的教士僧侣，其研究与教学自然也以基督教信仰为前提。无论是各地修道院、教堂学校还是世俗的宫廷学校，教师教授“七艺”，都是以服务教会为宗旨，这也反映了教会在当时西欧的重要地位。[①]而骑士教育实际上是一种特殊形式的家庭教育，并无专设的教育机构，也没有专职的教育人员，相关教育通常在骑士生活和社交活动中进行。

西欧中世纪修道院学校作为基督教修道主义产物，学生主要分为两类，一类是准备学成后充当神职人员的学生，另一类是学成后仍为俗人，不准备成为神职人员者。教会学校对学生的管教极为严格，体罚往往使学生身心备受摧残。而宫廷教育旨在培养世俗封建主贵族，学生成分复杂，身份地位往往非富即贵，如王室成员和各部落贵族子弟，也有少数出身寒门但富有天赋的文士。[②]接受骑士教育的学生多是小封建领主的子弟，骑士并非一出生就具有骑士资格，从幼儿到侍童和扈从阶段要经过多方面的培养和训练。成为一名骑士需要具备各个方面的条件，通过正式的仪式获得骑士的头衔，其身份才能得到社会的承认。[③]

(3)课程与教学

基督教的教育机构主要是教会学校，通常分为三类，即修道院学校、主教学校和堂区学校，其课程与教学也有所差异。修道院学校的课程内容各不相同，有些学校教读、写、算、音乐和宗教知识，部分学校还教授“三艺”，少数学校教“七艺”，但是神学始终是最重要的课程。主教学校强调宗教信仰的培养，学习内容主要是读、写、算以及“七艺”课程，教学方法主要是教师口授以及学生背诵、抄写相结合。堂区学校则设在教师所在的村庄，其数量较多，但规模小，设施较为简陋，教育内容仅为诵读祈祷文和歌唱赞美诗。

世俗基础教育的课程与教学同基督教的基础教育较为类似，宫廷学校学习科目和当时的教会学校一样，主要是“七艺”，教学方法也采用教会学校盛行的问答法。而骑士教育的实施主要分为三个阶段，儿童从出生到七八岁为家庭教育阶段，主要在家庭中接受母亲的教导，学习内容包括宗教知识、道德教育以及身体的养护与锻炼。七八岁以后为礼仪教育阶段，低一级的贵族将儿子送到高一级贵族家庭中充当侍童，主要学习上层社会的礼节和行为准则，同时也要学习基本的知识和技能。在这一阶段，还要进行赛

① 毛丽娅.试论基督教与西欧中世纪早中期的学校教育[J].西南民族学院学报(哲学社会科学版)，1999(S6)：55-59.

② 〔德〕阿尔弗雷德·米尔.德意志皇帝列传[M].李世隆，等译.北京：东方出版社，1995：25.

③ 倪世光.西欧中世纪骑士的生活[M].保定：河北大学出版社，2004：27.

跑、角力、骑马、击剑等训练，以使身体强壮有力。14~21岁为侍从教育阶段，重点是学习“骑士七技”，即骑马、游泳、投标枪、打猎、吟诗、击剑、弈棋，同时还要侍奉领主和贵妇。年满21岁时，学生需通过授职典礼，才能正式获得“骑士”称号。

4. 文艺复兴与宗教改革时期的基础教育

文艺复兴是一场反映欧洲新兴资产阶级要求的思想文化运动，该时期的基础教育主要以人文主义教育为主。在文艺复兴期间，欧洲爆发了宗教改革运动，文艺复兴和宗教改革促进了欧洲传统教育的变革，对基础教育的发展产生了重要影响。

（1）目标与功能

文艺复兴与宗教改革时期的基础教育发展受人文主义教育、新教教育的影响较为突出。文艺复兴最早发生在意大利，以古罗马文化的复兴为先导，继之以古希腊文化的复兴，这种复兴迅速影响到教育界，文艺复兴时期的人文主义者都不同程度地注意到了基础教育问题。他们一致批判旧的、由教会控制的学校，批判经院主义，反对培养神职人员的教育目标，认为这一目标导致了不合时宜的教育内容、原则和方法，转而倡导培养资产阶级所需要的新人。人文主义教育家根据新兴资产阶级的现实需要，继承和丰富了古希腊时期主张的培育身心和谐发展的人的教育理念，提出培养全人的教育目标，追求社会、政治、文化、商业等方面的积极的活动家，以及具有探索精神的开创性人物。这一时期的基础教育也复归人文主义的轨道，以培养学生的美德和能力为主要目标。而新教教育伴随着宗教改革运动而发展，在德国宗教改革运动中，马丁·路德(M. Luther)为了同旧教和其他新教教派争夺主导权，对年轻一代的教育非常重视，提出了普及初等教育的主张。经过宗教改革，部分新教地区原本由教会垄断的教育领导权开始由教会转入国家手中，奠定了近代欧洲国家教育制度的根基。

（2）教师与学生

文艺复兴时期的价值理念核心在于人文主义，对基础教育阶段教师与学生的要求也彰显出人文主义色彩。这一时期对教师应具备的专业素质虽然没有明文规定，但一些学者和教育家对教师应该具备的素质已经做了深刻的论述。鉴于当时的社会历史条件所限，虽然对教师专业素质的探究没有对当时的教育产生显著的影响，但对后世教师的专业素质结构研究有着不可估量的影响。[①]在宗教改革运动中，马丁·路德阐述了教师工作的重要性，认为教师专心致志教导学生，付出的劳动和心血，不是金钱或其他酬

① 高亮亮.人文主义教育思想对教师专业素质的影响[J].现代教育科学，2009(2):33-35.

劳所能回答的。他把教师职业视为世界上最高贵的职业，并通过与家长的对比揭示教师的重要性。其一，许多家长不知道教育工作的重要；其二，绝大多数家长没有教育儿童的资格；其三，“即使父母有资格并愿意教育儿童，但由于他们还有别的工作和家务事，他们没有工夫这样做，除非聘请私人教师，否则公立学校教师就是绝对不可少了”[①]。

文艺复兴时期人文主义者批判了中世纪经院主义教育的种种弊端，强调应尊重学生的天性，顺应学生身心发展的特征，并合理考查学生的个别差异，反对用体罚和严酷的纪律约束学生。人文主义新型学校的建立使得更多的儿童能够接受基础教育，尊重与热爱学生的人本价值导向也体现在教育家的教育观点中。例如，莫尔(T. More)提出了所有儿童皆有平等的受教育的权利，强调要对青少年进行劳动教育等观点。拉伯雷(F. Rabelais)则主张应尊重儿童，培养儿童兴趣。在宗教改革运动期间，加尔文(J. Calvin)也为普及教育做出了重要贡献，相较于马丁·路德，加尔文的改革显得较为激进。加尔文更为明确地提出了由国家负责实施对全体公民进行强迫教育的观点。他认为所有儿童不分性别与贵贱贫富，都应当接受教育，学习基督教教义和日常生活所必需的知识、技能。对国家来说，为了保障公民的这种权利，应当开办公立学校，实行免费教育，确保所有儿童都能进入学校接受教育。

(3)课程与教学

在智育方面，人文主义教育倡导人文之学，主要讲授希腊和罗马的文学作品。“七艺”成为主要的课程，同时增加了历史和道德等教学内容。学科范围逐渐扩大，文法课程分化为文法、文学和历史，几何学分化为几何学和地理学，天文学分化为天文学和力学。加上原有的修辞学、辩证法、算术和音乐，“七艺”演变为11门学科，到十七八世纪则发展为19门。此外，自然科学也纳入了教学内容。[②]在德育方面，人文主义教育家把宗教与道德并教，要求同时培养学生的世俗道德与宗教道德。基于时代发展对人才的需要，在中世纪封建教育中长期被否定的体育也得到重新确立。在宗教改革运动中，马丁·路德主张在小学教育阶段用母语教学，小学教学内容应包括阅读路德翻译的《圣经》和《伊索寓言》，以及路德编写的《教义问答》、唱赞美诗；同时减少历史、数学、音乐和体操等学科的学习。中学课程主要有拉丁语、希腊语、希伯来语，也可开设修辞学、逻辑学、历史学、科学、数学、音乐及体育等科目。

---

① 华东师范大学教育系，浙江大学教育系. 西方古代教育论著选[M]. 北京：人民教育出版社，2001：183.

② 滕大春，姜文闵. 外国教育通史(第二卷)[M]. 济南：山东教育出版社，1989：160-161.

人文主义者重视学生的身心发展要求,照顾学生之间的差异。在教学方法上,强调教师的言传身教和以身作则,青睐直观教学,鼓励学生向大自然学习,反对压抑个性,主张减少甚至取消体罚,注重兴趣和启发诱导,提倡游戏教学。同时,人文主义者认为师生之间融洽协调的关系能够达成良好的教学效果。在宗教改革运动中,马丁·路德、加尔文等宗教改革者都强烈地谴责了中世纪的蒙昧主义教育。正如马丁·路德所言:"象我们所入的那样学校已成过去——我们在那地狱和炼狱受着体格和我们从小时受的苦刑,受鞭笞,战兢,苦闷,痛苦而且所学的等于零。"[①]马丁·路德在宗教改革中反对小学教学中进行机械记忆,尊重学生的"兴趣"和"推理",提倡运用实例和实物进行教学。

(二)国外近代基础教育

1640年新议会的重新召开,推动了英国资产阶级革命,揭开了西方近代史的大幕,随着资本主义制度的建立,西方基础教育体系也在适应资本主义发展中得到完善,以英国、法国与德国为代表,西方各个国家逐渐形成了各具特色的基础教育体系。

1. 教育管理体制

19世纪以前,英国政府对教育的干涉很少,教育领导权一直在教会手中。随着英国经济的快速发展,资产阶级为了维护自身利益,要求国家加强对教育的管理,从19世纪初开始国家直接接管教育。1870年,英国政府颁布了近代第一个关于初等教育的法案——《初等教育法》,又称《福斯特法案》,明确规定:国家对教育有补助权和监督权;对5~12岁儿童实施强迫义务教育;设立学校委员会管理本地区教育;等等。此法案的颁布标志着英国国民初等教育制度的形成,为英国的教育国家化奠定了基础。到19世纪末,英国将初等教育和中等教育的领导权集中起来,初步完成了教育领导体制国有化的转变,促进了英国初等学校的发展。法国在七月王朝时期,对基础教育实施了一系列促进举措。在此期间,基佐(F. Guizot)担任了法国教育部长并颁布了《基佐法案》,在此法案的影响下,初等学校和师范学校得到了一定的发展。之后的法国教育部长又颁布了两个初等教育法案,被称为《费里法案》。第一个法案规定了国民教育发展的义务、免费和世俗化原则,第二个法案是使三个原则具体化。这一时期德国的基础教育发展在整个西方基础教育发展过程中占据着重要地位。德国最早把学校,尤其是初等学校管理权转到国家,同时也最早颁布了强迫普及义务教育的法令。1717年,普鲁士颁布了第一个

① 李平晔.宗教改革与西方近代社会思潮[M].北京:今日中国出版社,1992:86.

义务教育的法令，规定：所有5~12岁的儿童必须接受义务教育；父母必须送自己的子女入学，如果违纪就要受到处罚；贫苦家庭学生的学费应由地方贫苦家庭救济金支付等。

2. 目标与功能

国外近代基础教育的发展大体上都指向与教会的斗争，以及适应资本主义发展的目标与功能。17世纪至18世纪，英国初等教育的领导权逐渐由教会转向资产阶级政府，中等教育学校主要有文法学校、公学以及新型中等学校三类，具有明显的“双轨制”痕迹，公学和文法学校产生于文艺复兴时期，属于英国富家子弟升入大学的预备教育。弥尔顿(J. Milton)是新型中等学校发展中的代表人物，主张在英国创办一种重视自然科学的实科中等学校，称为“阿卡德米”，即学园，后来许多非国教派教士吸收其思想创办了学园。此类学校贴近于生活实际，具有实科倾向，适应了当时资本主义发展的潮流。法国基础教育的发展伴随着大革命的蔓延而改变，各派政治力量都明白要彻底打破旧制度，就必须打破旧教育制度，要建立新制度，首先必须建立新教育制度，先后上台执政的资产阶级各党派都很重视国民教育，提出了各自的教育改革方案。18世纪工业革命期间，虽然德国工业水平大大落后于英法两国，但英法两国的发展对德国产生了很大影响，促进了德国工商业的繁荣，也促进了资本主义的发展。[①]德国义务教育的强制推行，主要目的在于立足资本主义的发展，满足统治阶级对有文化的劳动者的迫切需要。

3. 教师与学生

近代英国初等学校的师生发展，慈善学校为学生群体提供的教育服务较为突出。慈善学校主要由宗教慈善团体和慈善家个人捐助开办，免费招收贫穷家庭儿童入学，供应书籍，有的甚至提供伙食、衣服和住宿。在英国近代中等教育的发展中，文法学校和公学随着资本主义的发展有了较大改变。在资产阶级取得政权以后，文法学校的培养对象发生了较大的变化，由原来的贵族、教士子弟扩展到了大工业家、大商人、乡绅等阶层的子弟，这些学生往往自费入学，也有极少数的清贫学生凭借免费名额进入文法学校学习。公学的办学目标在于培养未来的、具有特权的官吏和统治阶级人物，其师资和设备条件优越，学费昂贵。公学对学生的身份要求极为严格，不仅一般平民子弟很少能进入，即使在富人之中，也多是贵族子嗣才能成为公学的学生。在近代法国对基础教育改革的进程中，促成了中央集权教育领导体制的建立，并将学校教师纳入国家行政岗位范畴，规定了一切公立学校的教师都是国家官吏。1802年法国政府颁布了《教育基本法》，

① 李其龙.德国教育[M].长春:吉林教育出版社,2000:13.

规定了初等教育由地方政府负责，市长和市议会选聘教师，提供住房，确定工资待遇。法国国立中学的学生是通过竞争性考试择优录取的，为了吸引和培养精英，国家在国立中学中设置了丰厚的奖学金，而发放对象主要是军人和官吏的子弟，穷人基本上被排除在外。[①]虽然1794年普鲁士颁布义务教育法令后，德国基本上实行了义务教育，但由于当时国家经费不足，德国教师与学生的发展环境并不理想，师资和校舍缺乏，加上劳动人民家境贫困，不少穷人子女只是在学校完成报名注册的流程，实际上仍然在从事生产劳动和家务劳动，未能接受真正意义上的义务教育。

4. 课程与教学

随着工业革命的推进和资本主义的发展，西方的政治经济发生了一系列变化，基础教育也随之发生相应改变。在工业革命的技术推动下和欧洲进步教育思想的价值倡导下，英国开欧洲教育普及之先河，各种儿童和成人社会教育运动如雨后春笋般蓬勃发展。[②]19世纪为了解决教师贫乏问题，英国出现了导生制的教学组织形式，即“贝尔—兰卡斯特制”，主张教师先把教学内容教给导生，然后再由他们将新学的内容教给其他学生。这种制度具有节省师资、费用和能扩大规模等优点，但后期其弊端逐渐暴露，例如不能给学生以系统充分的知识、教育质量难以保障等，随着师范学校制度的兴起，导生制逐渐没落。19世纪英国中等教育也得到了快速发展，改革文法学校和公学成为英国中等教育改革的重要内容之一。为了改进中等教育并推动中等学校的现代化发展，英国议会分别于1861年和1864年任命了“公学调查委员会”和“中等学校调查委员会”，针对传统公学贵族化、课程陈旧、管理不善等弊病进行了变革。课程上还增设了数学、现代语、自然科学等课程。19世纪，在工业革命的推动下，法国的基础教育也得到一定的发展。19世纪中后叶，法国对中等教育进行了几次实科性改革，国立中学和市立中学增设现代外国语和自然科学等课程，但古典学科仍占主导地位。1864年，法国开设实科中学，该类中学的课程以现代语和理科为主，为工商业培养专业人员，1891年法国将实科性中学改为现代中学。1898年法国议会成立委员会，其主要任务在于解决19世纪60年代在发展中等教育过程中出现的文实之争，以确定中等学校的培养方向及课程设置。最后对两类课程妥协，既保留和重视古典主义的传统科目，又要不断增设与经济、科学技术发展相适应的现代科学知识的科目。在启蒙思想的影响下，德国出现了泛爱主义

---

① 郑崧.国家、教会与学校教育——法国教育制度世俗化研究(从旧制度到1905年)[M].上海:学林出版社,2008:116-117.

② 张湘洛.19世纪英国教育普及综述[J].洛阳师范学院学报,2003(4):104-108.

教育运动，重视现代语言和自然科学知识，采用“适应自然”的教学方法，通过对话、游戏和参观等教学方式，引导学生主动学习。泛爱主义教育运动对当时的德国初等教育改革起到了推波助澜的作用。

（三）国外现代基础教育

在国外现代基础教育的发展中，涌现了一系列的教育思潮与教育实验。同时，在基础教育相关法案颁布的推动下，各国都逐渐完善了自身的基础教育制度，其中美国和苏联的现代基础教育取得了较为突出的成就。

1. 教育管理体制

国外现代基础教育管理体制的发展主要体现于各类法案的颁布，对各国基础教育发展起到了重要的引领作用，助推了现代基础教育的发展。就美国基础教育的教育管理体制而言，1918年美国“中等教育改组委员会”颁布了《中等教育的基本原则》报告，不仅肯定了“六三三”学制和综合中学的地位，而且提出中学不应是一个选择机构，也不应是大学的附属机构，而是面向大多数学生并为社会服务的学校，这对美国20世纪教育的发展产生了积极作用。进入20世纪50年代后，受到世界局势的影响，美国颁布了《国防教育法》，主张加强基础教育中的自然科学、数学和现代外语等学科的教学，强调基础教育同国家安危和国家前途、命运息息相关，基础教育之于国家发展的重要性愈发凸显。

十月革命后，苏联非常重视发展文化教育，在党政会议上经常讨论教育问题，并通过了数以百计的有关教育发展的决议、法令、条例等，采取了许多强有力的措施，逐渐改变了教育落后的面貌。苏联基础教育管理制度的建立和发展，是确立苏联的社会主义文明，促进苏联实现向现代科学、技术和文化高峰巨大飞跃的最重要因素。苏联对基础教育非常重视，包括了小学、不完全中学和完全中学。小学的学制是1~3(4)年，年满7岁儿童(1986年起改为6岁)一律免试入学，且注重在农村或边远地区开办小学。不完全中学的学制1~9年，从7(6)岁开始进入学校到14岁或15岁毕业。前4个学年的课程和小学一样，故小学毕业生可不经考试直接升入五年级，毕业后授予不完全中学毕业证明。完全中学的学制1~11(12)年，各区中心、各大村庄或城市都设有完全中学。学生从7(6)岁入学，17~18岁毕业，毕业后可升入大学，或在机关、企业部门担任中级职员。①

① 贾文华，高中毅.苏联教育[M].开封：河南教育出版社，1989：39-41.

2. 目标与功能

19世纪末20世纪初，美国兴起了“进步主义教育运动”的教育革新思潮。较之欧洲“新教育运动”，二者均强调儿童自由，但美国学校更关心普通民众的教育，更强调教育与社会生活的联系，更重视从做中学，注意学校的民主化问题。“进步主义教育运动”被视为一场从一开始就以多元化、经常相互矛盾为特征的运动，而将这些不同的改革联合在一起的，则是广泛的扩展学校功能和反对限制性教育定义的努力。[①]苏联在总结了20世纪五六十年代教育改革的经验教训后，颁布了指导苏联国民教育的根本大法，即《苏联和各加盟共和国国民教育立法纲要》，明确指出了苏联国民教育的目的是培养学识渊博的、全面发展的、积极的共产主义社会建设者。苏联国民教育的使命是使每一个苏联人的精神和智力需要都能得到发展和满足。苏联国民教育立法的目的是要积极地完善国民教育事业，进一步巩固社会主义教育法制。

3. 教师与学生

美国教师的发展深受“进步主义教育运动”的影响，复杂的教师登记体系对美国城市学校系统中的中小学教师进行管理，拉大了教师和学校管理者的距离，这些管理者监控着教师的工作情况。教师为了捍卫自身的职业权利和薪酬待遇，开始自发组织起来，建立了教师联合会。从某种意义上，教师是在维护他们自己的合法权益，反对学校中的官僚制度。[②]苏联国民教育的发展也并非一帆风顺，20世纪70年代，尽管苏联的国民教育促进了知识教学和生产教学的结合，但仍存在劳动教育薄弱、学生负担过重、教学中的形式主义、片面追求考试分数等问题。1983年，国家领导人提出了改革中小学及职业技术教育系统的建议，开始了国民教育全面改革。在教师方面，为了加强教师培养，提高教师待遇，制定了完善师资培训、提高教师工资等一系列重要文件。文件中提出要优先给教师提供住房并增加30%~35%的工资，从110亿卢布教育改革经费中拨出35亿卢布用于每年提高国民教育工作人员工资，并决定设立225项克鲁普斯卡娅奖，以表彰成绩突出的教师和教育工作人员。[③]

二战结束后，美国人盼望着物质生活能够得到大幅改善，但由于内政外交上的危

① [美]韦恩·厄本，杰宁斯·瓦格纳.美国教育——一部历史档案[M].周晟，谢爱磊，译.北京：中国人民大学出版社，2009：274.

② [美]韦恩·厄本，杰宁斯·瓦格纳.美国教育——一部历史档案[M].周晟，谢爱磊，译.北京：中国人民大学出版社，2009：328.

③ 贾文华，高中毅.苏联教育[M].开封：河南教育出版社，1989：85.

机，从1945年至20世纪50年代中期，美国社会充满了不确定因素，尤其在苏联人造地球卫星发射成功后，美国教育界的争论顿时炽烈起来，对教育进行了一系列的批评。批评者一方面认为美国教育过于迎合学生的意识兴趣和眼前利益，乃至陷入肤浅甚至轻浮的“生活适应”计划，即过于注重适应，鼓励学生追求自己的兴趣，追求活动，追求人格发展等；另一方面，认为美国公立学校缺乏目的性，基本学理的或有训练的技能教育有所削弱，导致美国基础教育质量下降。①二战后，苏联对基础教育的发展非常重视，很快便着手实现了普及七年制教育，扩展各地的学年制学校网。同时，采取系列举措将完成七年制学校学业的学生引入完全中学高年级，有效扩展了学校网和在校学生的人数。②

4. 课程与教学

20世纪50年代，随着《国防教育法》的颁布，美国教育总署极力推动和扶持科学、数学、现代外语这些课程的研究和革新，并积极予以引导。可以说该时期美国全国上下都纷纷自主开展中学课程改革的实验。对中学阶段基础教育的各个学科制定了各种新的课程标准并编订新的教科书，“新课程”由此诞生。其先是对自然科学类学科进行课程改革，然后扩展到人文及社会方面的学科。③此外，中小学教学组织形式的改革也是二战后美国教育改革的重要方面。美国教学组织形式的革新有别于按年龄或年级组织进行的分级（班）教学，趋于教学个别化。苏联的基础教育一贯坚持与生产劳动相结合的原则。苏联的普通学校从小学一年级起就开设生产劳动课，并设有专门的生产教学教师。但生产教学中也存在一些问题，主要是生产教学的相关安排与企业（组织）联系不够紧密，以致生产教学的课程内容脱离企业（组织）的需要。对此，苏联政府要求有关企业要为与之挂钩的中小学校及学生建立教学车间、工段和作业区，为中学的生产教学准备必要的设备基础，以改善生产教学的效果。④

二、国外基础教育横观

近年来，欧美国家中的美国、俄罗斯与芬兰，以及亚洲的日本与新加坡的基础教育发展各具特色且卓有成效，对我国的基础教育具有重要的借鉴意义。本部分以上述五

① 马骥雄.战后美国教育研究[M].南昌:江西教育出版社,1991:16-17.

② [苏联]H.A.康斯坦丁诺夫.苏联教育史[M].吴式颖,周蕖,朱宏,译.北京:商务印书馆,1996:496-497.

③ 马骥雄.战后美国教育研究[M].南昌:江西教育出版社,1991:34.

④ 贾文华,高中毅.苏联教育[M].开封:河南教育出版社,1989:166-167.

个国家为例,介绍其基础教育的教育管理体制、教师队伍建设、课程与教学、教育评估等主要领域,以期为我国基础教育发展提供参考与启示。

(一)美国的基础教育

美国虽然只有两百多年历史,但美国基础教育的发展经历了复杂的历程。19世纪末"进步主义教育运动"的兴起,到《每个学生都成功法》等政策法案的颁布,都大力推动了美国基础教育的发展。

1. 教育管理体制

美国初等教育包括了学前教育阶段和相当于我国小学1~5年级的教育,初中教育相当于我国义务教育阶段6~8年级的教育,而高中教育包含了9~12年级的教育,相当于我国的高中教育。就美国小学教育而言,有四年制、六年制、八年制三种类型,四年制学校与中间学校相衔接,数量较少,八年制小学多设在乡村,六年制小学占大多数。美国没有统一的小学培养目标,但对小学教育的任务有比较一致的认识,主要包括四点:增进学生心理和体格的健康;提高学生对社会和科学的认识;发展学生的创造力与时空概念;培养学生的社会适应能力和民主价值观。中小学学制主要包括四年制、六年制、"三三制"和"四四制"等学制。中学分为综合中学(包括普通中学)和中间学校等类型。其中,综合中学是美国中学的主体,在初中阶段进行通科教育,在高中阶段分为三科:一是学术科,为进入大学学习做准备;二是职业科,为就业做准备;三是普通科,学习文化基础知识,旨在完成义务教育年限,课程设置较为广泛。中间学校则是美国在20世纪60年代后期才出现的一种中等教育学校,介于小学和高中之间,修业年限为3年或4年,包括5年级至8年级的学生,促使他们从小学有指导的学习向中学比较独立的学习顺利过渡。

作为联邦制国家,美国基础教育行政管理呈现出明显的地方自治特征。《美国联邦宪法修正案》第十条规定:"凡本宪法未授予联邦而又未禁止各州行使的权限,分别保留给各州人民",为美国各州分权管理的政治体制提供了宪法上的依据和保障,从根本上决定了美国基础教育管理体制联邦自治的特色。在联邦制的教育行政管理体制下,分权是美国基础教育行政管理体制的最基本特征,进一步影响到美国学校组织人事以及美国基础教育财政系统。从教育行政的视角来看,美国基础教育阶段学校的组织和人事大致可分为:学制结构、学区、学校规模以及学校人事组织等。

2. 教师队伍建设

美国人口结构相对稳定，人口增长率也较为稳定，中小学规模变化不大，为美国教师队伍的稳定发展提供了良好的条件。学历水平是衡量教师专业化程度、促进教师发展的重要指标之一，20世纪60年代至70年代，美国开始推行高等教育的大众化发展，大幅提高了各行各业劳动者的学历水平，因此美国中小学教师普遍具有较高的学历水平。教师学历水平的逐步提高，离不开美国对教师培养的重视。20世纪中叶以来，美国基础教育教师培养机构大致经历了两次转型：第一次转型发生在二战后，具体表现为师范院校扩展为综合性大学或多科性学院，或被合并为综合性大学或多科性大学的教育学院或教育系；第二次转型始于20世纪80年代，具体表现为综合大学与中小学合作，建立教师专业发展学校，实现教师职前职后教育一体化。经历了两次转型之后，美国基础教育教师培养机构形成了以综合性大学为主，教师专业发展学校为辅的格局，两者相辅相成，既注重提升教师的专业理论素养，又注重强化教师的教学实践技能，旨在全方位提高教师综合素质。就教师培养模式而言，美国是最早实行开放性教师培养模式的国家，并在后期发展中形成了多种培养模式共存的格局，主要有综合性大学模式、文理学院模式、专业发展学校模式、选择性教师教育模式等。在中小学教师在职教育方面，主要包括了入职教育与在职培训两部分。美国是世界上最早实施教师入职教育的国家之一，主要强调教师角色的转变。而在职培训的目的在于提高教师能力，入职教育与在职培训两者的有机结合，构成了美国基础教育阶段教师在职发展的主要内容，具有多种培训模式与广泛的实施方式，注重推动教师的个性发展，致力于促进教师专业化。近年来，美国的基础教育教师队伍建设，致力于提高一线教师的教学能力和学校领导的管理能力，主要包括有效教师与学校领导者州资助计划、连结教育者、教师奖励基金等项目。①

3. 课程与教学

对于中小学校课程知识，美国教育界不仅注重“什么课程知识最有价值”，更重视“由谁来决定学生所要学习的课程”，强调课程决定了社会的“教养程度”，只有学生被激发起学习动机，他们才会真正投入学习中。此外，高水平的课程学习远胜于个体一时的选择，因而课程设置对学生的个人学习和社会适应都尤为重要。对于教师和学生来说，理解课程的意义和实践，对更好地发挥课程之于学生的作用，具有极其重要的意义。在美国，中小学校及其所在学区对学校课程设置有着灵活广泛的自主权，位于最高层的联

① 王正青，李飞.当前美国联邦政府基础教育教师队伍建设规划与财政支持[J].现代教育管理，2018(3)：52-57.

邦教育部不得过多干涉。其中,校长和教师能够根据自己的教育理念灵活设置和实施课程,“核心课程”与其他类别课程并举,校本课程也得以长足发展。课程的传授特别注重课堂教学的师生互动,只有经由师生互动,教学任务才能得到落实,课程目标才能实现。美国中小学校对个性化教学非常重视,在课堂上,美国教师通常采用多种策略进行个性化教学,让每个学生有足够的收获和成长,帮助他们实现最大化学习。①近年来,美国中小学校中常见的课堂组织形式是分组学习,进行小组分配时,教师不仅需要考虑到学生的学业水平,还需考虑学生的个性,以便每个成员在小组里都负责独特的学习任务,从而提升组内合作学习效率。除了分组学习,随着信息技术的发展,美国教师在课堂教学中也能经常使用电脑等信息技术设备处理学生的个体差异问题。

4. 教育评估

教育评估对美国基础教育至关重要,早在19世纪末20世纪初,科学管理和生产效率是当时社会的热点和主导,泰勒(F. Taylor)的科学管理模式风靡一时,也给当时美国的基础教育留下了深深的烙印。科学管理思想应用到中小学教育中,培养人才的教育事业也被当作工业生产来对待,教育目标就是要把学生和各种知识技能以最有效的方式组装整合成佳品。学生评估在其中的角色类似于质量监控,为“组装”与“整合”提供参考和有待改进的反馈信息。如果学生未能通过某项测验就会被称为“次品”,学校教育可以通过各式各样的措施或培训项目把“次品”改进为“一等品”,或者至少让其通过质量测验。智力测验(IQ Test)以及学习能力测试(Scholastic Aptitude Test)就是在这种背景下被广泛地应用到中小学教育实践中来的。鉴于工业化思想对教育和人才培养的负面影响,美国历史上一直有教育学者在倡导更为人性化的、以学生为中心的教育方式。

对当代美国教育评估而言,美国教育进展评估(National Assessment of Educational Progress)是联邦政府资助的最具代表性、规模最大的教育评估项目。评估的执行机构是教育统计委员会(Commissioner of Educational Statistics)。其主要目标是了解美国学生对学科知识的掌握与运用。评估的学科主要包括数学、阅读、科学、写作、艺术、公民、经济学、地理、美国历史等。从2014年开始,技术与工程素养(Technology and Engineering Literacy)也被增添为评估项目之一。值得注意的是,美国教育进展评估的测试对象并非全体美国学生,而是从全国四年级、八年级和十二年级学生抽取具有代表性的样本学生,且每个学科的样本量都不一样。参与测试的学生一般用90~120分钟完成测试,

① 郎晓娟.美国中小学个性化教学策略及启示[J].教学与管理,2019(13):80-82.

每个学生只参与一门学科的测试。除了学科知识与运用之外，参与测试的学生会被要求提供一些相关的背景信息，比如性别、种族、所选课程、电子产品使用经历等。

（二）俄罗斯的基础教育

俄罗斯的基础教育发展经历了多次改革，基础教育体系不断完善，积累了丰富的经验。从十月革命到20世纪90年代的70余年间，苏联建立了庞大而完整的教育体系，苏联教育模式不仅成为社会主义国家效仿的对象，也对世界教育产生了深远影响。苏联解体之后，俄罗斯的基础教育经历了艰难的发展时期，在持续变革中逐渐走上了稳步发展的道路。

1. 教育管理体制

苏联早在1918年10月就制定了《统一劳动学校章程》，依靠法律废除了沙俄旧的国民教育体系，初步建立了统一的、免费的基础教育体系。按照《统一劳动学校章程》的规定，学校分为了两个层级的统一劳动学校，8~13岁为第一级（5个年级），13~17岁为第二级（4个年级），形成了九年制义务教育体系。随着社会经济的发展，1930年苏共中央委员会做出了《关于普及初等义务教育的决定》，规定从1930—1931学年起对8~10岁的儿童普及四年制的初等义务教育，要求没有受过初等教育的青少年接受1~2年的速成教育。从20世纪30至40年代，苏联的中小学规模不断扩大，儿童7岁入学以及七年制普及义务教育在城市和乡村得以实施，基础教育得到了快速发展。1950年，苏联确立了中等教育体系，包括了三年制普通学校、三年制夜校、技校以及其他学校。到1989年，《苏联普通教育学校暂行条例》规定了普通学校由三个阶段构成：第一阶段为初等学校（3~4年）；第二阶段为基础学校（5年）；第三阶段为完全中等教育（2年或3年）。[①]苏联解体后，俄罗斯重新划分了国民教育体系，小学包括四个年级，中等教育阶段分为了初等教育阶段和完全中等教育阶段，初等教育的学制为5年，实施初等教育大纲；完全中等教育一般学制为2~3年，学生一方面可深入学习文化知识，另一方面可选择性地进行某类职业的专业学习。

2. 教师队伍建设

十月革命后，苏维埃政权经过了几十年的发展演变，形成了以师范学院为主体的、连续的师范教育体系。这一体系包括中等师范学校、师范学院、综合大学和其他专业院

① 姜晓燕，赵伟. G20国家教育研究丛书——俄罗斯基础教育[M]. 上海：同济大学出版社，2015：22.

校。各级师范院校分工明确,其中小学教师、幼儿教养员、寄宿制和长日制学校教养员以及音乐、体育、美术教师和少先队辅导员等初等教育工作者由中等师范学校培养,中等师范学校属于中等专业学校性质,招收不完全中学毕业生修业3~4年,既要接受中等专业教育,也要接受完全普通中等教育;招收完全中学毕业生修业2~3年,只接受中等专业教育。[①]苏联拥有分布广泛的教师进修学院网,通过举办为期1年的不脱产教师培训班、推广一年制和两年制的函授面授进修班制度,实行师范学院毕业生见习制,利用广播电视等多种进修方式来提高在职教师的业务水平。苏联解体后,俄罗斯的师范教育体系经过了调整与变革。中等师范学校毕业的学生将被授予中等专业教育职业技能证书,可以担任幼儿园保育员、小学教师或者辅助人员。而高等学校招收完全中等毕业生,高等学校的毕业生有资格在各种中等教育机构任职,有权讲授所学课程。对于教师进修,俄罗斯保留了苏联时期的教师进修体系,最高层次的教师进修机构是国家教师进修学院,第二级是各地区(即联邦主体)的进修学院,第三级作为最基层的一级,是各城市所开设的市立教学法研究指导中心。

3. 课程与教学

苏联对课程的理解不同于西方国家,它主要从教学计划、教学大纲和教科书三方面来理解和研究课程问题。[②]苏联是世界上首个以马克思主义理论为指导来探索社会主义学校课程理论与实践的国家。注重课程理论与学校实践相结合,强调学校课程为社会实践服务。具体而言,要求学校各门学科要反映苏联社会主义建设的实际情况,引导学生了解社会现实生活,在各级基础教育学校中普遍设置了综合技术教育课程,开设了综合技术劳动训练课,重视综合技术教育。但其中也存在过分强调学校课程与政治、劳动、社会生活的结合问题,影响了教学质量的提升。此外,苏联在1920年颁布的教学计划中强调了对现代自然科学知识和现代外语的学习,对系统学习现代科学知识较为重视。为了贯彻培养全面发展的共产主义社会劳动者的教育方针,苏联的基础教育着眼于智育、综合技术教育、德育、体育和美育五个方面。为促进五育发展,苏联将课堂教学与课外活动、校外活动相结合,在此过程中不仅依靠教师,还依靠少先队和共青团组织、学生家长、校外儿童教育机构以及工厂、农庄等。从课内到课外,从校内到校外,从教师

① 姜晓燕,赵伟.G20国家教育研究丛书——俄罗斯基础教育[M].上海:同济大学出版社,2015:127.

② 田慧生.苏联早期课程改革的历史回顾[J].课程·教材·教法,1987(7):52-55.

集体到学生集体和家长集体,组成了一个不可分割的完整的课程体系。[①]

随着科学技术高度分化和高度综合趋势,提高学生的综合能力成为俄罗斯基础教育的重要目标。但由于内容分化带来的课程增多,学生负担过重,造成了学生健康状况不佳、分科教学方法单一等问题。为了优化基础教育课程与教学,俄罗斯在基础教育课程改革中强调将学科课程和综合课程相结合,强化人与自然、人与社会之间的统一性和整体性,即突出人文化和人本性的新特征,力图减轻学生负担,完善学生的知识结构。[②]在国家基础教育标准的指导下,教育科学部颁发了《俄罗斯初等、基础、中等(完全)普通教育师范教育计划》《实施普通教育大纲的俄罗斯联邦教育机构的联邦基准教学技术和示范教学计划》,进一步规范中小学校的教学计划和课程设置等事宜。经历了多年的国家基础教育标准化建设,俄罗斯积累了丰富的基础教育标准研制经验,形成了较为完善的国家教育标准制定程序和机制,决定了基础教育课程与教学在保证学生掌握基本知识和技能的基础上,为体现地方特色和学校特色提供了可能,进而为关照学生的个性化需求创造了条件。

4. 教育评估

1982年苏联教育部首次颁发了《技能技巧发展大纲》,用以检验苏联普通教育的质量水平,包括从6岁入学的预备班和1至10年级各个年级的三个方面的要求:学业劳动的组织、利用书籍和其他情报资料进行学习、口头和书面语言的表达能力。[③]随后颁布了一系列的评价标准,例如《关于普通学校学生的操行评定和勤奋学习、努力参加社会公益劳动的评价标准》《关于评价学生文学知识、技能和技巧的标准》《中小学生标准守则》等。苏联解体后,俄罗斯对于中小学教育评估进行了改进。1992年制定了《俄罗斯联邦教育法》,阐释了教育是指为个人、社会、国家的利益而进行的有目的的教育教学过程,该过程确保公民(受教育者)达到国家规定的教育水平(教育资格)。[④]基于《俄罗斯联邦教育法》,制定并实施了教育机构师范条例,加强对教育机构的管理;制定并实施国家教育标准,按照国家基础教育标准对中小学教育质量进行监督和检查是教育质量管理的主要方式。《2010年前教育现代化构想》颁布之后,构建基础教育评估体系以及评估

---

① 曹风南.苏联普通学校在教学和教育中贯彻了教育方针——参观苏联国民教育展览会的印象之一[J].江苏教育,1957(21):15-16.

② 白美玲.当代俄罗斯基础教育课程改革研究[D].华东师范大学,2006.

③ 陈旭晟.苏联普通学校教育评价简介[J].教育研究与实验,1987(1):52-56.

④ 肖甦,王义高.俄罗斯转型时期重要教育法规文献汇编[M].北京:人民教育出版社,2009:143.

模型成为俄罗斯现代化教育政策的关键任务之一。在规范中小学教育评估活动的基础上，俄罗斯立足对学生的学业鉴定，实施教学质量的检查和管理，国家层面的学业成绩鉴定主要通过九年级鉴定（结业考核）和国家统一考试（毕业考核）来进行学生个人成绩评价包括毕业生的国家最后鉴定，以及在基础教育质量内部监测系统框架下的学生中期考核。中等（完全）普通学校毕业生的教育质量评价是在国家统一考试框架下实行独立的评价机制。国家统一考试的成绩既是毕业生获得中学毕业证的依据，也是大学和中等职业学校的入学考试成绩。国家统一考试包括了俄语、生物、几何、地理、化学、生物、历史、社会学等九门课程，目的在于客观评价普通中学毕业生培养的水平和质量。①

（三）芬兰的基础教育

近年来，芬兰在国际学生评估项目中屡居首位，引起了全球教育界的广泛关注。芬兰在教育上的成就离不开其自上而下的基础教育改革。伴随整个国家经济、政治与文化的不断变迁，芬兰的基础教育改革历经数十载，颁布和实施了一系列教育政策及措施。

1. 教育管理体制

芬兰义务教育从7岁开始，绝大多数儿童会在7岁就读小学。如果儿童要进入的小学并非用母语授课，或者侧重音乐等特长教育，入学前一般要接受相应的能力测验。芬兰义务教育包括小学（1~6年级）和初中教育（7~9年级），但小学和初中并不分段，绝大多数学生统一在综合学校中接受九年制义务教育，因而“小升初”在芬兰并不存在。鉴于少数学生学习能力存在的问题，他们可能在九年制义务教育之外还需要接受1年额外的教育。学生接受综合学校教育后将获得相应的毕业证书。②得益于优厚的福利制度，芬兰小学和初中教育是完全免费的，学生不仅不用缴纳学费，而且使用的教材等学习材料也基本由政府出资。对于家庭距学校较远的学生，政府或社区还会出资为他们提供交通服务。

2. 教师队伍建设

芬兰学生在国际测评中出类拔萃的表现是诸多教育因素共同作用的结果，但以高品质的教师教育培养高素质的教师是芬兰基础教育取得成功的关键。③芬兰教师教育始于1863年，发展历程大致分为六个阶段。第一阶段（1863—1933年），芬兰建立了首

① 姜晓燕，赵伟．G20国家教育研究丛书——俄罗斯基础教育［M］．上海：同济大学出版社，2015：113.

② 康建朝，李栋．G20国家教育研究丛书——芬兰基础教育［M］．上海：同济大学出版社，2015：46-47.

③ 赵士果．培养研究型教师——芬兰以研究为基础的教师教育探析［J］．全球教育展望，2011(11)：31-36.

个教师培训学校——于韦斯屈莱教师培训学校，初中毕业生经过两年学习就可以成为教师。第二阶段（1934—1965年），于韦斯屈莱教师培训学校升级为学院或教育研究大学，新的教师培训学院扩大了其学科组成，纷纷开设人文和社会科学学科。教师专业的学历水平有所提高，仅低于现代意义上的学士学位，学院招收对象为高中毕业生。第三阶段（1966—1970年），尽管教师专业的学历仍然低于学士学位，但对教师的学历要求持续提高，并且学院变成了完整的大学，于韦斯屈莱教师培训学院也改为于韦斯屈莱大学。第四阶段（20世纪80年代），从事教师职业需要硕士学位。第五阶段（20世纪90年代），教师教育注重培养教师的研究和反思能力，研究和反思能力被纳入教师专业培养要求当中。第六阶段（21世纪至今），教师教育招生制度进行了改革，以便吸引更多优秀的学生从事教师职业。21世纪芬兰教师专业素质的典型特征，包括具备扎实的理论基础，掌握分析、反思和教育科学研究的工具，拥有教师培训学院内外的实践机会及经验。[①]在芬兰，教师是非常受欢迎的职业，只有优秀的高中毕业生才能争取到教师教育的学习资格，并在日后从事教师职业。之所以如此，有赖于几方面原因：一是芬兰教师拥有广泛的专业自主权，可以灵活自主地选择教学材料和教学方式方法，并对学生开展评价，能够获得学校、家庭和社会的充分尊重和信任；二是芬兰的大学为师范生提供获得硕士学位的机会，有助于他们更好地提升专业素养；三是芬兰官方不进行教师评鉴，教师没有绩效考核的压力；等等。[②]与其他国家相比，芬兰教师工作量适中、工作时间较短，每年有3个多月的假期。尽管相比芬兰其他职业或者其他国家的教师而言，芬兰教师的月薪或年薪不高，但就教师的工作量或者每课时的收入而言，芬兰教师的收入则相对较高。

3. 课程与教学

芬兰基础教育课程改革注重以学生为本，颁布了一系列课程法案和国家核心课程，以保障学生享受优质教育的权利；在教学活动中，教师努力贯彻因材施教原则。[③]从历史视角分析，芬兰基础教育课程本质上蕴含了两种不同的课程理论。一是芬兰基础教育课程在很大程度上受到德国课程理论尤其是赫尔巴特课程学说的影响，强调教学和学习以知识为重，课程结构注重以学科为基础。这种课程理论于20世纪30年代传到芬兰，对其基础教育课程内容和结构影响很深。二是在20世纪60年代，美国教育家杜威的课程思

① 康建朝，李栋.G20国家教育研究丛书——芬兰基础教育[M].上海：同济大学出版社，2015：227.

② 康建朝，李栋.G20国家教育研究丛书——芬兰基础教育[M].上海：同济大学出版社，2015：247.

③ 张德启，汪霞.芬兰基础教育课程改革的整体设计与实施浅析[J].外国教育研究，2009(5)：59-63.

想引入芬兰的教育文献中，加之当时正是芬兰对基础教育的系统改革时期，促成了芬兰基础教育课程从传统上的学科知识中心开始向学习者能力中心转变，课程内容和结构更加注重学生通过课程学习发展多方面能力，而非单纯地掌握学科知识。实际上，芬兰基础教育课程内容和结构同时受上述两种思想影响，努力在学科知识中心和学习者能力中心之间寻找合理的平衡。在中小学课程开发、设计和修订中一直努力兼顾学科知识结构和学生发展需要。近年来，芬兰基础教育课程越来越强调学习者能力的发展，更好地满足学生多方面能力发展的需要。尤其是在知识和科技迅速发展变化的当今社会，很多知识和科技的更新速度加快，培养学生适应社会发展必备的能力变得更为重要。

【拓展性资料3-2-1】

芬兰跨学科教学理论模型（MLS）下的主题课程

芬兰综合和跨学科教学理论模型不仅考虑了学科融合的前期基础，同时又指向了知识内容“边界模糊”的目标所在。改革后，其课程结构由原有的5~6年级的部分学科整合变为多学科间的统整，彻底地打破了原有学科间的界限，统整为《环境研究》一门综合学科，将学校健康教育作为环境研究中的一个重要部分融汇其中；初中阶段的科学课程设置虽然在形式上呈现出了分科的形态，但在实际教学的过程中往往通过以下两种方式进行：一种是教师对于学科内部不同知识模块的重新整合，另一种是基于同一主题下不同学科教师间的相互协作。以小学科学3~6年级为例：课程标准提供了大量核心概念下的主题内容，例如：自然界中的人、周围环境与日常生活中的社会群体等。

（选自：徐扬.芬兰基础教育阶段科学课程改革中的“边界消弭”——伯恩斯坦视角下的芬兰科学课程与教育形态[J].全球教育展望，2019(3)：28-38.）

芬兰基础教育不仅强调学生智力层面的发展，也重视学生情感以及社会性的全面发展，教学在促进学生情感与社会性发展方面发挥着重要作用。芬兰基础教育及教师的职业角色均要求教师表现出多维度且积极主动的教学行为，教学方式灵活多样，重视合作，重视特色课程的建设。在芬兰的基础教育改革中，值得关注的是其特色课程及其教学形式。一是手工课程，芬兰国家课程大纲将手工教育的目标定为使学生获得日常生活的基本能力，手工课程要为学生能够制造出实用、美观、高质量的产品做准备，旨在提升学生的动手能力及思考能力，在此过程中增强教师的教学工作能力。二是科学课程，芬兰的小学和初中阶段的科学教学是以主题为导向进行，科学教学旨在向学生揭示科学的本质,教授科学课程的教师都是具有自主性、善反思的教学能手。三是外语课程,从20世纪70年代芬兰九年制综合学校建立以来,学习外语作为每个学生应有的权利与义务而备受校方重视。目前,语言学习(包括母语、其他语言,原则是至少要学习一门外语)是芬兰各级学校的必修课,外语课程的开设最迟不能超过小学三年级。

4. 教育评估

芬兰国家教育评估系统是建立在国家教育指标、学生学业成就评估系统以及多主体教育评估项目基础之上的。[①]国家指标包括两种指标:一种是年度指标,旨在反映关于教育结果的必要、持续的信息;另外一种是周期性指标,这种指标应用于每隔几年进行一次的评估,评估内容涉及教育结果的各个不同的方面,信息更加翔实,能够更加全面地反映教育现状。学生学业成就评估内容包括学校考试、学校管理,以及对结果的分析和得出结论。多主体教育评估项目不仅要利用国家指标和学生学业成就评估所搜集的信息,还要求充分利用专家合作的评估研究所提供的信息。

(四)日本的基础教育

日本近代基础教育始于明治维新时期,在"富国强兵""殖产兴业""文明开化"三大方针指引下,伴随着政治、经济、军事、文化领域的改革,广泛吸收了欧美资本主义国家的教育思想和教育制度,为建立近代日本基础教育制度奠定了基础。[②]二战后,日本能够在经济陷入崩溃的状态下迅速恢复发展,并且跻身世界前列,与其对教育的重视紧密相关。同时,基础教育在促进日本经济发展上发挥着巨大作用,高水平的基础教育是日本经济发展的核心动力。

1. 教育管理体制

日本明治政府于1872年颁布了《学制》法令,并在全国推广实施,以全体国民为对象普及小学教育,设立以"追欧赶美"为目标的高等教育机构,成为日本现代学校教育制度建立之初的基本教育宗旨。二战之前的70余年间,日本基础教育寓有浓厚的"富国强兵"的国家主义色彩,直到二战战败之后,日本的教育理念、教育结构和教育内容才发生了根本改变。1947年日本政府颁布《宪法》,并根据《宪法》的基本原则制定《教育基本法》,作为日本教育发展和改革的根本大法,着手构建现代学校教育制度,将原来的六年

---

① Finnish National Board of Education. A Framework for Evaluating Educational Outcomes in Finland[R]. Helsinki: Finnish National Board of Education, 1999.

② 王桂. 日本教育史[M]. 长春:吉林教育出版社,1987:98.

制义务教育延长至九年制。与二战后日本国家法律体系一同构建的现代学校教育，其制度性质和教育权利通过了宪法的明文规定得以有效保障。日本现行的学校教育体系主要由初等、中等和高等教育三个阶段构成，基本学段划分为“六三三四”制，即小学6年、初中3年、高中3年、大学4年。

日本现代中小学管理体制形成于二战后的教育改革，其学校管理的依据是《教育基本法》(1947)、《学校教育法施行令》(1953)、《学校教育法》(1974)和《学校教育法施行规则》(1974)等。公立学校及国立学校的管理又称作学校经营，有时也称为学校行政。教育委员会管理学校的目的，不是限制学校的自主性，而是促使学校充分发挥自主性，让学校灵活主动经营管理，即学校内在主体性和创意性的管理运营。[①]日本学校管理规则一般涉及三个方面：物的管理，即设施设备的管理；人的管理，即教职员的任免、惩戒、监督及服务等；经营管理，即组织编制、教育课程、教材处理等。但这些规则并未包括学校管理的所有任务，所以在学校管理方式、组织机构及管理体制方面，中小学校仍有较大的自主权。[②]

2. 教师队伍建设

日本在二战之前，已在全国建立以东京高师(筑波大学前身)、广岛高师(广岛大学前身)为代表的国立教师教育专业机构。同时，在各地建立师范学校以及“教师培养专门学校”等机构，培养大量的初等教育教师，形成了专业化、封闭式的教师培养体系。中等教育以上的教师由大学或高等师范学校培养，注重相关学科知识的习得；初等教育的教师由师范学校培养，侧重于发展教学实施所需的操作技能。对所有教师实行资格认证(颁发许可证)是日本教师教育的又一基本原则，日本教师资格证分为三种，即“专修许可证”“一种许可证”和“二种许可证”。其中，“专修许可证”要求具备硕士毕业程度；“一种许可证”要求具备大学本科毕业程度；“二种许可证”要求具备短期大学(相当于我国的专科)毕业程度。教师在取得教师资格许可证之后，还需经过地方教育委员会举行的公开甄选考试，合格后才会被正式录用为中小学教师。教师入职初期是大学知识与学校教学实践相结合的关键时期，在此阶段首先要提高教师对自身工作职责的认识，养成独立完成教学活动的基本素质，因而在这一阶段会进行有组织、有计划的教师岗位研修培训。日本于1988年根据《教育公务员特例法》以及“实施条例”，建立了新任教师研

① 冯海志.日本中小学校的管理现状、趋向及启示[J].广东教育学院学报,2000(6):47-53.

② 徐汝玲.外国中小学教育管理发展史论[M].北京:红旗出版社,2000:39.

修制度。该法案在全日本的小学开始实施后，每年按不同学段逐年提高到初中、高中以及各类特殊教育学校。并于1992年开始在全国所有中小学校实施教师入职培训计划。对于骨干教师而言，日本《教育公务员特例法》还规定，可以在经过上级主管部门许可的前提下，以1年为单位，最长不超过3年，到国内外的大学研究生院（不包括短期大学）攻读研究生课程，或以进修专业课程为目标进行在职脱产学习。同时，对具有10年以上教学经验的资深教师还设有进一步提高教学能力的研修培训。

3. 课程与教学

课程是为了培养人、教育人而产生和发展的，课程改革应顺应着时代的发展，日本基础教育课程改革有其深刻的时代背景。[①]为了实现《教育基本法》规定的教育目标以及《学校教育法》规定的各阶段学校教育的具体目标，日本制定了基础教育各级各类学校的教育课程标准和教学指导大纲——《学习指导要领》，它不仅是日本学校教育课程管理和课程实施的核心指导文件，还是教科书编撰的重要法律依据，更是日本学校教育改革的风向标。主要包括从幼儿园到高中阶段普通教育学校（包括特别支援教育学校）分学科、分学年的课程标准。日本在社会发展的各个阶段都及时更新教育目标、教育理念和教学内容，以满足不同社会发展环境下学生成长的需求，以及社会经济发展的人才需求。因而每隔10年左右，日本就会对《学习指导要领》进行全面或部分修订。对于学校课程编制方针，《学习指导要领》要求紧密结合各地区、各学校实际情况，充分认识学生身体发展的阶段性特点，酌情编制课程标准。同时，强调要以道德课程为主有效开展中小学校道德教育，此外，其他各个学科以及综合学习时间和学校特别活动，都要求教师按照不同的课程性质和活动特点，根据学生发展的阶段性特点，进行适当的指导。《学习指导要领》还提出了学校课程内容和课时的统一要求，中小学校的道德学习、外语活动、综合学习时间以及特别活动的课程计划，每年实施35周（第一学期34周）以上，每周的课时安排以不加重学生课业负担为准。

4. 教育评估

日本《学校教育法》规定，中小学校必须定期进行教育评估。文部科学省2007年发布了《关于修改学校教育法的通知》的政令，指出“幼儿园、小学、中学、高中以及中等教育学校和特别支援学校，需根据文部科学大臣之规定，将本学校的教育活动以及其他学校运营情况进行评估，根据评估结果改善学校管理，采取必要措施努力提高教育水平”。

---

① 彭寿清. 日本基础教育课程改革及特点[J]. 当代教育科学，2004(18)：46-48.

可见,实施教育评估是中小学校必须遵守的教育质量监控与改进的法律程序。按照《学校教育法》实施规则等相关法律法令的规定,文部科学省提出了学校评估实施方法的三种形式。一是各学校组织本校教师自主开展的“自我评估”;二是以学生家长、社区居民等与相关人员组成评估委员会,对学校自我评估结果进行认定、审核、评价的“学校相关者评估”;三是在“自我评估”和“学校相关者评估”的基础上,由学校和办学机构实施,聘请校外管理专家,从专业视角对学校的教育活动和学校经营及管理进行“第三者评估”。从学校评估的程序来看,日本文部科学省规定了学校评估要建立PDCA循环改进模式,即设定目标、实施计划、评价检查、改善行动四个基本程序。从学校评估的内容来看,中小学校要依据《教育基本法》《学校教育法》规定的学校教育的目标,设定学校发展规划和评估指标,评估内容旨在检查学校对本校发展目标的实施程度,以及实现目标的行动措施是否合理有效。

(五)新加坡的基础教育

新加坡是东南亚的一个岛国,国土面积有限,但其发达的经济使它从亚洲国家中脱颖而出。新加坡以有限的条件创造了令人瞩目的经济奇迹,这离不开其基础教育的贡献,新加坡的基础教育发展经验对我国基础教育发展具有重要的借鉴意义。

1. 教育管理体制

新加坡基础教育分流制是新加坡教育的突出特点。殖民时代的新加坡基础教育制度,殖民政府实行分而治之、放任自流的基本政策,导致新加坡的基础教育制度各自为政,自成系统,不同教育制度之间的隔阂十分严重。1980年新加坡开始实施统一的基础教育分流制度,分别在中小学贯彻与推广,以夯实学生的科学文化知识为目标。小学前三年的学习主要为学生进一步学习数学、科学以及其他课程打下坚实基础。第一次分流在小学三年级,学生从一年级逐渐升到三年级后,学校根据学生在三年级的成绩以及平时成绩,把学生依次分到三类不同的班级:单语班、正常双语班和延长双语班。第二次分流在小学毕业后,根据考试成绩在初中阶段进行分流,进入不同的课程学习,分别是特别课程、快速课程和普通课程。初中阶段结束后,第三次分流在高中阶段进行,此阶段分为两种课程,一部分是没有通过考试的学生直接投入工作或升入职业学院,另一部分则升入大学预科。①随着新加坡社会经济的发展,基础教育分流制度也在不断更

① 王学风.新加坡基础教育[M].广州:广东教育出版社,2003:34.

新。在第一次分流中,新加坡小学教育可划分为学前准备阶段、基础阶段和定向阶段三个阶段。第二次分流在六年级末,多数学生必须参加国家统一的小学毕业考试,分流后学生不仅可以学习特别课程、快速课程和普通课程,也能学习有技术倾向的普通公益课程。在第三次分流中,新加坡的中学教育学制为四年或五年,学生可以根据自己的能力和兴趣选择不同的学制。

2. 教师队伍建设

新加坡是一个以华人为主的国家,受到中华传统文化的深厚影响,当地的尊师重教蔚然成风。教师的地位与威望相当高,教师归属于国家公务员的范畴,正式的名称是"教育官"(education officer),因而国家对教师的要求也非常严格。在新加坡,要想成为一名教师,首先必须是成绩优秀的大学毕业生,再学习两年的师资培训课程,获得教育部颁发的学历证书后方能担任中小学教师。除了职前教育外,教师要成为班主任或科主任,还必须在国家教育学院进修获取高级教育专业证书,其后方能为学校所任用。学校领导必须通过进修专业训练课程,获得国家教育学院颁发的教育行政专业证书,方可任职。[①]为防止教师流失,新加坡提高了教师待遇,完善福利待遇制度,并采取了多项举措招聘世界各国的优秀人才到新加坡中小学任教。新加坡十分重视教师的培训工作,为大力发展师范教育,实行各种优惠政策,特别是在经济上实行了代缴学费和师范生助学金制度,以吸引更多优秀青年从事教师职业。为使教师不断拓宽知识面,更新和补充知识,新加坡还设立了进修奖学金制度,使在职教师可以在国内或去国外高校攻读更高一级的学位,推动新加坡师资水平的提升。

3. 课程与教学

在课程设置上,新加坡受英国教育的影响颇深,建国之初基础教育各科课程标准都仿效英国。独立之后,为与国家社会经济发展相配套,新加坡政府进行了多次教育改革,中小学的课程设置发生了很大的变化。新加坡教育法规定:"小学教育的目的是使学生能掌握一定水平的英语、数学和母语,按照每个学生的不同能力进行教育。"[②]其课程设置具有多样化和弹性化的特征,但无论是小学还是中学,基本课程主要是语文、数学和英语三科。1996年,新加坡教育部成立了学校课程及评估系统检讨委员会,负责对课程进行全面检讨和改革工作,目的在于从全新角度,即从学校教育成果接收者的角

① 王学风.新加坡基础教育[M].广州:广东教育出版社,2003:135.

② 王学风.新加坡基础教育[M].广州:广东教育出版社,2003:85.

度，来探讨中小学校应该教给学生何种知识。为了教会学生思考，培养学生的创造能力，新加坡还在中小学校开设了“思考”课程。此外，新加坡也强调体能教育，从食品营养和体能训练两个方面提高学生的健康和营养状况。

新加坡基础教育的成功与其灵活的教学紧密相关。在教学原则上，秉持因材施教的原则，实施分流制度，允许教学内容有所差异。在个性化教学上，为适应不同学生的能力水平，中小学为学习能力强的学生开设特别课程，对学习能力偏弱的学生实施辅导与教导计划；同时组织丰富多彩的课外与校外活动以发展学生特长。在教学方法上，多种多样，例如采取学生读经法，让学生从小开始背诵四书五经；为培养学生的想象力，中小学会组织学生观察大自然、参观各类博物馆、做游戏、讲故事等。此外，新加坡教育界认为，美育不但能够培养学生对美的鉴赏能力和创造能力，还能促进学生智力因素的发展，尤其是促进其创作才能的形成和发展，因而在教学中常常结合美育教学法。

4. 教育评估

为了对中小学校的教学过程、教学管理和教学结果等进行监控与评估，新加坡政府采取了多种教育质量监控制度。其中，对基础教育评估影响较大的是全国统考制度。从2004年起，新加坡教育部扩大和放松学校的排名系统，不再只根据考试成绩进行排名，但学生的考试成绩仍作为学校排名的重要指标之一。新加坡依据统一的考试标准对全国中小学生进行整体学业水平的考核，能有效反映其教学质量。新加坡小学的学制为6年，学生在小学4年级末进行分流考试，根据他们在英文与数学等方面的表现，并结合期中和期末以及平时成绩，分别安排适合他们学习进度的学习序列。学生在小学最后一年参加离校考试，考试的科目仍然是英文和数学。新加坡在初中阶段有两项全国性考试，一项是普通教育正常级水准考试（GCE“N”），这是正常班学生在学满4年后参与的考试，目的在于为成绩较差的正常班学生颁发与其学业水平相称的资格证书以及据此筛选比较优秀的学生留读一年后参加新加坡剑桥普通水准（GCE“O”）考试。学生如果想进入大学继续深造，则要进行新加坡中学阶段的最后一次考试——新加坡剑桥教育证书高级水准会考（GCE“A”）。全国统考制度为具有各种不同能力和天赋的学生提供合适的课程，并提出相应的课程要求以达到因材施教的目的。同时，全国性的学生成绩评估体系保持了考试的效度，也在一定程度上有利于基础教育质量的评估和监督。[①]

① 丘丽.新加坡中小学教育质量监控与评估三举措[N].中国教育报，2013-02-17(3).

【思考】

1.我国古代基础教育有哪些宝贵经验?

2.我国古代基础教育与现代基础教育有何异同之处?

3.当前我国基础教育发展存在的主要问题有哪些?

4.对比我国与世界主要国家的基础教育,我国基础教育发展的优势是什么?

5.世界主要国家的基础教育呈现出了哪些相似的发展趋势?

6.新时代背景下,我国基础教育发展呈现出哪些发展趋向?

【延伸学习】

1.宋乃庆,李森,朱德全.中国基础教育改革与发展[M].北京:高等教育出版社,2018.

《中国基础教育改革与发展》秉持基础教育学的立场,通过辩证唯物主义和以史论今的研究视角,严谨客观地阐述了百年来中国基础教育改革与发展画卷。该书重点诠释了百年来中国基础教育逐渐形成的特色体系,揭示了中国基础教育发展中的争鸣,总结了中国基础教育改革与发展的宝贵经验,剖析了中国基础教育改革与发展取得的成绩和经验,宣传了中国基础教育对社会进步所做出的历史贡献,反思了中国基础教育存在的问题,进而从多个方面对中国基础教育的未来发展进行深入的理性思考。

2.叶澜.中国基础教育改革发展研究[M].北京:中国人民大学出版社,2009.

《中国基础教育改革发展研究》第一部分整体呈现了当代中国基础教育的演化脉络和总体情况。第二部分为专题研究,探讨了基础教育改革过程中重要而有待深化的问题,如改革主体的构成与相互关系、宏观决策的价值导向、基础教育事业的推进策略、基础教育系统改革以及学校内部改革问题等。第三部分是面向未来的思考,指向基础教育的战略选择和改革方法论问题,认为必须在当代中国社会与教育改革相互作用的意义上认识基础教育改革的性质、任务及其在当代实施的艰巨性和复杂性,进一步解放思想,提升基础教育改革的教育科学含金量。

3.徐辉.当代国外基础教育改革[M].重庆:西南师范大学出版社,2001.

《当代国外基础教育改革》针对20世纪80年代以来世界政治经济格局出现的重大变化,介绍了国外基础教育改革的总体情况,对外国基础教育改革的宏观背景、在21世纪的发展趋势进行了系统分析。主要内容包括基础教育培养目标的变革、办学体制与管理模式的改革、教学改革、德育的现状与改革、劳动教育与职业教育的改革、师资培养的改革和当代国外基础教育改革的特点及发展趋势。

4. 曾天山 .G20国家教育研究丛书[M]. 上海:同济大学出版社,2015.

《G20国家教育研究丛书》把G20国家的教育作为研究课题,对世界主要国家基础教育的发展情况进行了系统的、全面的、集中的比较研究。20国基础教育发展的情况,在一定程度上代表了世界基础教育的发展趋势和方向。各国发展过程中的成败教训,可为我国基础教育改革的纵深发展提供可资借鉴的经验。

第四章
基础教育的主体

【学习目标】

1.把握中小学教师角色定位及要求，全面理解中小学教师的必备修养，激发教育热情，厚植教育情怀。

2.理解中小学教师专业发展的特征，了解教师专业发展的主要阶段，养成教师职业生涯规划的意识。

3.掌握有关中小学生身心发展的基本知识，熟悉中小学生的教育要求，有针对性地提升自身的专业修养。

【情境导入】

针对教育部印发的《新时代中小学教师职业行为十项准则》，教育学者进行了深入解读。

顾明远教授指出：教师是学生锤炼品格的引路人、学习知识的引路人、创新思维的引路人、奉献祖国的引路人。教师要成为学生的引路人，教育者先要受教育，教师自身要有理想信念、有道德情操、有扎实学识、有仁爱之心。

张志勇教授强调：在学生眼里，教师"吐辞为经、举足为法"，一言一行都给学生以极大影响，没有高尚的师德，没有发自内心的对学生的爱，教学方法、教学技术往往苍白无力。因此，加强师德建设，就要将师德教育作为教师专业发展的重要内容，将师德教育贯穿师范生培养全过程、贯穿教师专业发展和职业生涯全过程。

对此，您有什么看法呢？

（改编自：顾明远，张志勇．牢固树立良好师德师风[N]．人民日报，2019-01-06(5)．）

在哲学上，主体是指对客体有认识和实践能力的人。在学校或任何一种教育机构中，教育者是主体，受教育者也是主体，他们互动展开教育活动，也是独立自主的教育活动，是自己运动的。[①]因此，以师生互动为特征的教育活动中，教师主体性与学生主体性同时存在，相互依附，并共处于一个统一体中。[②]

本章将重点对中小学教师（以下简称教师）的角色定位、职业修养和专业发展等问题进行分析，对中小学生的特征及其教育进行讨论。教师和学生是基础教育的核心主体，要对基础教育有更深刻的理解，必须深入理解教师和学生的本质。习近平总书记在全国教育大会上的讲话中强调：教师作为人类灵魂的工程师，是人类文明的传承者，承载着传播知识、传播思想、传播真理，塑造灵魂、塑造生命、塑造新人的时代重任。中小学生正处于人生的“拔节孕穗期”，基础教育阶段每个学段的学生在身心发展上都有相应的特征，需要教师的精心引导和关爱培育。

第一节　教师

教师是向学生传授人类积累的文化科学知识并且对学生进行思想品德教育，把他们培养成社会需要的人才的专业人员。[③]教师的内涵有广义与狭义之分：广义的教师是指所有直接或间接、专门或业余从事教育工作的人，涵盖学校工作人员、教育行政人员、教育管理人员以及社会教育机构工作人员等；狭义的教师专指在学校负责教学及管理工作的专任教师，按照任教学段可以分为大学教师、中学教师、小学教师和学前教师等。中小学教师特指基础教育阶段在中小学校负责教学及管理工作的专任教师。

一、教师的角色定位

教师角色是指教师所表现出的一种身份以及由此规定的行为规范和行为模式的总和，既代表着教师的社会地位，也蕴含着社会对教师的角色期望。[④]2018年，教育部等五

① 王策三.教育主体哲学刍议[J].北京师范大学学报(社会科学版),1994(04):80-87.

② 顾建军.浅析教育的双主体性特征[J].教育科学,2000(01):1-5.

③ 中国大百科全书出版社编辑部.中国大百科全书·教育[M].北京:中国大百科全书出版社,1985:146.

④ 申继亮.新世纪教师角色重塑——教师发展之本[M].北京:北京师范大学出版社,2006:2.

部门印发《教师教育振兴行动计划(2018—2022年)》,提出了新时代教师的角色担当,强调广大教师要有理想信念、有道德情操、有扎实学识、有仁爱之心,要做学生锤炼品格的引路人、学生学习知识的引路人、学生创新思维的引路人、学生奉献祖国的引路人,要坚持教书和育人相统一、言传和身教相统一、潜心问道和关注社会相统一、学术自由和学术规范相统一。2020年,中共中央、国务院印发了《深化新时代教育评价改革总体方案》,强调要坚持把师德师风作为教师评价的第一标准,引导广大教师履行教书育人职责。基于此,结合基础教育的本质和中小学生身心发展特点及教育要求,本书将教师的角色定位为学生学习的促进者、学生成长的引导者、学生言行的表率者和教育教学的研究者。

(一)学生学习的促进者

《中国学生发展核心素养(征求意见稿)》提出中小学生要学会学习,倡导学生乐学善学、勇于探究,强调教师是学生学习的促进者。[①]教师在传授系统知识的同时,更要唤起学生的学习兴趣,激发学生的求知欲、好奇心和创造精神,促使学生勤于思考、善于发现问题、敢于提出问题、勇于解决问题;帮助学生掌握科学的学习方法和技巧,促进学生习得分析与综合、比较与分类、抽象与概括、系统化与具体化等思维方法;充分调动学生的学习主动性和积极性,激励学生利用丰富的信息资源主动获取新信息,探索和学习新知识与新技能。

教师要充分发挥学生学习促进者的角色,需要做到积极旁观、有效激励、适时帮助。[②]首先,积极参与并有效组织学生的学习活动,激发学生的对话热情,促进学生交流和沟通,让学生在思想的碰撞与交流中自主构建新知识,并及时对学生的观点做出反馈。其次,给予学生有效的激励。激励可以促进学生充分发挥其潜能,促使其克服困难、提升自我、完成学习任务。常受激励的学生通常有更强的自信心和更好的个性品质,也更容易取得学习上的成功。[③]需要说明的是,对学生的激励不是没有原则的表扬和肯定,面对学生的错误行为,教师应当及时给予合理的批评,此时的批评也发挥着激励的作用。再次,适时给予学生帮助。不仅要在知识习得方面促进学生学习,为学生学习奠定扎实基础,促使学生明确学习目标,有序开展学习活动,确保学习取得实效,而且

---

① 核心素养研究课题组.中国学生发展核心素养[J].中国教育学刊,2016(10):1-3.

② 李壮成.新课程教师论[M].成都:四川大学出版社,2010:84-88.

③ 李壮成.教师作为促进者的角色的内涵与实现路径[J].教育探索,2010(8):96-98.

要在态度上促进学生学习，关注学生学习的思想动态，在学生学习遇到困惑、感到迷茫，甚至对学习失去兴趣、产生懈怠时，适时地给予帮助，让学生明确学习的意义，怀揣持久的兴趣和探究的热情。

（二）学生成长的引导者

学生的成长主要体现在身体和心理两个方面。中小学生正处于身心快速发展的黄金时期，需要教师引导他们健康成长。[①]作为学生身体发展的保护者，教师应着力引导学生学习体育卫生知识、进行体育锻炼，酌情调控学业强度。在基础教育阶段，学生的身体外形和体内机能都有较大的变化，尤其是中学阶段，学生的生理发展更为明显，身高迅速增长，体重逐渐增加，教师应基于学生生理发展的一般规律，促进学生的身体发育，增强学生的体质。此外，中小学生的大脑和神经系统逐渐发育成熟，教师应将学生的脑力训练和体育锻炼有机整合，积极引导他们合理安排作息，劳逸结合，兼顾学习和娱乐、劳作与休息。[②]

作为学生心理健康的维护者和教育者，首先，教师自身要拥有健康的心理素质，因为教师的情感态度、言谈举止等会影响学生的心理发展。其次，教师要引导学生正确认识自己，树立健康的自我意识，发展学生对自我的积极评价，塑造自尊、自爱的人格，培养自强、自信的品质。再次，教师要培养学生的人际交往品质，帮助学生建立良好的师生关系和同学关系，形成乐于助人、善于交际、主动分享等积极的交往品质。最后，教师要引导学生正确对待和评价挫折，树立战胜挫折的信心，掌握应对挫折的方法，培养克服挫折的能力。为此，教师必须掌握中小学生身心发展的特点和规律，适时、适当地给予心理评估和干预。[③]例如，教师可以利用各学科中蕴含的心理教育资源，为学生营造和谐、轻松、愉快的课堂学习环境，关注学生的心理动态，及时对处于失落、迷茫等不良情绪影响下的学生给予相关咨询服务，帮助学生顺利度过心理危机期。

（三）学生言行的表率者

中小学生具有较强的模仿性和向师性，需要教师在日常教学活动中以身作则，从言语到行为体现教师应有的为师风度和精神面貌，通过自己的言传身教为学生树立品德

---

① 叶澜．教育概论[M]．北京：人民教育出版社，1991：268-269.

② 班华．中学教育学(第2版)[M]．北京：人民教育出版社，2012：256.

③ 申继亮．新世纪教师角色重塑——教师发展之本[M]．北京：北京师范大学出版社，2006：16.

榜样和行动典范，成为学生的表率。[①]“言传”是教师产生教育影响最基本的形式和方法，可以从“谨言”“善言”和“美言”三个方面为学生做好言语表率。[②]其中，“谨言”是言传的第一要义，讲求说话内容的“真”。教师保证自己在教学中的每一句话都具有可靠性，为学生树立实事求是、追求真知的态度。第二要义是“善言”，讲求说话内容的“善”。教师通过自己的言语为学生传播正能量，为学生埋下善意的种子。言传的第三要义是“美言”，讲求教师说话和沟通的艺术技巧。教师引导学生品味和揣摩言语在沟通中的桥梁作用，学会和他人有效交流。

在基础教育阶段，教师“身教”的地位、价值与“言传”同样重要，并有其独特的优势和特点。教师以身垂范，直观性强，感召力大，即教师以自身良好的品行感化和塑造学生的人格品质。其一，教师带头做遵纪守法的好公民。例如，“按时到校，不迟到不早退”既是对学生的学习要求，也是对教师的工作要求，要使学生每天按时到校，教师首先应从自身做起，提前到校并做好工作准备。其二，教师着装得体，展现教师对良好教育形象的追求。着装得体的教师往往更容易得到学生的认可与喜爱，为学生做好形象管理的表率。[③]其三，教师做好“讲礼貌”的示范。教师见到同事和学生主动打招呼，爱护环境、爱护卫生等，为学生树立懂文明、讲礼貌的榜样。教师的“身教”要与“言传”紧密结合，共同服务于育人目标。教师不仅要继承优良传统，多持善行，多施美德，还要坚守“学问不倦，所以治己”的修身之责[④]，努力将自己的知识、道理和教育思想付诸实践，做到言行如一、品行如一、身言合一，使自己成为学生的表率、社会的榜样、时代的模范。[⑤]

（四）教育教学的研究者

“教师成为教育教学的研究者”已经成为一个有号召力的理念并广为传播，成为教师专业化发展的努力方向和重要趋势。[⑥]2019年，教育部专门出台《关于加强新时代教育科学研究工作的意见》，强调教师应当成为教育教学的研究者，鼓励支持教师增强科研意识，参与教育教学研究活动，开展教育教学实践研究。教师成为教育教学研究者不同于教育理论的专业研究者，不需要和专业研究者一样全身心投入研究、产出大量富有

① 王道俊，郭文安．教育学(第7版)[M]．北京：人民教育出版社，2016：393.

② 胡相峰．为人师表论[J]．教育研究，2000(9)：55-60.

③ 高秀华，王学明，姜唯，等．浅谈教师行为对人才培养的调控作用[J]．中国高教研究，1998(5)：85.

④ 程翔．说苑[M]．北京：商务印书馆，2018：722.

⑤ 胡相峰．为人师表论[J]．教育研究，2000(9)：55-60.

⑥ 宁虹．“教师成为研究者”的理解与可行途径[J]．比较教育研究，2002(1)：48-52.

学理性的研究成果，而是强调教师立足于教学反思的视角，有意识地思考并探究自身的教育教学行为，旨在发现并解决教育教学情境中的现实问题，改进教育教学实践。[①]

一般而言，教师成为教育教学研究者的基本素质由教育研究意识、教育理论素养、教育研究专门知识与技能、教育研究实践经验以及教育研究情感体验等要素构成。[②]一是树立教育研究的意识，这是教师从事教育教学研究的前提。只有教师充分认识到研究的价值、意义和作用，才能产生从事教育教学研究的兴趣和动力，深度认同教育教学研究的价值。二是提升教育理论素养，这是教师从事教育教学研究的基础，要求教师不仅要养成阅读和学习的习惯，大量阅读有关教育理论方面的文献，还要强化对教育理论的理解、体会、感悟和应用，将其内化为自身的理论素养。三是掌握教育教学研究的专门知识与基本技能，这是教师从事教育教学研究的基石。四是夯实教育教学研究的实践与经验，这是教师从事教育教学研究的关键。在教学过程中，教师需要注重反思，总结和积累教育教学研究经验，培养思考教育教学问题与撰写教育教学成果的习惯，达到在实践中学习、在实践中学会、在实践中完善、在实践中提升、在实践中受益的目的。五是升华对教育教学研究的情感体验，这是教师从事教育教学研究的内在动力。教师要摒弃对教育教学研究的误解，如“无关论”“神秘论”“无用论”“无条件论”“负担论”“理论研究论”等，主动克服畏难情绪，体验教育教学研究的收获感和成就感。[③]

二、教师的职业修养

教师职业修养是指教师的职业品质，以先天禀赋为基础，是教师履行职责所必备的、通过教师教育和自身努力而形成的身心特征与职业修养。[④]教师作为学生成长的引路人，需要积极提升并彰显自身的职业修养，在道德规范方面给予学生良好的示范，在文化知识方面具有深厚的储备，在教育教学方面展现个人魅力，并且以感情为桥梁更好地引导和培育学生。

① 张华军.论教师作为研究者的内涵——教师研究性思维的运用[J].教育学报,2014(1):24-32.

② 辉进宇,褚远辉.中小学教师教育科研素质的结构及培养[J].教育理论与实践,2015(8):30-32.

③ 褚远辉.中小学教师对教科研的认识误区及消解[J].当代教育科学,2008(14):42-44.

④ 朱晓宏.日用即道——重新理解教师的职业修养[J].教育发展研究,2013(22):37-42.

（一）示范性的道德修养

教师道德修养是教师在教育工作中形成的稳定的道德观念、道德品质与行为规范的总和，是调节教师与他人、教师与集体以及教师与社会相互关系的行为准则。[①]2018年，《中共中央、国务院关于全面深化新时代教师队伍建设改革的意见》强调，把提高教师思想政治素质和职业道德水平摆在首要位置，广大教师要以德立身、以德立学、以德施教、以德育德，成为先进思想文化的传播者和学生健康成长的促进者。教师道德既是教师资格的“第一通行证”，也是学生成长和发展的重要影响源，直接作用于学生心灵深处，在学生品德与性格塑造中扮演着至关重要的角色，对学生文明习惯的养成，人生观、世界观以及道德观的形成起着决定性的作用。[②]

立德树人是新时代学校教育工作的重点，教师道德修养是立德树人根本任务的重要部分。为实现立德树人根本任务，教师必须高度重视自身道德修养的重要性，充分发挥道德修养的示范作用。[③]具体而言，一是德行言语修养的示范。教师要重视言语的纯洁性，用道德标准来规范自身的言语，包括规范言语的德行原则、礼仪原则和方法论原则，把用道德标准规范言语看作培养学生良好品德的重要手段。二是道德行为修养的示范。教师要在日常教育工作中显现自己的良好德行，表现出爱岗敬业、关爱学生、公正公平等职业道德行为，温和宽容、尽心尽责、严谨笃学等职业精神行为，刻苦钻研、勇于创新、奋发进取等职业理想行为，自尊自律、淡泊名利、志存高远等职业信念行为等。三是道德心灵修养的示范。教师面对的是一个个具有丰富感情的鲜活生命，要关爱学生，关心学生学习与生活，增强教育责任感，表露出宽容、平和、大度和谦逊等品质，让学生感受到浓厚的师生情谊。

【拓展性资料4-1-1】

中小学教师职业道德规范（2008年修订）

一、爱国守法。热爱祖国，热爱人民，拥护中国共产党领导，拥护社会主义。全面贯彻国家教育方针，自觉遵守教育法律法规，依法履行教师职责权利。不得有违背党和国家方针政策的言行。

---

① 黄晓光.教师职业道德修养——新规范内涵解读与实践导行[M].长春:东北师范大学出版社,2009:39.

② 李春玲.教师职业道德[M].北京:人民文学出版社,2005:6.

③ 邵光华.发挥教师道德示范作用[J].教育研究,2014(5):73-75.

二、爱岗敬业。忠诚于人民教育事业,志存高远,勤恳敬业,甘为人梯,乐于奉献。对工作高度负责,认真备课上课,认真批改作业,认真辅导学生。不得敷衍塞责。

三、关爱学生。关心爱护全体学生,尊重学生人格,平等公正对待学生。对学生严慈相济,做学生良师益友。保护学生安全,关心学生健康,维护学生权益。不讽刺、挖苦、歧视学生,不体罚或变相体罚学生。

四、教书育人。遵循教育规律,实施素质教育。循循善诱,诲人不倦,因材施教。培养学生良好品行,激发学生创新精神,促进学生全面发展。不以分数作为评价学生的唯一标准。

五、为人师表。坚守高尚情操,知荣明耻,严于律己,以身作则。衣着得体,语言规范,举止文明。关心集体,团结协作,尊重同事,尊重家长。作风正派,廉洁奉公。自觉抵制有偿家教,不利用职务之便谋取私利。

六、终身学习。崇尚科学精神,树立终身学习理念,拓宽知识视野,更新知识结构。潜心钻研业务,勇于探索创新,不断提高专业素养和教育教学水平。

(源自:教育部、中国教科文卫体工会全国委员会关于重新修订和印发《中小学教师职业道德规范》的通知:教师〔2008〕2号附件[EB/OL].(2008-09-01)[2020-08-11].http://www.moe.gov.cn/s78/A10/s7058/201410/t20141021_178929.html.)

(二)全科性的文化修养

立足基础教育的全面性与基础性,培养具备全科性文化修养的教师队伍是新时代基础教育改革与发展的必然要求。2018年,教育部印发《关于实施卓越教师培养计划2.0的意见》,指出要积极借鉴各国全科教师培养的优秀经验,培养底蕴深厚、素养全面、专长发展的卓越中小学全科教师。近年来,重庆、河北、河南等省(市)属高校已经着手培养高素质、专业化、"一专多能"的全科教师队伍。

在我国,施行教师全科性文化修养培养是顺应基础教育发展的必然趋势,具有不可否认的价值意义。[①]第一,有利于培养学生综合的世界观。中小学生认识世界的方式是整体综合的,但鉴于他们的心智尚处于朦胧的发展期,学生对世界的整体观念的形成仍需教师以其广博的多元知识加以建构,具备全科性文化修养的教师更有利于引导学生形成综合的世界观和价值观。第二,有利于减轻学生过重的学业负担。教师具备全科

① 黄云峰.小学全科教师内涵意蕴、价值意义及培养路径[J].中小学教师培训,2017(1):75-78.

性文化修养能够避免不同学科的隔离，打通了学科间的通道，实现学科间的贯通与融合，优化了学生学习内容，有利于增加课堂的乐趣，激发学生的学习兴趣。第三，有利于推动教育公平。培养具备全科性文化修养的教师，能够缓解乡村学校或薄弱学校师资缺乏，解决师资力量结构性缺编等问题，优化教育资源配置，有利于缩小城乡之间的教育差距。第四，有利于接轨国际教育。发达国家成功的教育经验表明，培养具备全科性文化修养的教师队伍势在必行。我国近些年也在积极顺应国际发展潮流，围绕中央部署培育具备全科性文化修养的教师队伍，推动基础教育更快、更好地发展。

通过梳理国外发达国家中小学教师全科培养的要求及其具备的文化修养，结合我国的基础教育需求，中小学教师的全科性文化修养主要包含以下几个方面。一是广博的学科基础知识。教师拥有综合的学科基础知识，并且其知识结构具有灵活性和发展性，学科知识的广度和深度是随着教育阶段的提高和教育对象的特点而逐渐变化的，有稳定的教育信念、扎实的教师专业知识和能力，具备多学科的学科专业知识和教学能力。二是综合的教育实践能力。教师应具备良好的语言表达和沟通技能，承担传道、授业、解惑的重要使命，不仅要“授人以鱼”更要“授人以渔”。此外，教师还要具有较强的综合实践能力，这种能力是建构在对知识结构灵活而全面把握的基础之上的，他们不仅要承担多科教学，还要开展班级治理、学生活动策划与指导等工作，任务重，角色多。三是创新的专业发展能力。创新意识和创新能力是知识经济时代对教师的基本要求。教师应该通过全科化教学的创意和创新影响带动全体学生创新，培养一批头脑灵活、创意浓厚、想象力丰富的学生，在充满发展活力的目标诉求下提升学生的创造能力和创新水平。四是卓越的自我教学效能。具备全科性文化修养的教师在教育教学实践中，更容易展现自身的专业优势，受到家长和学生的好评，这种外部赞赏也更加增强了教师对自身达成教学目标的信心，进一步提升了教师的自我效能感。①

【拓展性资料4-1-2】

芬兰小学全科型教师的培育

自博洛尼亚进程后，芬兰进行了本国教师教育的改革，逐渐实现了教师教育大学化，即由各大学教师教育学院与其他各科系联合培养教师，提高教师的学术水平及理论联系实际的能力。芬兰的教师培养可分为幼儿教师、班级教师、学科教师、职业教师等

① 杨洲.小学全科教师的素质结构及其培养路径[J].中国教育学刊,2016(4):85-89.

等,其中班级教师即对应于其本国小学阶段进行包班制教学的全科型教师。在芬兰小学阶段的教师要求为研究生学历,教师的培养模式为“3+2年”,需要经过3年本科阶段的学习加2年研究生阶段的学习。成为一名班级教师需要获得硕士学位,并需经过修习教育学、学科教学法、辅修学科、语言与交流、选修课等,还需经历严格的教育实习实践。可以说,芬兰在全科型教师的培养上十分严格,也就为其高质量地进行全科教学奠定了基础和条件。班级教师培养课程计划表如下所示:

班级教师培养课程	本科(180学分)	硕士(120学分)	合计(300学分)
教育主修课程 教学法及教育评估课程 不同类型学习者的帮助 研究结果与教育研究方法等 与股东和伙伴的合作等	25(包括指导下的教育实习)	35(包括指导下的教育实习)	60
其他主修课程 研究方法 科学写作 选修课程	35(包括本科的毕业论文)	45(包括硕士毕业论文)	80
学科课程	60	0	60
不同学科课程(辅修)	25	0~35	25~60
其他 语言沟通及信息技术课程 实习实践 个人学习计划的准备和更新 其他选修课程等	35	5~40	40~75

(改编自:郭洪瑞,冯惠敏.芬兰小学教育阶段的包班制模式对我国的启示[J].外国中小学教育,2017(12):29-35.)

(三)艺术性的教学修养

艺术性的教学修养是指教师灵活运用各类教学技巧,充分调动学生的情感体验,创造性地使用各类教学手段,给学生创造一种美的感受。从某种程度上来说,具有艺术性教学修养的教师也是一名出色的教学艺术家。[①]为此,教师需具备艺术性的教学修养,将教学升华为培养人的艺术,充分彰显教学的内在魅力。

① 吴洪成.现代教学艺术的理论与实践[M].石家庄:河北人民出版社,2009:7.

教师艺术性的教学修养主要由以下几个方面组成。第一，寓教于乐教学艺术。教学艺术的本质性特点主要借助寓教于乐的审美形式表现出来，并由此将艺术深度渗透于教学，得到最佳的教学效果。[①]第二，教学组织结构艺术。组织教学贯穿于课堂教学的始终，增强组织教学结构的艺术水平，使课堂教学系统内部各构成要素形成最佳组合并优化运行。第三，教学启发艺术。启发教学是课堂教学的主旋律。教师可以通过比喻、故事、直观演示、表情动作、设疑、类比、图示、点拨等手段增强启发教学的艺术水平，充分调动学生的积极性，提高学生课堂参与度。第四，教学语言艺术。教师的课堂教学主要是通过语言来完成的，掌握了教学语言艺术能达到教学语言“不是蜜，但它可以粘住一切”[②]，牢牢地吸引并且锁住学生注意力的良好教学效果。第五，教学非言语表达艺术。中小学生身心特征更加要求教师应该成为一个肢体语言和面部表情丰富的“表演家”，教师的非言语表达艺术是塑造教师自身形象的重要手段，运用得当，能够增强教师威信。第六，教学板书艺术。教学板书能够直观、清晰地呈现教学重点，是必不可少的教学手段。教学板书是反映教学内容的“镜子”，展示教学作品的“屏幕”，吸引学生的“风景画”，给学生一种美的享受。第七，教学提问艺术。中小学生往往充满好奇心，凡事都喜欢多问“为什么”。教师若能充分运用好教学提问艺术，必定能增进师生交流，激发学生的学习和探究兴趣，集中学生注意力，启迪学生的思维。[③]第八，教学幽默艺术。教师可以通过语言和肢体动作来增强课堂教学的幽默感。教师若能将教学幽默艺术运用得当，有助于活跃课堂气氛，丰富教学趣味，以轻松愉悦的教学氛围激发学生的学习兴趣，带动学生入情入境。

教师可以通过以下方式提升自己教学修养的艺术性，充分展现教学的美感。首先，教师要有“乐学”的积极精神，用艺术的眼光对待教学。其次，教师要充分掌握教育教学的基本规律，刻苦锻炼教学基本功，做到教学娴熟，游刃有余。再次，教师在教学过程中要注意扬长避短，发挥个人的优势。然后，教师要把继承和发展、学习和创新结合起来，不断给学生制造课堂的“新鲜感”。最后，教师可以充分利用学生对美的追求，通过自己优美的教学姿态、漂亮的教学板书等给学生增添教学的艺术气息和美的享受。

---

① 李森．现代教学论[M]．北京：人民教育出版社，2011：419.

② 李如密．教学艺术论[M]．济南：山东教育出版社，1995：347-349.

③ 李如密．教学艺术论[M]．济南：山东教育出版社，1995：347-349.

(四)教育性的感情修养

教师的职责是促进学生发展,为学生的成长负责,不仅需要付诸理智,还需要诉诸情感。教师应当在真正了解学生的基础上给予适当的关怀,使学生感受到这一关怀,进而从关怀中受益。[①]

教师感情修养是教师在理解感情性质与状态的基础上,对自身感情进行适合教育目的和教育情境要求的认识、管理和表达。教师感情修养的品质直接决定着教育活动的成效。[②]教师感情修养寓于教育之中,是伴随着教育之行和教育之思而发生并发挥作用的,具有较强的教育性。所谓教育性,是指教师在基础教育教学工作中的任何行为都有其独特的教育意义。[③]教师感情修养的教育性主要体现于教师对自身情感合目的、合规律和合情理的认识、管理和表达,深刻蕴含着教师自身的教育信念和个人品质,其本身就是一种隐性教育资源。[④]在学生普遍抱有亲师、信师和向师情怀的基础教育阶段,教师的情感修养正是以其潜移默化的作用,营造积极的人际情感氛围,规范和引导学生的情感活动,培养学生良好的情感、态度和价值观。此外,在日常教学活动中偶遇突发状况时,教师理性把控和表露自身情感,以平和的态度和果断机智的方式予以处理,能够引导学生在未来遇到相同处境时,合理管理和表达自身情感,养成良好的情感态度和品质。

教师在面对学生时,可以从以下方面把控自己的感情,充分发挥教师感情的教育作用。第一,具备健全的感情意识。教师在教育教学过程中要有意识地体察自己的感情,了解自己感情管理、表达方面的优缺点,形成正确的自我认知;将感情意识作为一种自我需要,在与学生共同发展的过程中感受自己感情修养的发展,形成一种较为稳定、良好的感情氛围;主动进行积极的感情体验;充分运用参照法、实践法、反思法、叙事法等方法培养自身合理的感情意识。第二,有效地管理感情。在教育教学过程中,教师需要觉察到自己产生和体验着何种感情,关注自身的感情,去体验、觉察自己的内心感受;运用有关感情的理论,了解引发感情的原因和当下感情可能产生的变化,为缓解可能出现的感情问题或转换感情做好准备;根据教育情境和教育目标的要求,采取某些生理或心理的调节策略来管理自己的感情,以缓解或转化消极感情,激发或维持积极感情。第三,采取正确的方式合理表达感情。教师在教育教学中应避免无表情的教育,合理地运

---

① 朱小蔓.认识小学儿童 认识小学教育[J].中国教育学刊,2003(8):1-6.

② 赵鑫.论教师的感情修养[J].教育学术月刊,2012(4):57-59.

③ 李森.现代教学论[M].北京:人民教育出版社,2011:156.

④ 赵鑫.教师感情修养论[M].福州:福建教育出版社,2015:144.

用丰富的面部表情，积极地使用言语表情，恰当地展示体态表情，正确地运用手势表情。教师只有具备了健全的感情意识，合理管理自己的感情并且正确表达自己的感情，才能充分发挥感情的教育性，以情育人，以情感人，以感情为纽带推动学生良好品质的形成。①

三、教师专业发展

教师专业发展是指教师在中小学教学实践中不断反思总结、不断接受新知识和新技能、提高专业水平以实现专业成熟的过程，强调教师的终身学习和专业成长，贯穿教师职业生涯的全过程。②

（一）教师专业标准的解读

教师专业标准作为国家对合格教师的基础要求，是教师实施教育教学行为的根本规范，引领教师专业发展的基本准则，也是教师培养、准入、培训考核等工作的重要依据，更是落实《教师教育振兴行动计划（2018—2022年）》等文件提出的"全面提升教师素质能力，努力建设一支高素质专业化创新型教师队伍"的重要举措，为全面深化新时代基础教育教师队伍建设提供了明确的方向。2012年，为促进中小学教师专业发展，建设高素质中小学教师队伍，根据《中华人民共和国教师法》等法律，教育部制定了《小学教师专业标准（试行）》和《中学教师专业标准（试行）》。

1.《小学教师专业标准（试行）》的解读

（1）基本理念

《小学教师专业标准（试行）》遵从并倡导的基本理念是"师德为先""学生为本""能力为重"和"终身学习"。"师德为先""学生为本"和"能力为重"的理念既体现了中国教师群体长期坚持的基本追求，也体现了现代教育发展对教师素质的新要求，是传统与变革的有机结合。"终身学习"的理念更多地包含了信息社会背景下对教师专业发展所提出的新要求，即做一名心中有理想、行为有规范、眼里有学生、教育有方法、举止有修养的教师。

首先，倡导以"师德为先"，提出教师要"热爱小学教育事业，具有职业理想，践行社会主义核心价值体系，履行教师职业道德规范，依法执教。关爱小学生，尊重小学生人

① 赵鑫，熊川武.教师情感劳动的教育意蕴和优化策略[J].教育研究与实验，2012(5)：17-21.

② 朱旭东，周钧.教师专业发展研究述评[J].中国教育学刊，2007(1)：68-73.

格，富有爱心、责任心、耐心和细心；为人师表，教书育人，自尊自律，做小学生健康成长的指导者和引路人”。其次，强调以“学生为本”，提出教师要“尊重小学生权益，以小学生为主体，充分调动和发挥小学生的主动性；遵循小学生身心发展特点和教育教学规律，提供适合的教育，促进小学生生动活泼学习、健康快乐成长”。再次，以“能力为重”，提出教师要“把学科知识、教育理论与教育实践相结合，突出教书育人实践能力；研究小学生，遵循小学生成长规律，提升教育教学专业化水平；坚持实践、反思、再实践、再反思，不断提高专业能力”。最后，践行“终身学习”理念，提出教师要“学习先进小学教育理论，了解国内外小学教育改革与发展的经验和做法；优化知识结构，提高文化素养；具有终身学习与持续发展的意识和能力，做终身学习的典范”。

(2)框架结构和内容

《小学教师专业标准(试行)》包含了“维度”“领域”和“基本要求”三个层次，即“三个维度、十三个领域、六十项基本要求”。“三个维度”分别是“专业理念与师德”“专业知识”和“专业能力”，在各个维度下，确立了四至六个不等的领域，在每个领域下，又提出了三至六项不等的基本要求。

其一，在教师的“专业理念与师德”部分，从四大领域对小学教师提出了十九项基本要求。在“职业理解与认识”领域，强调教师职业的专业性和独特性；在“对小学生的态度与行为”领域，突出对小学生的生命教育；在“教育教学的态度与行为”领域，明确了教师应遵循教育教学规律，尊重小学生身心发展特征，促进小学生自主而全面地发展；在“个人修养与行为”领域，提出了指向教师个人修养和行为方面的诸多要求。其二，在教师的“专业知识”部分，从四大领域对小学教师的专业知识提出了十七项基本要求。在“小学生发展知识”领域，强调保护小学生的身心健康、保障小学生的合法权益和促进其健康成长；在“学科知识”领域，要求小学教师了解多学科知识，关注所教学科与社会实践和其他学科的联系；在“教育教学知识”领域，强调小学教师应掌握小学教育教学的基本理论；在“通识性知识”领域，要求提升小学教师作为人的整体素质。其三，在教师的“专业能力”部分，从五个领域对小学教师的专业能力提出了二十四项基本要求。在“教育教学设计”领域，关注小学教师专业能力建设过程中的独特性；在“组织与实施”领域，要求教师必须与时俱进，通过有效的方法来组织和实施课堂教学，以指导小学生的学习和保证学生的学习效果；在“激励与评价”领域，要求教师引导小学生进行积极的自我评价；在“沟通与合作”领域，对小学教师如何有效进行人际沟通、合作提出了具体的要求；

在“反思与发展”领域，要求小学教师在各项专业发展活动中积极地自我反思并进行专业发展规划，主动探索和研究教育教学。[①]

2.《中学教师专业标准(试行)》的解读

(1)基本理念

《中学教师专业标准(试行)》遵从并倡导的基本理念是“师德为先”“学生为本”“能力为重”和“终身学习”。“师德为先”“学生为本”和“能力为重”的理念既体现了中国教师群体长期坚持的基本追求，也体现了现代教育发展对教师素质的新要求，是传统与变革的有机结合。“终身学习”的理念更多地包含了信息社会背景下对教师专业发展所提出的新要求，即做一名心中有理想、行为有规范、眼里有学生、教育有方法、举止有修养的教师。

其一，倡导以“师德为先”，提出教师要“热爱中学教育事业，具有职业理想，践行社会主义核心价值体系，履行教师职业道德规范，依法执教。关爱中学生，尊重中学生人格，富有爱心、责任心、耐心和细心；为人师表，教书育人，自尊自律，以人格魅力和学识魅力教育感染中学生，做中学生健康成长的指导者和引路人”。其二，强调以“学生为本”，提出教师要“尊重中学生权益，以中学生为主体，充分调动和发挥中学生的主动性；遵循中学生身心发展特点和教育教学规律，提供适合的教育，促进中学生生动活泼学习、健康快乐成长，全面而有个性地发展”。其三，以“提升能力为重”，提出教师要“把学科知识、教育理论与教育实践有机结合，突出教书育人实践能力；研究中学生，遵循中学生成长规律，提升教育教学专业化水平；坚持实践、反思、再实践、再反思，不断提高专业能力”。其四，践行“终身学习”理念，提出教师要“学习先进中学教育理论，了解国内外中学教育改革与发展的经验和做法；优化知识结构，提高文化素养；具有终身学习与持续发展的意识和能力，做终身学习的典范”。

(2)框架结构与内容

《中学教师专业标准(试行)》包含了 “维度”“领域”和“基本要求”三个层次，即“三个维度、十四个领域、六十三项基本要求”。“三个维度”分别是“专业理念与师德”“专业知识”和“专业能力，在各个维度下，确立了四至六个不等的领域，在每个领域下，又提出了三至六项不等的基本要求。

其一，在“专业理念与师德”部分，从四个领域对中学教师的专业理念与师德提出了

① 项纯.教师专业标准解读——小学教师[M].天津:天津教育出版社,2012.

十九项基本要求。在“职业理解与认识”领域，强调中学教师职业的专业性和独特性；在“对学生的态度与行为”领域，突出中学教师对中学生的关爱、尊重和信任；在“教育教学的态度与行为”领域，明确中学教师应遵循教育教学规律、尊重中学生身心发展特征，促进中学生自主而全面地发展；在“个人修养与行为”领域，要求中学教师要注重修身养性，“内外兼修”。其二，在“专业知识”部分，从四个领域对中学教师的专业知识提出了十八项基本要求。在“教育知识”领域，强调中学教师要具备教育教学基本原理和中学生知情意行的心理学两方面的教育知识；在“学科知识”领域，特别强调中学教师不仅要具有所教学科的知识，还要懂得这门学科和其他学科、中学生的社会实践等一系列活动之间的联系；在“学科教学知识”领域，强调中学教师要具备实施教育教学的知识方法与策略；在“通识性知识”领域，提出中学教师要具有包括自然科学、社会科学、人文科学、艺术欣赏与表现的知识以及当代重要的工具性学科领域的知识内容，并了解中国教育的基本情况。其三，在“专业能力”部分，从六个领域对中学教师的专业能力提出了二十六项基本要求。在“教学能力”领域，涉及“教学设计”“教学实施”“教育教学评价”的能力，强调以教学能力为中心是对中学教师专业能力的要求；在“班级管理和教育活动的能力”领域，指出中学教师“教书育人”使命所决定的教师教学以外的基本工作；在“沟通与合作”领域，提出了中学教师的人际交往能力的要求；在“反思与发展的能力”领域，强调中学教师的自我发展能力的培养。①

（二）教师专业发展的生涯

自20世纪60年代富勒（F. Fuller）提出教师专业发展阶段理论以来，有关教师专业发展阶段的理论问题在国际上引起了广泛关注。结合学者提出的经典教师职业生涯周期理论，考虑当前我国教师教育发展现状，依据教师的专业化发展水平，将中小学教师的专业发展生涯划分为职前准备期、新手期、熟练期和专家期四个时期。②

1. 职前准备期

职前准备期广义上是指一切可能从事教育事业的前期培养阶段，是加强教育意识，积累教育理论知识，形成教育思想的初期阶段，包括考取教师资格证的非师范生的前期准备阶段；狭义上是指师范类院校对师范生的培养阶段，是系统学习教育科学理论知识

① 教育部教师工作司.中学教师专业标准（试行）解读[M].北京：北京师范大学出版社，2013.

② Alexander P A. The development of expertise：The journey from acclimation to proficiency[J]. Educational Researcher，2003(8)：10-14.

体系和教学基本技能，为将来的教师工作打基础的阶段。[①]以四年制本科院校(以下简称“高校”)师范生的培养为例，师范生在校学习阶段成为教师的“预备期”，此时师范生的专业发展水平处于起步阶段，需要通过在校理论课程学习和校外课堂实习，以储备必要的教师专业知识和技能。具体而言，一是教师需要掌握扎实的学科专业知识，精通自己将来需要从教的学科；二是通过教育实习、教育见习、微格教学等形式，体验教学情境，初步形成教学技能；三是教师需要具备诸如快速获取和分析知识信息的能力、开拓创新的意识、终身学习的能力、人际交往和协作的能力等以应对新时代对教师素质提出的挑战。

这一阶段，高校会立足总体培养目标和师范生的学习水平，设立不同的目标规划来培养师范生，为基础教育储备优秀师资。大学一年级是师范生的适应期，主要对他们进行专业思想教育、职业认同教育，并且陶冶专业情感，发展他们的人际交往能力、适应能力等，为他们接下来的大学生活以及未来的教师生涯做好基本思想准备。大学二、三年级是师范生积累专业知识和技能的重要时期，系统学习教育类课程和学科类课程，同时训练专业技能和提升综合能力，为今后的教师职业发展奠定扎实的基础。大学四年级是职前教师专业化的时期，在具备一定的教育专业素养和学科专业素养的基础上，通过教育实践检验所学、巩固所学、积累实践性知识，并且对将来的教育事业有了更加全面和深刻的认识。经过职业准备阶段的学习和训练，师范生习得了系统的专业知识和技能，发展了教师专业道德和情感，学会了分析和应对教学情境、课程内容，并且具备了一定的课堂管理能力和师生交往技巧，从一名青涩懵懂的学生逐渐成长为基本能够适应和胜任教师职业的准教师。[②]应当注意的是，要成为一名合格教师，还需通过教师资格证考试获得将来所从教学科的教师资格，然后经过教师招聘考试被正式录用。

2. 新手期

新手期是指教师进入中小学校任教后的最初几年。在这一发展阶段，教师由师范生向正式的教师角色转换，在职前准备阶段所积累的专业知识和技能得以在学校课堂的教学实践中加以巩固和发展，教师的整体专业化水平有所提升，但其需要努力适应学校环境，较多关注自身的生存和教学，渴求外界的支持、鼓励和认可。新手期的教师在专业发展上主要呈现出以下特征：一是初次全面执教课堂教学，对课堂教学常规以及学

① 王锡有.论专家型教师的研究与培养[D].东北师范大学，2005:3.

② 李晓波.教师专业发展[M].南京：南京大学出版社，2016:188-190.

生情况不了解,对学校环境不适应,缺乏教育经验,主要关注职业生存问题、课堂控制、学生喜欢度以及他人评价,通常压力较大。但是这一时期的教师在适应工作过程中会把成为优秀教师作为自己的奋斗目标。二是在工作不断娴熟的基础上逐渐了解学校和课堂环境,仔细分析教学情境,尝试在教学实际中运用所学的教育学、心理学知识,在教学过程中积累经验。三是对学校与社会关系看法过于理想化,但是在教学过程中,意识到理想与实际大相径庭,通常感到力不从心,渴望得到理解、尊重、信任和支持。四是重视课前准备,愿意花费大量的时间备课,期望通过出色的教学赢得社会认可。但是,也经常因为教案按部就班致使课堂教学效果欠佳,而课后又因为忙于熟练教学、熟悉课堂和学生等,无暇考虑如何评价教学并有效使用反思教学策略,对教学技能系统认知及有意识运用水平较低。五是更多关注教学技能的熟练与提升。[①②③④⑤]

3. 熟练期

熟练期是教师经过数年教学实践的磨炼后,达到熟练教学的专业发展期。这一时期教师已经拥有较为丰富的教学知识和教学经验,专业知识、技能和其他能力有较大程度的提升。处于这一发展阶段的教师的主要特征如下:一是为成为优秀教师和教学名师继续奋斗,不断调整和更新年度目标,对教学更有责任感和强烈情感。二是已经基本掌握教学技能和教学规则,在熟悉的教学环境能自如地教学,开始享受教学带来的成功体验;能够有针对性地制订教学计划,选择教学内容,确定教学重难点并有效设计教学,让学生更容易掌握知识要点;能根据教学信息尝试分析课堂环境和学生学习情况,并且开始考虑学生个体差异,针对教学情境和学生个性特征思考新的教学技巧,能较好地把控课堂教学。三是在新环境中基本能够综合各种教学要素和条件、灵活运用各种教学策略应对不同的教学情境,具备基础的教师机智、教学策略较为丰富;在适应新情境过程中,试图通过将理论知识应用于实践以提升教学策略运用水平。四是课堂教学是否成功是这一时期教师课后反思和评价的关注重点,很少聚焦于如何改善教学。[⑥⑦⑧⑨]可

---

① 张学民,申继亮.国外教师教学专长及发展理论述评[J].比较教育研究,2001(3):1-5.

② 宋广文,苗洪霞.教师的发展———一种关于专家教师形成的认识心理学分析[J].外国教育资料,2000(5):41-43.

③ 孟迎芳,连榕,郭春彦.专家—熟手—新手型教师教学策略的比较研究[J].心理发展与教育,2004(4):70-73.

④ 吴卫东,骆伯巍.教师的反思能力结构及其培养研究[J].教育评论,2001(1):33-35.

⑤ 申燕,吴琳娜,张景焕.优秀教师成长历程的质性研究[J].当代教育科学,2009(6):25-29.

⑥ 孟迎芳,连榕,郭春彦.专家—熟手—新手型教师教学策略的比较研究[J].心理发展与教育,2004(4):70-73.

⑦ 王锡有.论专家型教师的研究与培养[D].东北师范大学,2005:3.

⑧ 吴卫东,骆伯巍.教师的反思能力结构及其培养研究[J].教育评论,2001(1):33-35.

⑨ 申燕,吴琳娜,张景焕.优秀教师成长历程的质性研究[J].当代教育科学,2009(6):25-29.

以说，迈入这一阶段的教师实现了由被动的专业发展走向主动的专业发展的质的飞跃，不但掌握了专业道德、专业知识和专业技能，也逐渐提高了自我反思、改正和更新的能力。而且这一阶段的教师通常具有较强的个人成功需求，为自己设定了明确的奋斗目标，清楚地知道自己想要什么并且具有较强的渴望，他们会珍惜并且抓住每一个可能通向成功的机会，同时他们会寻找、发现、创造各种机会和条件，有时甚至会主动“出击”。这一阶段的教师非常关注学习校内外同行们以及前辈们的先进经验，自觉进行学习和积极思考、举一反三，不断丰富自己的实践历程，他们不仅仅满足于按时完成教育教学任务，还希望通过实践，充分体现个人价值。①

4. 专家期

教师经过多年教学经验的反思、总结和积累，逐渐发展成为专家型教师，即具有教育教学专长并且能够自我发展的研究型教师②，在各方面均达到了教师专业发展的成熟水平，主要具备以下特征。一是拥有坚定的教育信念。所谓教育信念，是教师对教育理想、教育观念、教育理论及基本教育主张的确认和坚信，坚定的教育信念是教师坚守育人使命的精神导向和活的灵魂。③专家型教师在多年教育实践和经验积累后，已深刻地将教师职业所应具备的教育思想、价值观和道德品质及其积淀的教学理念内化为自身的教育信念，并作为精神动力激励自身在教书育人的职业道路上不断前进，以满腔的教育热情和教育情怀继续焕发自身的生命活力，寻求生命意义。二是具备出色的教学技能。专家型教师不仅能够根据不同的基础教育情境，创造性地运用其多元专业知识和专业技能，也能在教学的同时充分发挥其教学洞察力，洞见丰富教学事实背后的教育性要素，通过与学生的主体间互动将其内化于学生的知识结构。在处理教学问题时，能够管理和控制自我情绪，在深刻把握问题本质的基础上灵活自如地加以解决，并自觉对问题进行反思和总结，将其内化为自身的实践智慧。三是具备突出的教育研究能力。专家型教师能够在教育中研究，在研究中优化教育。在课堂教学的课前、课中和课后三个阶段，教师都能对自身的课堂教学进行监控、评估和反思，并善于利用对教学实践的反思优化教学。④同时紧随富于时代精神和科学性的前沿教育理念，对学校教育教学中产生的新问题进行研究。四是形成独特的教学风格。教师在丰富的教学实践经验的基础

① 郭永光.论中小学教师专业发展的三阶段[J].教学与管理,2006(27):41-42.

② 孟繁胜,梅秀娟,王敬.关于专家型教师培养的创新实践与理性思考[J].中小学教师培训,2008(11):15-17.

③ 宋宏福.论教师的教育信念及其培养[J].现代大学教育,2004(02):37-39.

④ 王锡有.论专家型教师的研究与培养[D].东北师范大学,2005:6.

上逐渐凝练个性化的教育哲学思想，并在专业学习过程中创造性地把新思想、新观点、新方法融汇到自己的思维方式和教学工作中去[1]，以此探寻独具一格的教育教学模式，形成富于个人特色、切合教学实际的教学风格和教学魅力。

基础教育阶段的教师在经过数年的教学实践后逐渐步入专家期，成为专家型教师后，部分教师会停滞不前，但是也不乏一些教师继续提升自我、完善自我，追求专业上的卓越与成长，将实践中积累的丰富经验逐渐凝练成自己的话语体系并上升为独特的教学理论，成为某一学科领域的教学名师。步入这一阶段的教师是其他教师学习的榜样，他们无论在教学理论还是教学实践方面都具有较大的发言权。随着教师职业生涯的进一步发展，教师逐渐迈入职业生涯的最终发展阶段。在职业生涯即将终结的最后几年，教师将全面回顾自己一生的工作。处于这一时期的教师不久之后就会迈入退休阶段，大部分教师都会退出教师职业生涯。

【案例4-1-1】整体提升教师质量的机制创新研究与实践

转型时期的社会巨变和教育综合改革使教师面临新挑战。北京教育的现代化发展与学校的持续高位发展对教师提出新要求，当前学校教师队伍建设也存在急需解决的突出问题。

为了解决上述问题，项目研究从"教师质量提升的顶层设计""师德规范化建设""立足课程教学改革的专业能力提升""青年教师培养、问题解决导向的国际化培训""第三方教师发展诊断与评估"等六个专题建构促进教师快速发展的机制，对学校教师队伍建设的机制创新进行总结、提炼和完善。同时，该校也与北师大中国基础教育质量监测协同创新中心合作，对该校教师队伍建设的成效进行了评估，构建了符合实际教师发展质量诊断的评价标准；在学校的多所分校和贵州的农村学校等地推广整体提升教师质量机制创新的成果，在实践推广中进一步提升和完善成果。该校在实践中进行大胆尝试和改革，形成了该校教师队伍建设的特色和文化，通过三次全国知名中学"同课异构"研讨会及四次北京市示范性高中"同课异构"研讨会在全国部分省区市进行推广，得到了同行、专家的高度认可。

在长期的教学实践当中，该成果从顶层设计高站位创造性地构建并实施了强化整体提升教师质量顶层设计与组织管理的机制，同时以教育能力与教学能力并重为抓手，

---

① 刘岩.论专家型教师的素质及培养[J].鞍山师范学院学报,2001(01):45-48.

创造性地构建并实施了:立德树人为引领的师德规范化机制;基于国际化培训立足问题解决创造性地构建并实施了着眼于问题解决、私人定制式的国际化培训机制;以课程改革与教学改革为主渠道,构建了有利于创新人才培养的“三级立体课程”结构体系和“三维度四水平”教学改革的基本理论和操作路径;推行合作共研式培训助力新教师共提升,创造性地构建并实施了青年教师合作共研的三级导师机制;从引进第三方评估服务教师自主发展创造性地构建并实施了服务教师自主发展的第三方诊断与评估机制。

(本案例为北京市第八十中学田树林主持的北京市第五届基础教育教学成果一等奖成果)

【拓展性资料4-1-3】

造就教学名师的可为策略

纵观古往今来的名师,其成长与发展主要是自身努力而不是外部培养的结果……

(一)敢于探索、创新,摒弃应试教育,积极践行素质教育

成为名师需要教师有进行教育改革和创新的胆识和勇气。优秀教师不要沉溺于“应试教育”的成绩和功利,而要适应整个社会和教育的发展趋势,直面现实的社会和教育问题,围绕培养全面发展的人,敢于逆“应试教育”而为,敢于摆脱来自各方面窒息创新活力的束缚,在可能的办学空间里,自主创新、锐意创新,坚定地实施素质教育。实施素质教育要求教师将国家的教育方针和对人才培养的要求,通过富有个性特色的教育实践活动得到充分实现。只有践行素质教育,才能真正做到以生为本,才能培养学生的创新精神和实践能力,才能造就名师。

(二)提高自我认识,明确名师的独特价值

不知道“何为教师”“教师何为”的教师称不上是好教师,更难以成为名师。认识自我、具备高尚的思想道德素质、明确教师的工作职责等是教师的基本要求,也是对学生负责的体现,因为教育事业的发展关键在于教师。同时,教师应意识到名师可培养大量优秀的学生,可引领教育实践,带动一批教师的成长。从某种意义上讲,名师可造就名校。当前各地出现的“择校热”,其本质是“择师热”,家长和社会表面上是关注名校,实质是在选择和追逐学校中的名师。因此,造就名师是学校的应然追求,是提高教育质量的必然选择,同时也是缓解当前“择校热”、解决教师资源分配不均衡的有效措施。

(三)持续学习,制订切合自身的专业成长规划

教师专业发展是一个长期的过程,教师需要树立“持续学习”的意识和“终身学习”的观念。职前学习结束并不意味着教师专业成长的结束,教师应该意识到自身专业发展对其教学的重要性。名师的成长总是伴随着为一个又一个人生目标不断奋斗的过程,教师拟定教学目标、学习目标、科研目标等不仅是对自身专业发展的鞭笞,更是对学生发展的负责。因此,教师应为自身发展拟定合适的目标、方法和规划,如从骨干教师到优秀教师进而成为名师,不断提高自我认识与自我定位,不断激励自身专业发展。没有或者不清楚自己的职业目标与规划,教师就容易陷入工作的低谷或迷惘状态,因此,切合的目标和规划对于教师的专业发展至关重要。

(四)乐学善学,形成自己独特的、创新的教学思想和风格

乐学善学是名师成长的必由之路。教师的成长不能一蹴而就,而是一个终身学习的过程。在成长的道路上,教师应不断总结、反思和学习,给自己不断“充电”。教师只有以“乐学”的态度、“善学”的方法不断学习,才能持续成长,才能形成自己独特的、具有创新的教育思想,进而形成自己的教学风格。正是在孜孜不倦地努力工作和学习下,苏霍姆林斯基才成为成就卓著、影响深远的名师,他的许多教育思想和理论至今依然绽放光芒。

……

(选自:王标,宋乃庆.中小学名师类型、特征及成长策略[J].中国教育学刊,2013(5):7-11.)

(三)教师专业发展的途径

教师专业发展受到多方面因素的影响和制约,不仅需要教师自身的努力,还需要来自学校和社会的支持。就教师自身而言,需要持续不断地学习以提升自身综合素质;就学校而言,可以加强教师之间的交流、合作与研讨;就社会而言,可以为教师专业发展提供外援力量。

1. 以自主学习推动专业成长

教师自主学习是指教师为了实现专业成长和发展,在教学过程中能自觉主动地确定学习目标,制订学习计划,选择学习内容,运用学习策略,监控学习过程,评价学习结果,利用学习环境,有效地学习与拓展专业知识,形成与发展专业能力,进而形成专业自我的持续性发展的过程。自主学习不仅是教师的一种学习活动、学习方式和学习能力,更是推动教师专业成长的关键途径。[①]教师自主学习主要包括两个方面的学习内容。一方面,教师进行系统的理论知识学习,与时俱进,积极主动学习学科专业知识(包括学

① 陈俊珂.中小学教师的自主学习及其自我实现[J].教育导刊,2014(7):48-51.

科专业基础知识和理论知识)、非学科专业知识(如教育教学理论知识、德育原理、教育科学研究方法、教育哲学、教育史、现代信息技术等)和文化知识(包括国内文化知识和国外文化知识)。[①]另一方面,教师主动进行实践探究,在教学实践过程中,主动发现问题、诊断问题、探究问题最终获得解决问题的能力,不断摸索和总结经验以提升自己应对复杂教学情境的能力,强化教师机智。教师可以通过以下途径进行自主学习,不断提升自己的教育教学能力。首先,树立自主学习的理念,从观念上强化自主学习的意识;其次,与同伴一起构建互助学习共同体,构建集体备课常态化机制,观摩彼此的课堂教学,相互借鉴,互促互进;再次,依托广阔的网络研修平台,利用丰富的网络教学资源进行共享式学习;最后,学校要营造自主学习的氛围,搭建自主学习的平台,并且优化评价激励机制以激发教师自主学习的动力。[②]

2. 构建教师专业发展共同体

所谓教师专业发展共同体,并不是一个固定的组织与团体,而是依据教师专业发展的需要,由教师自发或学校组织起来的形式多样而又灵活的教师学习群体。教师既可以在群体中分享自身经历过的典型教育事件、外显缄默的教师个体的实践知识,也可以使自身的价值在群体中得到认同,从而使教师个体在解释性理解中重新整理自己的内心世界,重构对教育教学的理解。[③]在基础教育阶段可以通过以下方式构建教师专业发展共同体:一是以新手教师为主体,组建教师专业发展共同体。他们无论是专业素养还是教育教学能力都处于快速发展阶段,在内部明确严明的组织纪律和规章制度前提下可采用自由组合的松散式组织形式,有效管理其活动方式、活动主题、活动流程等。二是以具体学科为主线,组建学科内优秀教师专业发展共同体。该共同体不同于一般意义上的教研组和备课组,而是主张将同一学科的专家型教师和优秀的青年教师组合在一起,共同关注和探讨课程与教学改革的热点性、政策性问题。三是以优秀教师为负责人,组建名师专业发展共同体,组成人员大多为各级教学能手、特级教师和各级各类名师,关注的不再是学科中的具体问题,而是如何通过有效的课堂教学改革、教学评价和课堂实践推动教育发展。此外,基于时代发展对教师应成为教育研究者的诉求,在基础教育阶段实现教研一体化,构建研究型专业发展团队或者以课题研究为载体,组建教师专业发展共同体成为推动教师专业发展的必然途径。[④]

① 吴汉周.自主学习模式下广西中小学英语教师专业发展研究[J].大学教育,2015(10):84-87.

② 刘义兵.教师专业发展[M].北京:高等教育出版社,2017:235-240.

③ 梁宇学.建设教师学习共同体 有效促进教师专业发展[J].人民教育,2008(Z1):38-41.

④ 王凯.试论中小学教师专业发展共同体建设路径[J].当代教育科学,2014(22):53-55.

【案例4-1-2】中小学数学教师“五高”培训模式的探索与实践

近年来，国家对教师培训的投入逐年增大，但部分地区存在投入与产出不成正比的问题。在长期的实践当中，暴露出培训课程过于关注学段内容，缺乏对数学的整体认知，忽视隐性课程设计；师资构成单一，存在固化倾向；学习方式不利于数学思维经验与活动经验生成；培训管理趋向行政化；训后支持力度欠佳等问题，甚至存在如何创新数学教师培训模式，提高培训质量，促进数学教师专业成长和“种子”教师辐射引领作用发挥等问题。

为了解决上述问题，天津师范大学依托课题研究和中小学数学教师培训实践，在连续八年的探索中，形成了以“高质量”的培训方案为基础、“高切合”的师资团队为核心、“高参与度”的学习方式为依托、“高水平”的服务管理为保障、“高品质”的资源建设为助力的中小学数学教师“五高”培训模式。与此同时，在高质量的培训方案中注重高立意、时代发展以及隐性学习。高参与度的学习方式强调“听”“看”“说”“触”“思”“做”。同时在高品质资源建设当中既注重资源内容上的扩充，又注重创新提供方式，逐步形成“构建与形成阶段”“应用与推广阶段”“完善与提升阶段”的步骤。

天津师范大学“五高”培训模式在天津、江苏等14个省（市），23家单位得到应用和推广。其中应用“五高”培训模式设计实施的国培项目5次在教育部“国培计划”示范性项目网络匿名评估中名列第一，1次第二，一定程度上促进了数学教师培训质量的提升，培训满意度显著提高。同时，促进一大批参训学员逐渐成长为国培专家、省级优秀培训者、正高级和特级数学教师等。对近六年培训学员的追踪调查结果显示，90%以上的培训学员返岗后基于“五高”思想开展二级中小学数学骨干教师培训，培训项目累计达到418项，其中国家级项目244项，省级项目101项，市级项目73项，累计培训教师1.5万多名，惠及学生超过25万。团队在CSSCI期刊（含扩展版）发表相关成果7篇，出版专著4部，受邀德国ICME13会议（获资助）、北京师范大学、澳门大学等对“五高”培训资源做专题报告。参与研制教育部《中小学幼儿园教师培训课程指导标准（义务教育数学学科教学）》，参与教育部基础教育质量监测中心义务教育阶段学生数学学习质量监测工具开发，教育部考试中心数学高考命题属性与考试标准研究等。获批国家社科基金2017年重点招标课题和“十三五”规划国家一般项目，多项智库成果被批示或采纳。

（本案例为天津师范大学王光明主持的2018年基础教育国家级优秀教学成果奖二等奖成果）

3. 定期开展校本研修与交流

校本研修是一线教师以“以校为本”“教师即研究者”和“促进教师专业发展”为核心理念，以解决问题为主要目标，以学校或教师自己的亲身经历设计的教育实践或经验为技术支持，对教育教学行为的探索和反思。校本研修不仅有助于促进学校的教育教学改革，更能有效提升教师专业素质与技能，是教师专业成长的有效途径。校本研修倡导教师是研究的主体，研究具有实践性以及目的指向性。在基础教育阶段，主要可以通过以下几种方式进行校本研修：其一，以观课、研课为主的观察研究，通过观察研究的方法，探索课堂教学的规律，改善课堂教学的行为，进而提高课堂教学质量；其二，以学习借鉴为主的案例研究，通常采取“案例展示—分析讨论—设计方案—总结反思”的操作流程；其三，以教师电子档案袋为主的网络交流，以文字、多媒体等信息技术将自己的教学反思、教学感悟、教案设计、课堂实录等上传到自己的电子档案袋中并且发表，跨越传统教育时空的藩篱，促进教师个人隐性知识显性化；其四是以教科研课题为主的实践研究，教师通过完成研究课题，实现从教学理论到教学实践，再上升到教学理论的源于教学生活、归于教学生活的过程，最终实现自身的专业发展。①

4. 充分发挥专家引领作用

专家引领是指具有基础教育研究专长的人员与基础教育阶段一线教师进行合作，通过其先进理念、思想方法和经验引导、带动教师开展基础教育实践探索与研究，是专家与教师信息的双向传递，相互交流、共同成长。要充分发挥专家引领的积极作用，专家与教师必须建立平等对话的关系。首先，专家要留出充足时间，静心倾听教师讲述自身的教育教学经历，教师也要坦诚相待，敞开心扉真诚地与专家沟通自己的教学困惑。其次，教师在得到教育专家的帮助时一定要仔细聆听，并且针对教育教学问题主动向专家请教。再次，教育专家和教师要针对教育教学过程中出现的问题，一起进行研究和探讨。教师需要主动适应教育研究者的角色，积极参与和专家的每一次研讨。最后，有关教育专家提供的解决问题的思路、方法等以及双方之间的教育教学的问题探讨都要从教学实践中来，回到教学实践中去，在教师接下来的教育教学过程中去践行、检验和完善。在基础教育阶段，专家引领主要通过以下几种形式开展：既可以聘请教育专家到中小学校开展学术报告或科研讲座；也可以对教师进行研修合一的专题培训，包括县级、市级、省级的培训项目甚至是通过教师专业发展学校进行“深度卷入式”专业引领；教师

---

① 尹祥.中小学校本研修研究综述[J].天津师范大学学报(基础教育版),2009(4):27-31.

还可以在专家教师的指导下通过申报课题进行探究，或者参与专家领衔的课题和专家共同开展研究等。[①]

第二节　学生

基础教育阶段涵盖了学生发展的多个关键时期，从学生正式入学的小学阶段，到青春懵懂的初中阶段，再到逐渐成熟的高中阶段，每个时期的学生都具有独特的身心发展特征和学习特点，各个阶段对学生的教育要求也有所差别。因此，有必要深入探究小学、初中和高中三个具有显著差异阶段学生的发展特征及其教育要求，据此采取针对性的教学方法，确保基础教育阶段教学效果最大化。

一、小学生的特征及教育

《中华人民共和国义务教育法》第十一条规定：凡年满六周岁的儿童，其父母或其他法定监护人应当送其入学接受并完成义务教育；条件不具备的地区的儿童，可以推迟到七周岁。总体而言，我国小学阶段学生的年龄范围为六七岁至十二三岁，是指花费专门的时间在特定的学校场所从事专门的学习活动的人，既规定了小学生的角色定位，也明确了其主要任务是在学校接受学习。[②]

（一）小学生的身心特征

在学校教育的作用下，小学生的认知、情感、意志、自我意识以及学习特征等方面都在发展变化，总体而言呈上升趋势。

一是认知发展特征。小学生的认知发展集中体现为思维、观察、记忆以及想象等的发展。[③]在思维方面，小学生的思维逐渐由具体形象思维过渡到抽象逻辑思维，旨在发展抽象逻辑思维。通过这一阶段的学习，小学生逐渐能够有目的地思维，初步具备了人类逻辑思维的整体结构，并且出现辩证思维的萌芽，但总体上有待进一步完善和发展。

---

① 刘义兵.教师专业发展[M].北京：高等教育出版社，2017：215-218.

② 黄甫全，曾文婕.小学教育学[M].北京：高等教育出版社，2011：56.

③ 林崇德.发展心理学（第3版）[M].北京：人民教育出版社，2018：279-314.

就观察能力而言,小学生能够识别熟悉的、特征鲜明的形象,其空间知觉能力逐年发展,具有自我主义倾向。记忆能力也得到了较大的发展,较之学前阶段,这一时期小学生的有意记忆、理解(意义)记忆、对词的抽象记忆占主导地位,并且开始使用复述、组织等记忆策略以增强记忆。此外,小学生想象的有意性迅速增长、逐渐符合客观现实并且创造性也越来越强。

二是情感发展特征。小学生在学习活动中体验着各种不同的情感,如考试高分带来的成功的喜悦之情,抑或学习成绩不好产生的挫败、沮丧和失落等情感。小学生的情感内容不断丰富,与学习活动和学校生活密切相关,学习的成败、集体中的地位以及和同伴的关系等都促成了小学生丰富的情感体验。情感深刻性不断增强,其情感体验逐渐体现一定的人生观、世界观、行为规范、道德标准等,随着年龄的增加,小学生的归因能力增强,非理性的情感逐渐减少并且趋向现实化。情感稳定性不断增强,尤其是小学高学段的学生已逐渐意识到自己的情感表现及其后果,并且开始尝试控制和调节自己的情感。[①]总体而言,小学生尚未体验升学考试等重大学业压力,这一阶段他们的情感是平静且愉悦的。

三是意志发展特征。小学生接受的学习是有一定目的和要求的复杂活动,必须为完成学习任务、实现学习目标而不断坚持努力,这就要求他们不断发展自己的意志。[②]小学生的意志自觉性发展较晚,往往容易受到他人意见的干扰,缺乏自主精神,其意志的受暗示性和依赖性较为突出,往往容易屈从他人的意见和观点,三年级以后的学生独立批判思维开始发展,表现出明显的独断性。小学生意志的果断性随年级升高而不断发展,但较不稳定,许多学生做决定时兼具优柔寡断和决断草率的特征。小学生意志的自制性逐渐增强,随着年级升高而逐渐发展,三年级以上的学生已经基本能克制各种诱惑引起的冲动行为并且自觉地遵守任务要求。小学生意志的坚持性逐渐发展,一年级的学生已经具备一定的坚持精神,三年级及以上的学生已经能够有意识地抵抗与行动目的无关的主客观诱因的干扰,较长时间地学习。

四是自我意识发展特征。小学生的自我意识是不断发展的,但并不与学段的升高呈正相关,既有上升时期,也有平稳发展阶段,小学生的自我意识发展具体表现为自我概念、自我评价、自我体验等三个方面的发展。[③]首先,小学生自我概念的发展因性别而

① 冯维.小学心理学(第4版)[M].重庆:西南师范大学出版社,2013:71-76.

② 翟媛媛,徐红.小学儿童发展心理学[M].济南:山东人民出版社,2014:183-186.

③ 冯维.小学心理学(第4版)[M].重庆:西南师范大学出版社,2013:83-88.

异，女生的自我接受度与自我和谐度随着年龄的增大而逐渐减弱。其次，小学生自我评价的独立性和稳定性逐渐增强，从顺从他人的评价发展为有一定独立见解的评价，从比较笼统的整体评价逐渐发展为聚焦自己某一方面或者多方面的优缺点的个别评价，开始倾向于评价内心品质，而且具备一定的道德评价能力。最后，小学生自我体验有了较大的发展，与自我评价的发展具有高度一致性，也符合自我意识发展的总体趋势，主要表现为小学生的自尊心，自尊心强的学生往往会积极评价自己，而缺乏自尊心的学生容易自暴自弃。

（二）小学生的学习特点

小学生的学习特点包括对学习主体的依赖性，学习内容的间接性以及学习动机的可激发性等。①第一，小学生对教师的依赖性相对较高，认知能力、判断能力以及自我控制能力等有限，表现出对教师的崇拜。小学生的学习通常处于被动接受状态，需要教师有计划、有目的、有组织地进行引导，将一定的社会要求转化为他们的内部需求，将新教授的知识与内容转化为学生增长的见识与智慧。但是外部传授的新信息要被小学生接受和吸收，离不开他们自身对新知的内化。随着年级的升高，小学生主动内化知识的能力逐渐提升。第二，小学生以掌握基本的间接经验为主。在幼儿阶段，教师更多的是通过实物、图片或者其他形象的道具进行直观教学，学生能够获得真实的体验并学习直接经验。在小学阶段，教师主要向学生传授系统、基础的书本知识和行为规范等，要求学生逐渐超越自己的直接经验，对教学内容进行理解和消化。第三，需要激发小学生的学习动机。小学生的学习需要一定的动力推进，学习动机多种多样，其中学习兴趣是影响他们学习的主要动因。只有通过多种途径不断激发学生的学习兴趣，才不致使学习成为其沉重负担，而强烈的学习兴趣也会使学生更加主动而愉悦地进行学习活动，提高学习效率。

（三）小学生的教育要求

基于小学生发展的一般特征及其学习特点，结合学生核心素养的基本内涵，对小学生的教育提出以下要求。②在认知方面，注重知识的积累和积淀，例如带领小学生熟读唐诗宋词、引导其阅读课内外经典名著等。

---

① 王耘，叶忠根，林崇德. 小学生心理学[M]. 杭州：浙江教育出版社，1993：78-88.

② 邹萍. 小学心理学[M]. 长春：东北师范大学出版社，2013.

在思维方面，培养思维的深刻性，例如在培养数学概括能力的基础上，逐渐培养小学生逻辑推理能力、数学判断能力以及空间想象能力；培养思维的灵活性，会批判质疑，具有问题意识；能独立思考、独立判断；思维缜密，能多角度、辩证地分析问题，做出选择和决定；等等。注意培养知识之间的渗透以及迁移能力，引导小学生进行发散式的思维活动；培养思维的敏捷性，例如教会小学生一定的速算要领与方法，要求他们计算又快又准；培养思维的独创性，训练小学生独立思考能力，例如要求小学生用多种方法解答同一道数学应用题。

在观察方面，应让小学生明确观察的目的、任务和具体方法。教师有计划、有意识地培养小学生观察的主动性，在进行观察时，要求学生尽可能使用多种感官参与，教师应秉持直观性的教学原则，尽可能多地使用模型教具，结合丰富、清晰的语言进行讲解。就记忆而言，一是培养小学生的有意识记忆，让其明确学习活动的目的及任务。教师向小学生提出适当的长远识记任务，教会学生独立自觉地检查自己的记忆效果，引导学生充分利用无意识记忆；二是培养小学生的意义识记，帮助学生更好地理解教材，传授他们有用的记忆方法，训练机械记忆的能力。根据艾宾浩斯（H. Ebbinghaus）的遗忘曲线规律，加强小学生对学习内容的复习，防止对所学知识的遗忘。就想象而言，注意激发小学生的想象力，为智力发展奠定基础。

在情感方面，将小学生的各种活动与其积极情感体验相结合，在教育教学中，应该根据小学生的发展特点选择教材和教学方法，帮助小学生掌握学习内容，使其经常产生积极的成就体验；发展小学生的高级情感，教育其明辨是非、培养其道德感，通过各种文艺活动增强小学生的审美情趣，激发小学生的求知欲与好奇心、培养理智情感；培养控制和调节情感的能力，帮助小学生学会一些控制情感的具体方式，使其保持心理平衡、促进心理健康发展。在意志方面，培养小学生依据目的行动，减少盲目性；从生活方面着手培养小学生良好的行为习惯，例如做完作业及时收拾好书包等；培养小学生自我控制、自我调节的能力；锻炼小学生克服困难、迎难而上的坚持的意志品质。在自我意识方面，小学生的自我意识逐渐成熟，教师不仅应该注意到男生和女生在自我意识发展上存在的差异，更要逐渐引导他们发表自己的独立见解。

小学阶段是为学生一生奠定基础的阶段，要重视小学生良好学习习惯的养成。①具体而言，第一，培养小学生的学习始终走在教师前面的习惯，让其主动探索学习，保持学

① 黄甫全，曾文婕.小学教育学[M].北京：高等教育出版社，2011：85-87.

习的主动权、自学精神和独立自主的能力,提高学习的效率。第二,培养小学生适应教师的教学习惯,每个教师都有自己的教学风格,学生在其学习生涯会遇到诸多风格各异的教师,学生要学会适应教师、适应社会,提升自己的适应能力。第三,培养小事及时完成的习惯,小学生要养成踏踏实实做事的态度,切忌好高骛远。第四,培养从错误中学习的习惯,学生犯错是难免的,可贵的是从错误中有所学、有所获。第五,培养阅读的习惯,学校和家庭都要践行"让阅读成为孩子的一种习惯"的理念,帮助小学生营造良好的阅读氛围。第六,培养勤于动笔的习惯,小学生要养成写日记和写文章的良好习惯,有助于挖掘其学习潜力。第七,培养认真审题、独立完成作业并自觉检查的习惯,通过不断地训练和督促,小学生养成认真严谨的态度,充分发挥作业应有作用,切实保证学习效果的巩固。第八,培养倾听和敢说敢问的习惯,激发学生的好奇心以及培养他们勇于探究的科学精神,主动求知,能大胆尝试并积极寻求有效的问题解决方法。第九,培养随时随地学习以及即学即用的习惯,身处于终身学习的社会,小学生要从小养成善于学习的习惯,将学习生活化、本能化,并且让其学会学以致用。第十,培养积极的劳动态度和良好的劳动习惯,让小学生主动参与家务劳动、生产劳动、公益活动和社会实践,在手脑并用的劳动中提升自己的动手能力,掌握一定的劳动技能。小学生良好学习习惯的养成将使其受益终身。

【案例4-2-1】成志教育:小学立德树人的校本实践

清华大学附属小学作为人才培养的摇篮,在长期的教学实践当中着重德育教育的探索与开发,取得了大量实践成果,但仍然面临着如何尊重儿童身心发展规律、探索具体方法路径,如何深入推进立德树人根本任务、落实立德树人根本任务路径不明,如何把学校经验提升为具有普遍价值的育人模式等问题。

为了解决这些问题,清华大学附属小学在长达二十几年的实践探索中,以遵循儿童身心发展规律为前提,构建了长达六年的以"过程数据+关键事件+榜样引领"为模型的完整周期成长评价系统。同时形成了纵向贯通,横向联动,纵横整合的实施路径。纵向贯通上,积极构筑了符合儿童身心规律的"启程—知行—修远"学段三进阶,围绕儿童生命成长周期,将小学六年学习期按两年一个阶段,分为低(启程)、中(知行)、高(修远)三个学段,形成《成志学段三进阶方案》《成志学段进阶实用手册》,实现循序渐进、螺旋上升、完整发展的模式。横向联动上,构建了学科和活动育人的"1+X课程",组建以经典阅读与成志人物为轴线的主题课程群，既充分发挥各学科育人的独特价值，又实现了合力育人的效果，在课堂主渠道优质落实、落地生根。最后，纵横整合上，充分运用价值引领、系统思维、儿童立场、动态修正的研究方法，促进成志教育的落实。

在长期的教学实践中，该成果不仅拓宽了小学立德树人的理论视野，还推动了育人方式的系统创新，构建了长达六年的学生完整周期成长的评价系统。与此同时，该成果也得到了广泛推广及应用。从扶贫到扶志的十余年期间，该校承办北京5处城乡差异巨大的实体校区的办学，创建了全国20余所协作校和实验基地，空中课堂辐射900个贫困县3 800个远程教学站。教育部网站转载成志教育系列成果31条；中央电视台新闻联播5次报道该校社会主义核心价值观教育成果（其中连续3年报道学校立德树人的“开学第一课”）；《人民日报》《光明日报》《中国教育报》等多次报道推广；《人民教育》两次为成志教育推出专辑；教师个人及团队获得多项国家级荣誉称号，并多次受党和国家领导人的接见。教学成果显著。先后走出6位院士、3位共和国将军，近年6位奥运冠军及大批成志少年。坚毅足球少年李源峰、姜梓跃等受国家领导人接见。53名少年科学院荣誉小院士受到党和国家领导人接见。60人成为2022冬奥冰球少年形象大使，多人获得国际科技创新与艺术大赛金奖以及红领巾奖章。诞生当代教育名家、全国模范教师、全国师德标兵、全国十佳教师，影响全国。在《教育研究》等刊物发文115篇，出版专著32本。

（本案例为清华大学附属小学主持的2018年基础教育国家级优秀教学成果奖一等奖成果）

二、初中生的特征及教育

初中阶段是学生的少年时代，一般自十二三岁起至十五六岁。学生度过相对平稳的童年期后，进入身心状态发生剧变的少年期，这一时期的学生“一半是儿童，一半是青年”[①]，幼稚与成熟并存。初中阶段在学生从少年向青年角色的过渡上发挥着承前启后的作用，是人生的“第二次断乳期”[②]，学生将从心理上开始摆脱对成人的依赖，表现出精神上追求独立的倾向。

① 叶澜.教育概论[M].北京：人民教育出版社，1991：271-272.

② 叶澜.教育概论[M].北京：人民教育出版社，1991：271.

(一)初中生的身心特征

身心状态的急剧变化,思维的独立大胆,强烈的两极情感,盲目、冲动的行为,自我意识的突出等,可谓是初中生的总体性特征。具体而言,初中生的身心发展主要呈现以下特征。

一是认知发展特征。初中生的认知发展特征集中表现为注意、观察、记忆、思维等四种能力的变化。[①]从初一年级到初二年级,学生的注意稳定性迅速提高,并随着年级的升高而趋向稳定。初一年级学生的学业成绩与他们的注意稳定性高度相关;初中生注意的广度取决于其知识经验的积累,随着年级的升高而扩大;注意的分配发展趋于稳定,与其动作的熟练度以及对不同动作的交替使用相关;注意的转移主要取决于活动吸引注意的强度以及引起注意转移的新事物的性质。初中生观察的具体内容多种多样,但其知觉具有普遍特征,即知觉活动的整体性、理解性、选择性以及恒常性。就记忆方面而言,有意识记已经成为初中生记忆的主要方式,他们有意识记的主动性增强,并且这种能力随着年级的升高而增强。关于思维发展,初中生的抽象逻辑思维日益占主导地位,具体形象思维仍然发挥主要作用;他们思维的独立性以及批判性得到显著发展,勇于创新和设想,但囿于有限的知识基础,有时容易片面、孤立地看待事物。

二是情感发展特征。初中生情感活动呈现两极性。[②]具体而言,表现为情感体验上的两极性,即对待同一事物,同时出现两种对立的内心体验;情感效能上的两极性,如恐惧与焦虑可能使初中生产生强烈的斗志,也可能让他们手足无措、自动放弃;情感性质上的两极性,如轻松的心情可能利于初中生身心健康但却可能阻碍工作的完成。初中生情感体验强烈而短暂,他们情感反应来得快,平息得也快,维持的时间相对较短。初中低年级学生经常将情感露于言表,但随着年龄的增长,会逐渐隐藏自己的真实情感,高年级学生情感活动的外露性日趋复杂,情感活动趋于闭锁。

三是意志发展特征。初中生的意志发展是建立在小学阶段发展的基础之上,较之小学生有了较大的发展,但相对高中生而言,他们的意志发展仍然很不完善、很不稳定。[③]初中生的近景性动机占主导地位,在执行任务时,考虑最多的是按时完成任务,较少思考完成任务的意义所在。例如教师向学生提出了具体的学习要求,他们在当时会努力按照规定行事,但是过一段时间教师不再强调时,学生的学习态度也就相对懈怠。

---

① 白学军,王敬欣,等.发展心理学[M].天津:南开大学出版社,2013:174-180.

② 白学军,王敬欣,等.发展心理学[M].天津:南开大学出版社,2013:186-188.

③ 廖策权,梁俊.心理学教程[M].成都:西南交通大学出版社,2013:85-86.

初中生的决心大于行动，制订的计划往往难以长时间坚持，这是由于学生的自控能力以及自我调节能力相对而言还比较弱。初中生的自尊以及独立倾向非常强烈，往往信誓旦旦地做出承诺或决定以证明自我，而其行动也表现出盲目性和冲动性。例如，部分初中生为维护自尊，和同学一言不合就大动干戈，冷静下来又后悔不已。部分初中生的内部调节能力低下，还不擅于自觉抵制各种诱惑，意志力不够坚定，经常容易因外界诱因而动摇，表现出贪玩的天性。

四是自我意识发展特征。衡量初中生自我意识的发展程度通常从自我评价、自我体验以及自我控制三方面着手，三种能力互相影响、互相促进。[①]初中生的自我评价具有独立性，开始表现出有主见；具有具体性，往往就事论事但具体而琐碎；具有原则性和稳定性。就自我体验而言，初中生开始萌生"成人感"，感到自己已经长大，渴望体验成人角色；随之出现相对的闭锁性，意识到自己已经长大，内心的秘密也逐渐增多，懂得什么事情能公开而什么事情应当保密；他们的自尊感增强，渴望得到肯定和认可，但有时容易走向极端。初中生的自我控制因年级而异，初一年级的学生自我控制能力较差，随着年龄的增长以及生活经验与社会经验的不断积累，自我控制逐渐转变为以内部自立控制力量为主，具有稳定性和持久性。

（二）初中生的学习特点

学生从小学阶段迈入初中阶段，身心都得到了巨大的发展，认知能力、理解能力与思维能力等明显提高，心理活动表现出明显的过渡性，这一阶段学生的学习活动既具有小学生的被动性和强迫性，又具有初中生的自觉性与主动性。他们的自学意识和自学能力显著提升，逐渐形成自己独特的学习风格，学习成绩的差异性渐渐显现。[②]第一，学业成绩呈现分化。初中生的学习成绩波动性增强，呈现上下浮动和分化的特征。主要是因为较之小学阶段的学习活动，初中阶段的学习内容、学习形式、学习动机以及学生的学习自主性等都发生很大的变化，而且这一阶段学生的个体差异日益显现，学习成绩逐渐分化。就智力因素而言，该现象反映了个体差异在智力水平和智力发展速率上的区别；从非智力因素来看，此阶段是他们形成个人独特学习风格的关键期，而且此时的学习活动具有很大的可塑性。第二，学习的自主性提升，但主动性和被动性并存。初中

① 廖策权，梁俊.心理学教程[M].成都：西南交通大学出版社，2013：87-88.

② 刘梅，赵楠，国云玲，等.发展心理学[M].北京：清华大学出版社，2017：272-273.

生的学习目的逐渐清晰，逐渐理解学习的责任和意义，在学习中能够主动克服一些困难并积极探索。但很多时候，由于学习内容难度过大、学习活动形式更为多样、学习以外的困扰不断增强，他们在学习困难面前仍然容易产生畏难情绪，容易逃避和退缩，甚至会丧失信心，需要教师和家长的耐心指导与帮助。第三，自学能力提升。初中生的学习逐渐依靠自我监控完成，对家长和教师的依赖逐渐减弱。学生在学习上的独立性逐步增强，大多数初中生能在不依靠他人的帮助下自己独立完成学习任务。这不仅和教师的指导以及他们自己善于总结、不断改进密切相关，也受益于他们在小学阶段养成的良好的学习习惯。

（三）初中生的教育要求

初中阶段是学生人生中重要的过渡阶段，基于初中生的身心发展趋势和一般规律以及学生发展的核心素养，对初中生的教育提出以下要求。[①]就认知发展而言，应注重培养初中生注意、观察、记忆等三种能力。要让初中生意识到自身的注意品质可能存在的问题，改变自己消极的注意品质，充分认识到自己的注意特点，并且以注意稳定性为中心、促使注意品质协调发展，以此优化学生的注意品质，培养其良好的注意习惯。要充分了解初中生先前的知识水平，采用直观教学方法并根据他们的感知规律组织教学；在观察过程中，指导初中生明确观察目的，做好相关知识的准备，教授他们诸如由整体到部分、由表及里按次序逐项观察等方法，并且指导他们及时整理和总结观察结果。准备具体的记忆材料帮助提高初中生的短时记忆；识记材料的意义成分要充实以加强识记并且采用复习、再认以及回忆等方式辅助初中生的记忆。

就思维发展来说，教师应从思维的逻辑性、深刻性、灵活性、独创性以及批判性等五个方面着手，培养初中生理性思维逻辑和批判质疑的思考精神。一方面，在教授基本科学原理和方法的基础上，要培养学生的实证意识和严谨的求知态度，加强学生思维的逻辑性和深刻性，使其运用科学缜密的思维方式认识事物、解决问题、指导行为等。另一方面，重视培养初中生思维的批判性、灵活性和独创性。激发学生的问题意识，让学生独立思考、独立判断，通过灵活运用相关知识经验多角度、辩证地分析问题，做出合理的选择和决定。

就情感发展来看，教师应引导初中生正确认识情感的心理作用及意义，科学指导他

① 班华.中学教育学(第2版)[M].北京:人民教育出版社,2012:254-260.

们学会控制和调节自己的情感活动，引导初中生了解自己的情感活动的特点，预防学习中的高度焦虑，并且教会他们诸如注意转移、内心宣泄等调节情感的方法，培养初中生高尚的情操。在意志方面，利用正反两方面的实例，增强初中生对事物的鉴别能力，提高认识水平。对初中生进行严格教育，让他们结合学习生活，在实践中形成自觉服从命令、遵守纪律的习惯；向初中生提供锻炼的机会，磨炼其克服困难的毅力。就自我意识发展而言，初中生的“成人感”已经形成，希望作为一个独立的个体而存在，应该给予他们理解和信任并且适当地“放手”。在行为发展方面，教师通过学校和其他机构共同组织的公益活动和社会实践活动，培养初中生改进和创新劳动方式的能力，提高其劳动效率的意识，具有学习劳动技术的热情和意愿；培育学生的社会责任感，教师引导初中生热心公益和志愿服务，主动作为、尽己所能、热心奉献，逐步提升其团队意识和互助精神。

初中生的心理成熟慢于生理成熟，初中阶段成为人生“事故多发阶段”，但只要教育有方、循循善诱，就能引导学生步入正确的人生轨道。[①]因而，在初中阶段对学生进行思想品德教育，引导学生理解、接受并自觉践行社会主义核心价值观，使其成为具有先进思想、高尚品德和积极情感的社会主义建设者和接班人既重要又必要。[②]初中生的品德发展主要受到学校和家庭两方面的影响，教师和家长在培养初中生的良好品德方面发挥着主力军的作用。第一，进行价值澄清，旨在帮助学生学会价值判断，学会从正反两方面进行权衡，懂得明辨是非，掌握符合社会要求的道德规范，经过思考、分析最后形成自己的正确价值体系。如帮助学生树立价值追求、明确未来角色定位并实现自身的社会理想。第二，通过行为矫正的方法培养品德，旨在训练道德行为。教师和家长要向学生传递哪些行为是正确的以及为什么正确，让学生知其然更要知其所以然，懂得运用相关知识进行行为判断，并且教师和家长可以采取惩罚或者树立榜样的方式训练学生的道德行为，但是教师和家长采取方式的标准应统一。第三，教师和家长需要教授学生道德推理能力。在道德推理传授的过程中，教师担当道德问题讨论者和促进者的角色，学生通过参与行为规则的讨论，明晰不同观点及各种行为带来的后果，更加清楚规则，从而更加严格地遵守规则。初中生通过道德推理过程，能够内化道德规则，以适应不同环境，他们的道德判断能力以及面临社会道德问题时的决策能力也得以提升。

---

① 叶澜.教育概论[M].北京：人民教育出版社，1991：273.

② 郭平.中学教育学[M].成都：西南交通大学出版社，2015：166-189.

【案例4-2-2】基于学生自主学习的教育新模式研究与实践

自2009年以来，阳泉市第十二中学校从课堂改革出发，在长期的实践过程中，发现课堂结构中学生苦、教师累、效率低是传统教育的真实现状。

为了解决上述问题，十二中学通过十年的研究与实践，构建了基于学生自主学习的教育新模式。该模式由教学、管理、评价三部分构成，内含"文化体系、教学新模式、评价新模式、多元评价体系、管理新模式"五大实施途径。该项目以学校文化为引领、管理模式为基础、评价模式为保障、教学模式为核心、立德树人为目的，变学生被动学为主动学、单独学为合作学，真正做到以学定教、先学后教。与此同时，构建文化体系引领学校内涵发展。在学校管理模式上，学校重构了管理模式，改变传统教育下的"被管理"为"自管理"再到"自发展"，实现自主学习、自我管理、自我规划、自觉行动、自我成长；构建评价体系，以评价为手段，重点解决学生自主学习动力不足的问题，提高学生的自主管理能力，激发学生的自我发展欲望；构建以信息技术为支撑，与学科教学深度融合的教学新模式。传统的教育教学手段早已不能满足当今时代的社会需求和学生发展的需求，基于信息技术的新型教学模式有助于让学生学会做事、做完整的事、完整地做事；学会做人、做幸福的人、幸福地做人。

该校立足发展实际，在长期的实践和不断深化研究当中，不仅增强了自身学校的办学实力，更加推动了教育向信息化迈进的步伐，在推广运用中取得了优异的成绩。该成果带动区域及兄弟学校共同进步，先后与阳泉市十七中和十三中结成互助对子。2017年荣获山西省教学成果特等奖；2018年荣获国家级教学成果二等奖；2018年被评选为山西省先进集体。2011年，在该校召开了"阳泉市整体推进课堂教学改革——阳泉十二中现场会"；2012年，在该校召开了"山西省初中校长高峰论坛暨阳泉矿区现场会"，带动和辐射区域教学改革；2019年，该校先后承办阳泉市教育信息化应用矿区研讨会和全国新学习共同体研讨会。在长期的教学实践当中，共接待全国4 000多名教育同行先后到校观摩学习和交流。

（本案例为山西省阳泉市第十二中学主持的2018年基础教育国家级优秀教学成果奖二等奖成果）

三、高中生的特征及教育

高中阶段从十四五岁开始到十七八岁结束，是学生向成人期过渡的重要阶段。经过初中阶段生理上的剧变及动荡，高中生的生理和心理均趋于成熟和稳定，表现出相应的身心发展特征。

（一）高中生的身心特征

高中生逐渐迈向理智的成人阶段，身心发展趋于稳定，其认知、情感、意志、自我意识等的发展逐渐得到提高并趋于完善。就认知发展而言，主要表现在其观察力、记忆力、想象力等方面的发展完善，但体现更突出的是其思维能力的提高。[①]第一，高中生抽象逻辑思维呈现理论型特征，能够进行完全属于抽象符号的推导，能以理论做指导去分析、解决各种问题。第二，高中生形式逻辑思维得到较大进步与发展，主要表现为在正常教学条件下，能够对他们所理解的概念做出比较全面而且能够反映事物本质特征和属性的合乎逻辑的定义，其所掌握的概念逐渐脱离了零散、片段的现状，逐渐成为有系统、完整的概念体系；他们的推理能力有了明显的进步并且达到了比较完善的水平；掌握和运用逻辑法则方面逐渐趋于成熟。第三，高中生的辩证逻辑思维发展较为迅速且逐步占据优势。总而言之，较之小学阶段和初中阶段，高中生的思维水平更高、更成熟、更完善。

就情感发展来看，高中生由于学习的压力以及思维的逐渐成熟，思考问题越来越缜密，处于典型的内部烦恼增生期，情感发展和情感体验的表现更为内隐、自制、激烈、丰富和复杂。[②]高中生的情感体验表现出延续性，情绪控制的能力增强，情感爆发的频率降低，体验的时间延长、稳定性提高，呈现丰富性。高中生体验着人类所具有的几乎所有的七情六欲，如遗憾、绝望、喜悦等。他们的情感波动起伏很大，具有两极波动性，受心情影响颇深，情感的反应强度大。此外，高中生的情感具有性别特异性，例如，同样是经历着消极的情感体验，男生通常用发怒进行释放，而女生倾向于悲哀和惧怕。高中生的情感一般呈现内隐文饰性，随着他们心理的逐渐成熟与社会化，能根据一定的条件或目的选择性地表达自己的情感，而有时候甚至是外部表情和内心体验不一致。

---

① 白学军，王敬欣，等.发展心理学[M].天津：南开大学出版社，2013：198-200.

② 白学军，王敬欣，等.发展心理学[M].天津：南开大学出版社，2013：205.

就意志发展而论，高中生意志行为的心理过程一般要经历两个阶段：意志行为的开始阶段和意志行为完成阶段，即采取决定阶段和执行决定阶段。[①]高中生采取决定的主动性、计划性不断提高，采取决定时不希望父母、教师过多干预，更不愿意被强加上别人的想法和意志，他们渴望自己进行设计和规划；执行决定的毅力不断增强。高中生具有较强的情感控制力以及行为支配力，更能克服遇到的挫折与困难，意志行为具有更强的自制性和坚持性。总体而言，高中生的意志品质具有自觉性、果断性、自制性、坚忍性等特征。例如，大多数高中生会根据学习任务的安排制订合理的学习计划，并且能够根据自己制订的计划，自觉果断地舍弃一些无关的消遣活动，排除困难，坚定不移地朝着目标前进，直至实现目标。但是他们面对复杂局面时灵活应变处理以及决策的能力还有待进一步提高。综上，可以发现高中生的意志发展已逐步趋向成熟和稳定。

关于自我意识发展，随着认知水平的提高和生活经验的积累，高中生在自我意识的发展上出现了一些新特点。[②]第一，自我意识高度发展。高中生开始思考自己的人生道路，对自身的态度和看法影响着他们实际发展的各个方面；自我评价在一定程度上达到了主客观的辩证统一；有较强的自尊心。第二，自我概念趋于稳定。高中生在此阶段对自己的看法很多都将持续一生。第三，自我评价的深化。高中生在自我评价的发展上表现出个体差异，大部分高中生能够进行恰当的自我评价，但相对而言，容易出现自我评价偏高的倾向，导致他们行为表现上的自负。第四，形成自己的价值观。高中生价值观的确立有助于在日常的生活和学习中将近期和远期的规划较好地结合起来。第五，产生了独立自主的需求。高中生要面临人生中第一个重大的选择，是继续上学还是直接就业，他们在这一抉择过程中表现出了自主性，能对自己的兴趣、能力、适应性等方面做出评估并自主进行选择。

（二）高中生的学习特点

高中生的学习活动不同于培养良好学习习惯和兴趣的小学阶段，也不同于逐渐形成自身独特学习风格的初中阶段，更不同于发展自己兴趣专长、以自主学习为主的大学阶段。高中时期，学生的学业任务相对而言更为繁重，学习是他们这一阶段的关注焦点。[③]第一，高中生的学习以掌握系统的、复杂的间接经验为主。高中生所要掌握的间

---

① 白学军，王敬欣，等.发展心理学[M].天津：南开大学出版社，2013：205-206.

② 白学军，王敬欣，等.发展心理学[M].天津：南开大学出版社，2013：202-203.

③ 刘梅，赵楠，国云玲，等.发展心理学[M].北京：清华大学出版社，2017：275-276.

接经验比小学生、初中生更系统、更复杂、更理性化、更加接近科学文化知识的完整体系，但是又不同于大学生专业化的间接经验。习得间接经验是帮助他们少走弯路、尽快适应社会生活的有效途径，为将来的工作和劳动奠定坚实的基础。第二，高中生学习的主动性进一步增强。学习目的更加明确，学习的动机更加强烈，学习的社会责任感增强，观察力增强，有意识记忆、有意注意、有意想象占优势，思维的方向性、目的性更加聚焦；随着认知能力的发展，他们独立分析和解决问题的能力不断提高，依赖性降低；学习的选择性有所发展，随着高中选修课的开设，学生对学习内容具有一定的自主选择的权利；学习的计划性增强，能较科学地安排自己的学习活动，自主学习的能力明显提高。第三，学习策略和技巧更完善。随着高中生的元认知能力逐步发展，会主动思考怎样取得最佳学习效果。他们为此经常给自己设定学习目标，并且制订达标的措施。在学习过程中不断衡量自己达标的情况，根据反馈信息及时调整和修正自己的学习策略。第四，学习的途径、方式和方法呈现多样化。高中生不但注意向书本学习，也开始向社会学习，积极参加各种课外活动和社会公益活动，广泛地汲取信息和经验。他们不仅注重增加知识的数量，而且开始意识到掌握基本知识结构的重要性，重视学习知识的系统化和综合化。他们开始重视把书本知识和实践活动结合起来，注重学以致用。他们在保持勤学的同时，开始注重巧学，根据不同学科的特征不断改进所使用的学习方法和策略，既追求学习质量，又追求学习速度，既重视对知识的吸收、理解、巩固，又重视知识的实际应用。

（三）高中生的教育要求

高中生身心急剧发展、变化和成熟，随着学习内容更加复杂、深刻，生活也更加丰富多彩，对高中生认知能力、情感发展、意志磨炼以及自我意识都提出了更为严格的教育要求。[①]依据其认知发展特征以及学习任务和计划的安排，首先要抓高一和高二学习的黄金时期，以促进高中生迅速而高效地发展。其次，基于高中生知识、认知结构基本形成的特点，在发展各种认知能力时特别重视思维的敏捷性、灵活性、深刻性、独创性和批判性等良好品质的培养。再次，重视情感、意志、品德、性格等各种非认知因素的培养，更好地促进认知因素的发展。高中生情感发展的特点要求教师重视情感教育，引导培养他们的耐挫力。当高中生受到挫折时，往往情感消极，理智降低，教师需要及时与其

① 班华.中学教育学（第2版）[M].北京：人民教育出版社，2012:254-260.

交流沟通，疏导其不良情感，培育其积极乐观的人生态度。根据高中生的意志发展特点，教师要加强对他们意志锻炼的指导，要尊重他们，信任他们，着重发展其独立性。高中生既要克服其易受暗示性，又要防止其产生独断性。教师要鼓励他们勇敢行为，又要帮助他们克服冒险、盲目的冲动行事方式；鼓励他们坚持己见，又要帮助他们克服固执。可启发他们自己制订学习计划，独立完成任务。教师要充分利用日常生活、学习、体育锻炼等一切实践活动磨砺高中生的毅力和恒心，培养他们克服困难、百折不挠的品质。高中时期是个体发展的成熟期，学生的自我形象逐渐确立，自我观察、自我评价、自我体验、自我监督能力逐步提高，自我教育、自我管理的愿望日益迫切，该阶段的教育不宜烦琐的说教，也不宜过多的督促、帮助，而是要进行自我教育、自我心理修养的指导，启发他们自己制订学习计划，独立完成任务。

根据高中生思想发展的情况，有必要加强对他们的理想信念教育，并将这种教育引导与完成学习任务结合起来，以树立学生伟大的人生理想和坚定的学习信念，调动学习的积极性、主动性和坚持性。在高中阶段对学生进行理想信念教育，应该将理想具体化，把理想目标和职业规划相结合，逐渐形成实现理想的信念。同时高中生通过学习马克思主义哲学知识，把理想和科学人生观联系起来，为树立科学信仰奠定坚实的基础。教师要引导高中生树立正确的人生观，立志做社会的栋梁。在进行理想信念教育时，首先应该让学生系统了解中华民族的奋斗史，培养学生传承中国梦的责任意识和历史担当；其次，帮助学生正确认识人生理想的价值和意义，明白树立人生理想的重要性，形成勤奋学习、诚实劳动、积极进取的健康文明生活方式；再次，引导学生正确认识个人理想和社会理想的关系，把社会理想作为个人理想的导向，把个人理想融入社会理想之中，实现个人生活理想、职业理想、道德理想和社会理想相统一；然后，引导学生树立积极务实的职业理想，学会用辩证的思想方法看待理想与现实的关系，使理想植根于现实又超越现实，并且锻炼其对职业理想的坚守，督促其在日常行为中贯彻落实，反对好高骛远、随波逐流；最后，在高中生树立理想的同时，引导学生形成正确的人生观、价值观，崇尚自强、诚信、知耻、改过、好学、勤俭、求新等美德。

随着世界性的基础教育课程改革的浪潮掀起，突出创新精神，注重学生创造精神和问题解决能力的培养已成为各国普遍的改革目标。[①]作为具备较强独立意识和自主能力的高中生，更需具备一定的创新能力和创客精神，以接受先进的教育思想和教育理

① 王道俊，郭文安．教育学(第7版)[M]．北京：人民教育出版社，2016：356.

念，适应复杂多变的社会环境。在STEAM教育、创客教育等新型教育理念和教育模式逐渐占据教育高地的背景下，高中生创新能力的培养不局限于传统学科知识的传授，更强调培养高中生跨学科知识整合能力及其知识创造、创意迸发、创意"创造物"新造的实践能力。[①]一方面，高中生应具备跨学科知识及其整合能力，避免对知识单向、片面、割裂状的理解，养成整体综合的世界观和学科视域。教师要注重学生对新知主动的意义建构，强调学生跨越学科界限的藩篱，引导学生开展基于兴趣的多样化自主探究活动，在问题解决的过程中去获得对科学、技术、工程、数学、艺术等多个学科知识的综合性理解，[②]建构独特化、综合化的个体知识，养成勇于探索、坚持不懈的求知精神和知识创新精神。另一方面，学生发展核心素养要求高中生具有一定的创造性思维，能将创意和方案转化为有形物品或对已有物品进行改进与优化。[③]教师充分利用虚拟现实、3D打印机等先进信息技术，为学生的创客活动创设问题情境，引导学生独立自主思考和小组深度协作，选择制订合理的解决方案，充分发挥自身的想象力和创造力，借助数字化工具生成个性化的创意和制品。在"做中学"的创造过程中提升学生的跨学科问题解决能力、团队协作能力和创新实践能力。

【案例4-2-3】基于学生自主发展导向的生涯教育实践与研究

长期的教育教学发现，现有的学生存在主观能动性低，很少有清晰的学习目标和动力成长，不能自觉地探索自己和周围环境以及独立思考自己的发展方向。

有效捕捉到这些问题之后，北师大实验中学立足"落实立德树人"这一根本任务的德育创新研究，基于"学校促进学生健康成长、自主发展"的教育理念下，进行了生涯教育的实践与研究。自2005年开始至2020年，学校的生涯教育行动研究历时16年，始终围绕着"助力当下精彩，奠基一生幸福"的教育追求开展。首创生涯课程群和"生涯五动活力课堂"教学策略。其中教学策略即"走向对话、走向生成、走向建构"的"生涯五动活力课堂"教学策略，实现个性化、体验式、可选择的生涯核心课程模块群。还研发了独特的生涯教育资源系统，包含生涯规划读本，建立了实验中学生涯探索实验室和生涯真人图书馆，以校友、家长及社会职业人为书，以他们的人生经历为内容，为学生创设与"生涯人物图书"互动交流的机会，并将生涯人物的故事以访谈文字、音频和视频等方式进

① 陈洪源.明晰创客教育的育人指向[J].中国教育学刊，2019(11)：104.

② 滕娇娇，闫志明，张铭锐，等.STEM教育与创客教育辨析[J].现代教育技术，2019(11)：101-106.

③ 一帆.《中国学生发展核心素养》总体框架正式发布[J].教育测量与评价，2016(9)：34.

行资料存档，供更多学生进行自主探索使用。最后建立了职业见习基地群，为学生提供了解相关企业文化、对职业场所代表性场域的参观、与人力资源部门人员交流了解入职要求、与不同生涯发展阶段的职业人座谈了解生涯职业能力等的机会。

通过十余年的生涯探索和实践，该校自主编制的《生涯规划（高中）》《生涯规划管理手册（高中）》《高中生涯规划》等读本面向社会公开发行，其在校内循环使用逾1 000套，免费发放给全国、市区兄弟学校教师约2 200余本，截至2018年12月5日，该教材已重印6次，总销售84 772册。同时，“北师大实验中学生涯探索实验室”也受到党和国家领导人的高度重视。其次，改善了教育生态，从学校教师只关心学科学习到关注学生的全面发展，从升学指导到发展指导，从职业规划到生涯规划，实现了全员育人。再者，该成果创建了生涯教师专业成长路径，培养了一支多元跨界专业的师资团队，生涯教育专业性强，促进了学生全面自主个性成长，也赢得了良好的社会声誉。2011年生涯案例荣获教育部全国中小学德育工作优秀案例；2012年编写的教材获北京市教材类成果一等奖、市基础教育课程建设优秀成果评选一等奖；2015年被教育部认定为首批全国中小学心理健康教育特色学校（生涯教育特色）；2018年研究荣获国家级、市级基础教育教学成果一等奖。2015—2019年五次举办全国高中学生发展指导高峰论坛，共呈现29场专家报告、43节优质课、18个经验分享、8场工作坊、7场教育沙龙，吸引了来自全国24个地区、203个学校或科研院所及企事业单位2 712位专家及一线教育者。

（本案例为北京师范大学附属实验中学杨文芝主持的2018年基础教育国家级优秀教学成果奖一等奖成果）

【思考】

1. 基础教育阶段的教师应该承担怎样的角色?

2. 基础教育阶段的教师专业发展生涯要经历哪些阶段？每个阶段的特征分别是什么?

3. 基础教育阶段的教师应该具备哪些职业修养?

4. 请简要论述基础教育阶段不同时期学生的发展特征及其教育要求。

【延伸学习】

1.〔瑞士〕J. 皮亚杰，B. 英海尔德. 儿童心理学[M]. 吴福元，译. 北京：商务印书馆，1980.

《儿童心理学》从“发生认识论”出发，系统地考察和研究了儿童的知识的形成和发展的过程，并把这一过程分为感知运动、运算和前青年期三大连续的阶段。该书共六章，分别论述了“感知—运动”的水平，这是智慧的萌芽；知觉的发展，从造型角度来描述现实；前运算阶段的心理发展水平，介绍了信号性或象征性功能；具体运算阶段的心理水平，描述了思维的“具体”运算和人与人间的关系；形式运算阶段的心理水平，阐述了前青年期和命题运算；最后详细分析了每一阶段中影响儿童心理发展的各种内部的和外部的因素，并且通过大量翔实的感性实验材料加以论证。

2.〔苏〕B.A. 苏霍姆林斯基 . 给教师的建议[M]. 杜殿坤，编译 . 北京：教育科学出版社，1980.

《给教师的建议》是译者基于苏联当代教育家苏霍姆林斯基《给教师的一百条建议》的精华部分，结合我国基础教育的实际和需要，选译了苏霍姆林斯基其他著作中有益于教师开阔眼界、拓展思路、提高教育教学水平的精彩内容作为补充，编译而成。该书是一本专门为基础教育阶段的教师撰写的经典教育著作，囊括了一百条给教师的建议，内容充实，是苏霍姆林斯基从教三十余年教育实践及理论探讨的结晶。该书全面反映了苏霍姆林斯基深刻的教育思想和丰富的中小学教育经验，旨在解决基础教育的实际问题，切实提高基础教育教学质量。

3. 朱旭东 . 教师专业发展理论研究[M]. 北京：北京师范大学出版社，2011.

《教师专业发展理论研究》以教师专业发展理论的历史发展、理论基础以及理论构成三个维度为落脚点，从横向和纵向两个结构向度详细介绍了教师信念理论、感情理论、知识理论、能力理论、教学专长理论、学习理论、反思理论、合作理论、领导理论、生涯发展理论、倦怠理论、赋权增能理论以及性别理论等国内外著名的教师专业发展理论。并且在此基础上结合国内现实问题背景，引入我国学者在相关问题上对国外研究的相应成果，呈现一个清晰的教师专业发展理论学术图谱。

4. 刘义兵 . 教师专业发展[M]. 北京：高等教育出版社，2017.

《教师专业发展》为教师教育国家级精品资源共享课“教师专业发展”配套教材，其编写体例与“教师专业发展”课程模块高度吻合。严格按照《教师教育课程标准(试行)》的理念和要求进行编写，涵盖教师专业发展概论、教师专业发展阶段理论、教师专业发展的基本取向、教师专业发展的学习理论、教师专业发展的主要内容、教师专业发展的影响因素、教师专业发展的条件保障、教师专业发展规划、教师专业发展的途径与策略、教师专业发展评价、名师专业发展个案研究等内容。

5. 林崇德. 发展心理学(第3版)[M]. 北京:人民教育出版社,2018.

《发展心理学》是发展心理学课程的教材,其主要内容是从生命全程的视角阐述个体心理发生发展的规律及毕生心理发展的年龄特征,从而使读者全面、深入地理解个体心理发展的遗传与环境、普遍性与特殊性等基本理论问题,树立起关于生命全程的辩证发展观。就结构而言,本书论述了发展心理学的研究内容、发展历史、主要理论、研究方法等基本问题,同时也分别阐述了个体在胎儿期、婴儿期、幼儿期、儿童期、青少年期、成年早期、成年中期和成年晚期的心理发展特点和规律。

第五章
基础教育的课程与教学

【学习目标】

1. 结合课程标准文件，理解基础教育课程标准的价值与定位。

2. 了解基础教育的课程类型及其设置，能用理论阐释不同课程之间的关系，并能结合实例掌握课程开发的理念及步骤。

3. 明确基础教育教学设计的要求及模式，培养教学设计规划能力；联系实际理解并掌握多种教学方法，熟悉基础教育的多种教学组织形式。

【情境导入】

2019年，中共中央、国务院印发《关于深化教育教学改革全面提高义务教育质量的意见》，从教育内容、教师队伍、评价体系、学校办学、组织保障等方面提出提高义务教育质量的具体举措，包括优化教学方式，注重启发式、互动式、探究式教学；开齐开足开好国家规定课程，不得随意增减课时、改变难度、调整进度；严格按课程标准零起点教学，小学一年级设置过渡性活动课程等。此前，国务院办公厅印发《关于新时代推进普通高中育人方式改革的指导意见》，对高中的育人方式改革也提出明确要求，突出德育的时代性以及学生综合素质的培养。课程与教学作为基础教育质量提升的关键抓手，在实施过程中抓住哪些要素能使基础教育阶段的教育质量“更上一层楼”，从而促进学生发展？

（改编自：柴如瑾．为破解义务教育难题开出哪些“药方”——解读中央首个义务教育改革纲领文件[N]．光明日报，2019-07-10(8)；汪明．高中“全人培养”的时代来了[N]．光明日报，2019-07-16(14).）

基础教育的课程与教学是基础教育实施的重要部分，是将基础教育目标落到实处的关键环节，也是基础教育改革发展的重点领域。我国第八次基础教育课程改革突出“以学生为本”的核心理念，强调基础教育阶段的课程与教学涵盖义务教育和普通高中教育。这一阶段的学生正处于人生成长与发展的关键时期，应立足于他们身心发展的特点和需求，无论课程还是教学，都不是封闭的、静止的，而是具有综合性、实践性的动态生成过程。在谋求每个学生都得到发展的同时，课程与教学更加关注同生活的联系以及与社会发展现实的整合。基础教育阶段的师生既是课程的有机构成部分，也是课程的创造者和主体，他们共同参与课程开发的过程，而教学是课程内容持续生成与转化、课程意义不断建构与提升的过程。基础教育的课程与教学安排环环相扣，共同连接师生的成长与进步。相较于其他阶段的课程与教学，基础教育阶段的课程与教学既有共性又有特殊性，主要表现在符合课程与教学的一般规律，着重彰显出基础性。课程通常被视为学校教育的实体或内容，成为教学的方向或目标，教学通常被视为学校教育的过程或手段，认为教学的过程就是忠实而有效地传递课程的过程，如此，课程与教学就被割裂开来。20世纪末以来，课程与教学逐渐走向融合，教学作为课程开发过程，课程作为教学事件，二者水乳交融、相互作用。[①]本章将从课程标准、课程类型、课程设置与开发三个方面对课程的核心内容进行介绍；从教学设计、教学方法、教学组织形式三个方面对教学的主要内容进行介绍。

第一节　基础教育的课程

基础教育的课程作为实现基础教育培养目标的蓝图，是组织学校教育活动的主要依据，规定了实现培养目标所需教育内容的范围以及教育实践的整体流程。在基础教育课程体系中，课程标准是整个课程体系运行的指导，为学生在基础教育阶段的学习与成长进行规划，多种课程类型以及课程的设置与开发为实现课程目标提供支撑与保障。

一、基础教育课程标准

基础教育课程标准中规定的基本要求是课程准备、组织、实施和评价的灵魂，也是

① 张华.课程与教学整合论[J].教育研究，2000(02):52-58.

整个基础教育课程体系运作的纽带，无论是教材编写、课程实施或评价开展，都必须围绕课程标准。课程标准为一定范围内的课程开展提供目标、原则、策略和方法等依据或手段，使课程的组织与实施建立在同一规范、同一水平的基础上，使课程管理过程具有明确指向。

（一）基础教育课程标准的价值

基础教育课程标准是一种规定性、指导性和纲领性的文件，规定了基础教育各科、各学段以及各年级应达成的目标，《中国大百科全书·教育》将“课程标准”界定为规定中小学培养目标和教学内容的文件。[①]《教育大辞典》则将“课程标准”定义为确定一定学段的课程水平及课程结构的纲领性文件。[②]学者基于教育传统和教师的知识准备，对基础教育课程标准提出了以下几点认识：课程标准主要是对学生在经过某一学段的学习后，应该达到的学习效果或某种水平的描述，而不是对教学内容的具体规定（如教学大纲或教科书）。它是国家（有些国家是地方）制定的某一学段共同的、统一的基本要求，而不是最高要求，反映了国家对于基础教育阶段学生学习效果的期望水平。学生学习效果的描述应该尽可能是可理解的、可达到的和可评估的。课程标准的蕴意隐含着教师不是教科书的执行者，而是教学方案（课程）的开发者，即教师是“用教科书教，而不是教教科书”。课程标准的范围应该涉及完整个体的发展，而不仅仅是知识方面的要求。[③]从这些意义上来说，可以将基础教育课程标准定义为：由国家颁布的对基础教育阶段的学生在各学科领域应该具备的基本素养或应该达成的学习目标所做出的总体规定。

基础教育课程标准具有三重价值。

第一，基础教育课程标准是国家意志的体现，渗透了社会主义核心价值观，体现了正确的政治价值。我国基础教育课程标准各学科均重视社会主义核心价值观的渗透，还结合学科内容进行有机整合。例如《义务教育语文课程标准（2011年版）》强调：“应该重视语文课程对学生思想情感所起的熏陶感染作用，注意课程内容的价值取向，要继承和发扬中华优秀文化传统和革命传统，体现社会主义核心价值体系的引领作用，突出中国特色社会主义共同理想，弘扬以爱国主义为核心的民族精神和以改革创新为核心的时代精神，树立社会主义荣辱观，培养良好思想道德风尚，同时也要尊重学生在语文学

① 中国大百科全书出版社编辑部.中国大百科全书·教育[M].北京：中国大百科全书出版社，1985：208.

② 教育大辞典编纂委员会.教育大辞典（第1卷）[M].上海：上海教育出版社，1990：280.

③ 崔允漷.国家课程标准与框架的解读[J].全球教育展望，2001（8）：4-9.

习过程中的独特体验。"《普通高中数学课程标准(2017年版2020年修订)》指出:"数学教育承载着落实立德树人根本任务、发展素质教育的功能。数学教育……在学生形成正确人生观、价值观、世界观等方面发挥独特作用。"可见,课程标准在凸显各学科属性的同时,更在一定程度上体现了国家意志。

第二,基础教育课程标准作为指导性文件,具有指导教材、教学和评价,引领教学改革的科学价值。基础教育课程标准规定了各科教材、教学所要实现的课程目标和各科教学中所要学习的课程内容,帮助教师判断课程教材、教学活动、教学环境、教学方式和评价机制等是否合适。同时规定了评价要素以及评价的基本标准,成为度量学生掌握知识和发展能力、评价课程与教学的质量以及度量国家课程为学生提供学习机会的标尺。课程标准的制定和出台使得全国各个地区和各类学校有了统一的标准,能够使课程教学活动或相关改革目标有序、协调地进行,因此也具有引领教学改革的重要价值。从某种程度上来说,第八次课程改革可以视为一场由课程标准驱动的改革。

第三,基础教育课程标准关注社会发展,反映着基础教育的时代精神和发展要求,承载着人们对基础教育未来发展的期望,具有培养合格公民的社会价值。基础教育课程标准是基础教育课程实践的依据,在知识与技能、过程与方法、情感态度与价值观等方面都要体现国家对公民素质的基本要求,最终目标是培养时代和社会所需要的合格公民。如《义务教育地理课程标准(2011年版)》强调"地理课程着眼于学生创新意识和实践能力的培养,充分重视校内外课程资源的开发利用,着力拓宽学习空间,倡导多样的地理学习方式,鼓励学生自主学习、合作交流、积极探究。"《普通高中物理课程标准(2017年版2020年修订)》指出:"高中物理课程……引导学生经历科学探究过程,体会科学研究方法,养成科学思维习惯,增强创新意识和实践能力;引领学生认识科学的本质以及科学·技术·社会·环境(STSE)的关系……"。可见,基础教育课程标准指向教育实践、指向社会生活的价值取向鲜明,关注生活、关注社会、重视实践是基础教育课程标准较为明显的特征,规定了作为一名社会合格公民所应具备的知识、技能、价值观等方面的要求,因此具有培养社会公民的重要价值。

(二)基础教育课程标准的定位

在我国,"课程标准"雏形是随着近代新式学堂的建立逐渐显现的。清朝末年在各级学堂中有《功课教法》《学科程度及编制》等,其中包括课程科目表和课程分年表。

1912年1月,国民政府教育部颁布了我国历史上的第一个课程标准《普通教育暂行课程标准》,包括《国民小学暂行课程标准》《初级中学课程标准》和《高级中学课程标准》,分为总纲和各科课程标准两部分,前者是对一定学段的课程进行总纲设计的纲领性文件,规定了各级学校的课程目标、学科设置以及各年级各学科每周的教学时数、课外活动的要求和时数、团体活动的时数等;后者根据前者又具体规定了各科教学目标、教学教材纲要、教学要点、教学时数和编订教材的基本要求等。[①]中华人民共和国成立后,在全面学习苏联的影响下,“课程标准”一词逐渐淡出了人们的视线,课程计划开始代替课程标准总纲,教学大纲代替各科课程标准。20世纪90年代,在基础教育课程改革的推动下,“课程标准”被重新提出,并且在《面向21世纪教育振兴行动计划》中强调:到2000年,初步形成现代化基础教育课程标准,改革教育内容和教学方法等。

中华人民共和国成立以来,课程标准(教学大纲)一般每隔5~10年会进行一次较大的变迁或修订。我国基础教育发展史上出现的课程标准与教学大纲都是课程设置与管理的纲要性文件,其在作用和性质上大体相近,但规定内容存在差异,教学大纲规定了具体的教与学的目标、内容等,课程标准则是对结果一致性的追求。在具体实施过程中,课程标准留有相对较大的空间,各科教学大纲是规定各门学科具体教学工作的文件,不仅清晰而明确地规定了教学的内容,在教学知识点上也有量化的标准或深度和难度上的标准,甚至教学顺序、教学课时、教学过程中应注意的问题等都会有相关说明,这对教师有直接指导作用。在教学活动上,教学大纲凸显出“刚性”和“技术”取向,即对教师怎么教给出了规范要求和直接指导[②],但由于规定弹性不足,在一定程度上限制了教师创造力的发挥,压缩了教材特色化和个性化解读的空间。课程标准在一定程度上弥补了教学大纲的这种不足,给教师教学留有相对更广阔的空间。

【拓展性资料5-1-1】

教学大纲与课程标准目录对比

《九年义务教育全日制小学语文教学大纲》(1992年版)目录

一、前言

二、教学目的和教学要求

三、教学内容和教学提示

① 胥永华.“课程标准”内涵的变化及其对教育改革的影响[J].教育导刊,2001(13):15-16.

② 余文森.课程教学改革目标方向的40年变迁[N].中国教师报,2018-12-26(6).

四、课外活动

五、教学中应该注意的几个主要问题

六、各年级的具体教学要求

（选自：林治金.语文教学大纲汇编[M].青岛：青岛出版社，2001：423.）

《普通高中语文课程标准》（2017年版2020年修订）目录

一、课程性质与基本理念

二、学科核心素养与课程目标

三、课程结构

四、课程内容

五、学业质量

六、实施建议

附录：古诗文背诵推荐篇目

关于课内外读物的建议

（选自：中华人民共和国教育部.普通高中语文课程标准：2017年版2020年修订[M].北京：人民教育出版社，2020：1-2.）

综上，课程标准是国家对学生在某一方面或某一领域应该具有的基本素质所提出的要求，增加了对科目性质、课程基本理念和标准设计思路的说明，同时对课程目标分类陈述，规定了教学的内容标准，并提出了实施建议。但课程标准并不像教学大纲具体而细致，实施的建议也不是针对教学环节提出的具体规定。我国在2001年启动基础教育课程改革，用课程标准取代教学大纲，改变了大纲对具体知识和技能的教学规定，从多维度对基础教育教学改革进行规约，体现了对素质教育实施的期望。①而对于课程标准的定位问题，即作为基本要求、平均要求、最高要求还是最低要求，大家普遍认为课程标准是学生应达到的基本要求。课程标准定位为最低标准，很可能会导致忽略课程标准而拔高教学要求和考试要求，加重学生的课业负担。考虑到课程标准既要保证社会对教育质量的底线要求，又要满足不同学生的发展需要，将课程标准定位为学生应达到的“基本标准”的说法更为合理。②

---

① 张斌.“课程标准”含义的演变与解读[J].教育学术月刊，2010(6)：70-73.

② 王月芬，徐淀芳.重新反思“课程标准”——国际比较的视角[J].教育发展研究，2010(18)：65-69.

（三）基础教育课程标准的特征

有学者基于相关探索提出课程标准应具有以下几种特征：第一，学术性。学术性是指课程标准要能够反映学科的核心知识和基本技能。第二，科学性。科学性是指本学科的知识体系具有实用性、科学性，并且编排合理。第三，层级性。层级性一方面指课程标准内容具有累进性和渐变性，另一方面指制定层级可分为全国课程标准、地方课程标准等。第四，明晰性。明晰性是指语言要清晰、明确、具体，让人容易理解，不可含糊不清、产生歧义。第五，可测性。为了使课程标准有效地提高学生的学业成绩，标准必须是可测的。第六，均衡性。均衡性是指要平衡教学中存在的诸多矛盾，如：教师讲授与学生探索、独立思考与合作学习、问题解决与基本训练等。①也有学者针对美国中小学共同核心标准总结出课程标准具有基本性、严谨性、明确性、可教性与可学性、可评估性、连贯性、分年级性和国际性等基本特性。②

结合上述课程标准的特征以及基础教育的特性，本书认为基础教育课程标准的特征主要表现为：

第一，面向全体学生。由于基础教育具有基础性、普及性和全面性，因而其课程标准必须面向全体基础教育的学生。我国义务教育、高中教育课程方案及课程标准中多次强调"面向全体学生"。澳大利亚在《墨尔本宣言》提出学校教育应促进教育公平和卓越，使所有澳大利亚的年轻人成为成功的学习者、自信并有创造力的个体以及积极并知情的公民。在澳大利亚F-10年级的课程标准中强调发展学生的个性、挖掘学生的多样性，课程设置应能够满足不同学生的发展需求。③

第二，以学科为基础。基础教育阶段课程以学科为主，课程标准的制定也分学科进行。例如，我国在2020年最新修订的普通高中课程标准中包含语文、数学、生物、物理、化学、英语等20个学科的课程标准；英国2014年出台的国家课程标准包括英语、数学、科学、历史等学科；澳大利亚从2011年开始逐步实施的新版课程标准也包含英语、数学、艺术、体育多个领域。以学科为基础绝不是以学科为中心，而是强调按照学习领域或主题组织教学内容，选择学生在此阶段或为未来生活必备的基础知识和技能，突破学科中心，打破仅以学科自身的系统性、逻辑性为主的局限思维④，努力改善课程杂、难、重复等

① 荣维东.课程标准基本问题探析[J].教育发展研究，2009(2)：71-74.

② 陈燕，宋乃庆.美国中小学共同核心标准的建立及探析[J].比较教育研究，2012(3)：37-41.

③ 杜文彬.澳大利亚中小学课程结构改革及其启示[J].全球教育展望，2017(9)：37-48.

④ 李建平.从教学大纲走向课程标准——课程专家与课程实施者的对话[J].教育发展研究，2002(4)：30-34.

问题,使课程内容与生活以及社会、科技发展的联系更为密切,突出体现义务教育阶段各学科课程的安排或设置服务于学生全面发展的作用。

第三,凸显学段差异。课程标准的编写根据学生发展规律,按年级或学段制定不同的课程标准。义务教育阶段与高中阶段存在差异,因而在制定课程标准时分为义务教育课程标准和普通高中课程标准,义务教育阶段的某些学科也根据不同学段特点制定了不同的课程目标;澳大利亚新课程标准清晰地划分出F-10年级,每个年级都有等级标准、内容标准、成就标准、样本案例。但需要注意的是,虽然分学段编写的内容标准具有一定的统括性,但这样的标准表述形式对于每个年级日常教学要求的把握、每册教材编写难度的把握等,具有一定的局限性。

二、基础教育课程类型

基础教育课程种类丰富,结合基础教育课程的典型特征、依据不同的标准可将其分为以下几种类型:按课程组织形式划分,可以分为学科课程、综合课程和活动课程;按课程决策层次划分,可以分为国家课程、地方课程和校本课程;按课程实施要求划分,可以分为必修课程和选修课程。

(一)按课程组织形式分类

按基础教育课程的组织形式划分,可以分为学科课程、综合课程和活动课程。

1. 学科课程

学科课程主要是以学科知识为中心所构建的课程,中国古代的孔子最早将奴隶社会的文化典籍分成诗、书、礼、乐四科目教授。中国古代的“六艺”和古希腊的“七艺”,在一定程度上也具有学科课程的性质。而近代学校课程则是从“文艺复兴”以来逐步形成的百科全书式的课程。学科课程发展过程中,虽然受到其他课程思潮的影响,但其分科设置课程的基本形式并未受到根本动摇,仍是当代学校构建课程体系的主要方式。学科课程就其自身所凸显的系统性和逻辑性而言,对基础教育有重要意义,“各门学科所反映的科学,具有巨大的认识功能和实践功能……作为现代社会的现代学校,若不以体现科学的各门学科知识为中心、为基础组成课程,现代教育就是不可想象的。”[①]具体而言主要体现在以下几个方面。

① 孙喜亭.当前基础教育的改革是要取代以学科知识为中心的课程体系吗——与一种课程观讨论[J].教育研究与实验,1998(2):4-8+71.

其一,学科课程有助于构建系统的文化知识体系。学科课程的设置为学生学习知识建立了一个“坐标系”,横轴为学科科目,学科课程具有不同类别的科目,以我国基础教育阶段现在开设的学科课程为例,包括语文、数学、英语、历史、政治、生物、物理等若干课程,每个课程都有其现实指导意义,其中包含学生发展过程中需具备的多维度的知识和能力。纵轴为学科层级,学科内学习内容的组织依照学生的发展要求层层递进,每个科目开设的时段根据学生的学习、认知水平开设,比如我国开设物理课的年级为八年级,化学课为九年级,促进学生基础知识框架的构建。其二,学科课程有助于传承珍贵的人类文化遗产。学科课程凝练了人类发展史中的宝贵经验和文化知识,大量丰富的间接知识是学生在亲身实践经历中难以获得的。正是通过学科课程这一中介,宝贵的文化遗产才得以一代又一代传承。基础教育阶段是学生形成知识观、价值观、人生观、世界观的重要阶段,文化遗产是国家和民族历史文化成就的核心标志,学科课程在增加学生知识储备的同时,也在无形中强化了学生的责任意识,增强了他们的文化自信和文化自觉;其三,学科课程有助于提高学生实践的基础水平。学科课程内容主要由间接知识构成,有利于在有限的时间内不断丰富学生的知识体系。学生学习的间接经验成为实践的起点,在此基础上进行开发和创造,不断更新已有知识,进而提高实践水平。

2. 综合课程

综合课程是集学科课程和活动课程部分特点于一体的课程类型。一方面,综合课程作为对学科课程的继承与创新,既保持了学科课程长期形成的许多特点和优势,例如知识结构的相对系统性和完整性,教学活动的目的性与计划性等;另一方面,相较于学科课程,其又有注重学生综合知识和综合能力等优势,而这个特点与活动课程的特点相符合。综合课程自身所具有的最大性质即综合性,表现为两个方面:一是课程内容的综合性;二是活动形式的综合性。

综合课程类型多样,比较常见的综合课程表现形式主要分为三类:第一类为相关课程,指不打破学科界限,仅是加强学科在某些主题或观点之间的联系,如地理、历史、政治之间或物理、化学、生物之间的联系。第二类为融合课程,指打破原有的学科界限,将相关课程融合为一个新学科,在综合程度上超过了相关课程,如把地理、历史综合形成社会课程,把音乐、舞蹈、美术等融合成为艺术课程。第三类为广域课程,能够覆盖一个甚至多个知识领域,不限于相关学科的知识,也可以整合多个知识分支,综合的范围更加广泛。第四类为核心课程,不同于上述三种基于学科综合课程的方式,这类课程是以社会生活领域的问题为中心而组织的。

3. 活动课程

活动课程是基础教育阶段不可或缺的重要组成部分,是指学生通过各种有计划、有组织、有目的的活动而获得的促进身心全面发展的教育性经验。[①]活动课程理论的发展可追溯到卢梭的自然主义教育理论,以开发和培育学生内在的、自发的价值为目标,将生活现实和社会课题作为课程内容,以游戏、劳动等方式实施,着眼于学生的兴趣和动机,使学生在参与活动的过程中获得直接经验和感性认识,最终是为了培养丰富的具有个性的主体,提高学生解决生活实际问题的能力。

活动课程的主要特征是活动性、开放性、系统性和体现学生的主体性。[②]"活动性"主要表现在四个方面:一是学生在活动中获得"活"的情感体验;二是学生在活动中培养灵活的思维方式;三是活动适应学生不同的发展特点、兴趣爱好;四是调动身心一起投入活动。"开放性"指构成活动课程的各要素与实施中涉及的要素是非封闭的,主要包括:活动内容的开放,活动内容可以是多方面的,既可以来自学科知识,也可以来自学生个人的兴趣爱好;活动空间的开放,一方面教室内部的空间结构可以改变,另一方面活动空间不限于教室,可以将校园甚至社区作为活动空间;"系统性"指学生参加活动的类型体系化,以及参加活动的水平层级化。相较于学科课程而言,活动课程为学生的能动性、自主性、创造性的有效发挥提供更多条件,更易凸显学生的主体性。活动课程的这一特征对激发学生学习动机、培养学生学习兴趣、锻造学生意志、培育学生性格等方面有重要作用。

活动课程的类型丰富多样,根据开展活动课程的目的,结合基础教育阶段开展活动课程的情况,可将活动课程分为以下几种类型:第一类是以人际交往为主的活动课程。例如班级团体活动、校园集体活动、演讲、辩论等交流性质的活动课程,这些活动课程对培养学生表达能力、社交能力有极大帮助;第二类是以体验审美为主的活动课程。例如以培养学生兴趣、特长为主的艺术类活动课程,还有组织学生探访名胜古迹、走进大自然等研学活动;第三类是以实践操作为主的活动课程。这类课程锻炼学生的动手能力,培养学生的劳动能力,如手工制作、进行基础劳动等活动课程。

---

① 靳玉乐.现代课程论[M].重庆:西南师范大学出版社,1995:335.

② 李臣.活动课程研究[M].北京:教育科学出版社,1998:62.

(二)按课程决策层次分类

按照基础教育课程的决策层次划分,可分为国家课程、地方课程和校本课程。课程权力分配于国家、地方和学校三级,各级主体都有各自的职责和使命,避免课程管理过于集中,给予地方和学校一定的空间,有利于形成各个地方、学校的特色,进而促进学生个性的形成。

1. 国家课程

对于国家课程的含义,学者们有不同的表述。有学者从功能的角度将国家课程定义为"政府旨在提高教育质量的核心教育策略。它赋予所有学生清楚、全面、法定的学习权利,规定教学的内容和目标,明确学业成就的评价方式"①。有学者从过程的角度认为"国家课程是国家规定的课程,它集中体现一个国家的意志,专门为培养未来的公民而设计,是依据未来公民接受教育之后所要达到的共同素质而开发的课程"②。国家课程有广义和狭义之分,从广义上来说,指国家有关部门制定和颁布的各种课程政策,比如教育部制定、颁布的课程管理与开发政策、课程方案,各类课程的比例和范围,教材编写、审查和选用制度等。从狭义上来说,国家课程是指国家委托有关部门或机构制定的基础教育的必修课程或核心课程的课程标准或大纲。无论广义还是狭义,国家课程都集中体现国家的意志,是决定一个国家基础教育质量的主要因素,具有统一规定性和强制性。

国家课程具有以下作用:一是保障学生学习的权利。每个学生都有获得知识、发展自身的机会,国家课程面向全国学生,保证其在一定范围内的学习权利,使学生在学习知识和技能的同时,又能追求自我价值。因而国家课程标准是基础性的,是面向绝大部分学生的。二是衡量教育质量的标准。国家课程为地方政府、学校、教师、学生、家长等提供了清晰的标准,划定了学生应达到的水平,是不同个体、不同学校、不同地方教育之间进行比较的标准,是进行教育评价的主要依据。三是增强课程的连贯性和系统性。国家课程规定每一阶段应达到的目标,这种目标带有强制性,形成了国家课程框架,同时课程内容层层递进,有助于联结各个年级、学段的知识内容,构建完整的知识体系。

---

① 汪霞.国家课程和学校课程——英国中小学基础学科解析(之一)[J].外国教育资料,2000(6):13-17.

② 钟启泉,崔允漷,张华.为了中华民族的复兴 为了每位学生的发展:《基础教育课程改革纲要(试行)》解读[M].上海:华东师范大学出版社,2001:355.

【案例5-1-1】基于学科育人功能的课程综合化实施与评价

巴蜀小学作为重庆市走在教育前沿的优质学校，在18年的教学改革创新实践当中，从“学科育人”思想出发，充分发挥各学科独特育人功能与学科间综合育人功能，以国家课程方案和小学课程标准为依据，以国家基础课程为主干，以课程综合化实施为路径，旨在突出学科本质和培养学生综合素质，逐渐形成了围绕育人目标将“内容—过程—评价”一体化的课程创新实践模式。

在长期的教学实践中，巴蜀小学一直秉持“学科的本质是学科的育人功能”“课程综合化实施是对‘消解学科’与‘学科至上’的破解”“课程综合化评价是对‘成为什么样的人’的引领”“教育是做的哲学”等理念，通过构建学科内整合、学科间关联的课程，综合化内容框架，探索行之有效的课程综合化操作路径和多元综合的学生评价体系。在长期的探索过程中，该课程经历了推动“学科+技术”教学变革(2001—2004年)、探索“学科+学科”主题融合(2004—2009年)、发展“学科+生活”项目学习(2009—2012年)、深化“学科+”研究与成果推广(2012迄今)四大阶段，最终通过学科内整合，“化、联、跨、并、凝、问”等“学科+”形式将相关学科的教育内容与生活有机整合，形成主题性学习领域、项目等；以提高儿童综合分析问题、解决问题能力为目标，探索课堂教学与社区服务、研究性学习与社会实践相结合的途径和方法，构建“生动，互动，灵动”的律动课堂，实现教学实施综合化。最后构建课程评价综合化。

在18年的教育教学实践中，该校紧紧围绕“基于学科的课程综合化”进行了不懈的探索，形成了一整套行之有效的实践范式，丰富并创新了以儿童为中心、发展素质教育的小学教育教学改革的理论与实践，并被应用到重庆33所学校以及全国数十所学校的实践当中，影响辐射至英国、美国、新加坡等国家，也在国家“一带一路”倡议中发挥了积极作用。该项目也提升了学生的发展质量，先后走出故事大王、电视节目小主持人10名。教师专业化得到了长足发展，全国优秀学科教师12名，学科赛课一等奖25名，全国、市、区优秀班主任7名。在《人民教育》等期刊上发表相关论文20余篇，出版《评价引领学校发展》《律动教育实践指南》等专著6本、教材5套。《中国教育报》、《重庆日报》、新华网等15家媒体进行了全方位报道。2013年7月，相关成果《小学“生活德育”课程的实践研究》获得重庆市教学成果一等奖，2015年1月，在中国教育学会第四届中国小学校长大会论文评选中获得一等奖，2017年12月，获得重庆市教学成果一等奖。顾明远等一大批教育名家走进巴蜀，高度肯定本成果是一个创意、务实及未来之举，是一场有效的变革性实践，并获得了“素质教育看巴蜀”的赞誉。

（本案例为重庆市巴蜀小学校主持的2018年基础教育国家级优秀教学成果奖特等奖成果）

2. 地方课程

地方课程是在国家规定的基础教育阶段的课程计划内，由省一级的教育行政部门或其授权的教育部门依据当地的政治、经济、文化、民族等发展需要而开发的课程。[①]在此基础上进一步深化地方课程的含义，即地方课程是指地方各级教育主管部门根据国家课程政策，以国家课程标准为基础，在一定的教育思想和课程观念的指导下，根据地方经济、政治、文化的发展水平及其对人才的特殊要求，充分利用地方课程资源而开发、设计以及实施的课程。

地方课程的主要作用为：第一，填补国家课程的空缺。国家课程具有普适性，是面向所有学生设定的课程，规定了具有普遍意义的学科。但国家课程很难适应所有地区的经济、文化状况，也很难满足所有地区的实际需求。国家课程只是基础性课程，无法覆盖所有地区、涵盖所有内容，地方课程可以在一定程度上填补国家课程的空缺。第二，促进地方教育发展。地方课程是教育与地方社会经济发展、人文传统文化相结合的课程，对学生深入了解本地经济、文化有重要作用。第三，推动地方性课程改革。地方对地方课程的开发和改革拥有主导权，因而地方课程能有效调动地方进行课程开发的主动性和积极性，促进课程改革的深入推进。

【案例5-1-2】中国基础教育体育与健康课程改革的实践探索和理论创新

长期以来，我国中小学体育教学内面临着竞技化、成人化，教学方法单一化、刻板化，师生关系紧张，课堂气氛沉闷，学生上体育课运动量不够等导致的“学生喜欢体育活动而不喜欢体育课”等问题。

为了解决上述问题，该项目组织秉持体育与健康课程应树立“健康第一”的思想；体育与健康课程应构建有助于学生健康发展的课程结构；体育与健康课程应重视“目标统领内容”；体育与健康课程应采用多样化的教学方式；体育与健康课程应构建多样化的

① 钟启泉，崔允漷，张华．为了中华民族的复兴　为了每位学生的发展：《基础教育课程改革纲要（试行）》解读［M］．上海：华东师范大学出版社，2001：355.

学习评价体系；体育与健康课堂教学氛围要有助于学生“兴趣盎然、主动学习、身心投入、充满活力”；体育与健康课程应构建基于课程标准的“体育与健康课堂教学质量评价体系”的理念，在全国300多所中小学开展相关问题的实践探索和教学研究，深入中小学与一线体育教师进行交流和互动，同时利用建立中国体育与健康课程网站、主持的培训者培训、教材培训、国培计划、教研员研修等方式，交流、宣传和推广体育与健康课程的新理论和方法。

在长期的一线实践当中，该项目开展了中国前所未有的体育校本课程建设，率先组织和联合全国100多所学校开展了体育的校本课程和地方课程的实践探索、研究。同时在积极面对本土问题和吸收国外先进经验的基础上，创立了“中国健康体育课程模式”，在全国50多所学校的10多万名学生中进行了实验，结果表明，体育教育对学生的身心健康发展效果明显。目前也正在向全国推广应用。该成果构建了“健康第一”指导思想下的体育与健康的课程结构、课程目标、课程内容、教学方法、学习评价、质量评价等理论体系，同时提出了基于学生健康发展的体育与健康课程理论观点。

该成果作为一项综合性的教学成果，其应用面之广、受众人数之多、影响之深前所未有，大大推进了中国体育与健康课程的实践探索和理论创新。其建立的体育校本课程和地方课程开发、中国健康体育课程模式、中小学体育新课程学习评价等成果被全国许多学校借鉴与运用。同时，更新了体育教师的教育观念和行为，学生的体育与健康态度和行为发生了可喜变化，从而也有效地促进了教师、学生和课堂教学发生显著的积极变化。该课程模式在全国50多所学校的10多万名学生中进行了实验，结果表明对学生的身心健康发展效果明显，目前正在向全国推广应用。

（本案例为华东师范大学主持的2014年基础教育国家级优秀教学成果奖一等奖成果）

3. 校本课程

所谓校本，是指“为了学校”“在学校中”和“基于学校”。“为了学校”主要以改进学校实践、解决学校所面临的问题为指向；“在学校中”和“基于学校”强调树立这样一种观念，即学校自身的问题要由学校中的人来解决，要经由学校校长、教师的共同探讨、分析来解决，所形成的解决问题的诸种方案要在学校中加以有效实施。[①]校本课程有广义和狭义之分。广义的校本课程指的是学校所实施的全部课程，既包括学校所实施的国家

① 郑金洲.走向“校本”[J].教育理论与实践，2000(6)：11-14.

课程、地方课程,也包括学校自己开发和实施的课程。而狭义的校本课程专指校本课程,即学校在实施好国家课程和地方课程的前提下,自己开发的适合本校实际的、具有自身特点的课程。目前,人们习惯将学校开发的课程称之为校本课程,以区别广义的学校课程。[①]总之,校本课程即以学校为本位、由学校自己确定的课程,它与国家课程、地方课程相对应。

校本课程有助于落实国家课程和地方课程。校本课程的目标与国家课程人才培养目标一致。在此前提下,校本课程的开发可以是基于国家课程、地方课程的改革与创新,也可以是根据学校和师生的实际情况另行开发独具特色的课程。相较于国家课程和地方课程,校本课程针对的范围更小,可以更好地了解学生的需求、考虑学生的差异,有助于满足学生多样化发展需求,有助于促进教师专业发展,校本课程的开发需要更多基层教师的参与,不仅有利于促进学校教师间的交流合作,更能进一步促进教师间的相互学习,加快教师成长速度。

【案例5-1-3】西部农村儿童线描画特色校本课程开发与实施

重庆市北碚区复兴小学(原北碚区复兴镇中心校)是一所典型的农村学校,2017年以前,办学条件极其简陋,在校本课程开发过程中遇到诸多难题。农村小学校本课程资源匮乏,师生只有传统课本,大量可用于学校课程开发的优秀民间文化资源却闲置、失传或遗忘;农村小学素质教育落空,受应试教育影响,重语数外,忽视学生的艺术教育,学生审美综合素养缺失;农村小学美术专业师资严重不足,多为语数学科教师替代,美术课堂阵地根本无法保障;农村小学办学缺少特色,重知识忽视学生综合素质,重同质发展,轻艺术发展,缺上位思想引领。

为有效解决以上提到的难题,重庆市北碚区复兴小学在艰苦的条件下,通过挖掘地方传统文化,开发"西部农村儿童线描画"这一乡村美术校本课程。复兴镇农村线描画为地方传统美术文化,加上学校所处地区的生活、环境资源丰富,学校发掘身边的这些艺术资源,寻找政府、高校、民间艺人、专业团体的支持与合作,通过开发、实践、修正和推广,共同开发形成特色校本课程;通过实践研究,建立校地合作帮扶策略,增强基层小学与高校合作信心,形成校本课程开发与实施的行动路径;与西南大学基础教育研究中心和西南大学美术学院合作,开辟农村小学与高校合作研发校本课程的新路径;独创西

① 许洁英.国家课程、地方课程和校本课程的含义、目的及地位[J].教育研究,2005(8):32-35+57.

部农村儿童线描画平行线造型语言9大类117种纹式表现技法,让教师易教,儿童易学,易于推广。该成果坚持全面普及与学生的个性发展相结合的实施原则,从发现问题、实践研究到实践检验,历时16年,经过现状调研、初步探索、方案设计、镇内实施、全区推进、市外辐射、实践检验等环节。

《复兴农村儿童线描画》校本教材在北碚区内52所小学推广使用,并通过网络远程和实地送教辐射到香港、上海、浙江、广东、云南等地60所中小学,数十万名学生受到复兴线描画艺术的熏陶;学校老师2012年赴法国、比利时、意大利等欧洲国家交流,近五年,浙、云、贵、川、藏等50余个教育考察团到该校交流;实现农村小学特级教师零的突破,产生全国优秀教育工作者1人、重庆市教师培训专家1人、市级骨干教师1名、北碚区学科带头人1人、区级骨干教师23名、北碚区教育科研资源库专家2人;同时复兴小学被评为"全国美育工作先进单位"和"全国中小学中华优秀文化艺术传承学校";授牌为重庆市"艺术特色学校""少儿美术特色示范学校""十佳特色文化校园"。法新社、马来西亚电视台、重庆卫视、重庆日报、新华网、中国文化报等众多媒体做了报道。

(本案例为重庆市北碚区复兴小学主持的2018年基础教育国家级优秀教学成果奖一等奖成果)

(三)按课程实施要求分类

按实施要求划分,基础教育阶段的课程可分为必修课程和选修课程。

1. 必修课程

必修课程指所有学生必须全部修习的公共课程,它体现了国家对学生发展的共同基本要求。[①]根据我国于2011年修订的义务教育课程标准,小学阶段的必修课程有语文、数学、英语、美术、体育与健康、音乐等课程,2017年小学科学课程、实践活动课程也被列入必修课程,并印发了相关课程标准。初中阶段的必修课程包括语文、数学、外语、思想品德、历史、地理、生物学、物理、化学、体育与健康等课程。根据2017年印发的《普通高中课程方案和语文等学科课程标准》,高中阶段的必修课程包括语文、数学、外语、思想政治、历史、地理、物理、化学、生物学、技术、艺术、体育与健康、综合实践活动等。另有一种类型为选择性必修课程,这是根据学生个性发展和升学考试的需要而设置的,供学生选修选考。

---

① 靳玉乐.课程论(第2版)[M].北京:人民教育出版社,2015:244.

2. 选修课程

选修课程是由学校根据实际情况统筹规划开设，学生自主选择修习的课程。选修课程既包括国家在必修和选择性必修基础上设计的拓展、提高及整合性课程，也涉及学校根据学生的多样化需求，当地社会、经济、文化发展的需要以及学校办学特色等设计的校本课程。选修课程与必修课程互补互促，弥补了必修课程因规定性、系统性而无法兼顾个性的局限，富有弹性的选修课程也为尊重学生个体差异、引导学生个性发展提供了课时保障。比如，《普通高中课程方案和语文等学科课程标准（2017年版）》中明确规定学生在高中毕业时需修习选修课程，且不低于14学分，其中校本课程学分不低于8分。

三、基础教育课程设置与开发

基础教育不同阶段的课程设置各有侧重，整个课程设置除了具备基本特征外，还具有衔接性、综合性与平衡性等特点。课程开发，尤其是校本课程开发能够进一步丰富课程设置，补足国家课程缺乏关照地区、学校特殊性的不足，促进学校、教师和学生的个性化发展。

（一）基础教育课程设置的特点

一是衔接性。基础教育每个阶段的课程设置都依据上个阶段的课程教学内容不断深化，并增加适宜该阶段学生身心成长、符合该阶段目标要求的内容。我国课程标准中详细规定了每个学段、每个学科中不同板块的学习要求，可以有效体现其衔接性。

二是综合性。基础教育课程的学科体制是一个系统的体系，重视不同领域的课程，特别是艺术、体育、综合实践活动等课程对学生发展的重要价值，强化学科间的联系，逐渐淡化以往泾渭分明的学科边界。综合性主要体现为综合学科知识，即整合科学知识、社会生活和个人经验；设置综合课程，如我国在小学、初中阶段都设置了综合课程，且为必修课，日本也在基础教育阶段开设综合性学习课程，作为课程与教学的一大领域；开展综合实践活动课程，包括信息技术教育、研究性学习、社区服务与社会实践、劳动与技术教育，国家所开设的科技教育类课程、实践类课程也都包含在内。

【案例5-1-4】基于综合实践活动的生涯教育实践探索

西南大学附属中学秉承西南大学“含弘光大 继往开来”校训,坚持“立人·新民”的办学理念,探索基于综合实践活动的生涯教育。学校存在综合实践活动课程碎片化、目标散漫,生涯教育空洞、缺乏载体等问题。中学可基于综合实践活动实施生涯教育认识不足、重视程度不够。基于综合实践活动的生涯教育课程不系统,亟待提高学理、推广等问题。

为此,学校以生涯教育为主线,以研究性学习、设计制作、社会实践、研学旅行、社区服务、职业体验等综合实践活动为主要载体,融入学科课程和劳动教育,促进学生生涯规划能力、实践创造能力和生涯发展动力良性互生,提升学生认知、合作、创新、职业等生涯关键能力。1997年,学校承担省级社科重点课题,实行“人格、能力、特长”育人模式,围绕“终身教育”开设研究性学习、活动课程及主题教育。实施师生“双适应双发展”教育,着眼师生“终身发展”,以特色弹性小课程为有效载体和途径,开展研学旅行、英才雏鹰、研究性学习、高中发展促进计划,学校结合组团式援藏贵云、校地合作、扶贫支教和乡村振兴,通过结对、培训、云课程等,促进成果推广。

成果在全国率先以综合实践活动形式推进生涯教育。创新构建了课程容量、教学难度、生涯师资、兴趣差异均有弹性的系列课程,形成以综合实践活动为原点的生涯教育课程体系。创新建立了“与高校院所联合、与家校社企汇合、与研学旅行融合、与学科课程整合”的运行机制,常态化实施基于综合实践活动的生涯教育。

近五年获全国十佳科技、十佳生态、十佳创新等学校荣誉63项;学生竞赛奖项国际74人次,国家542人次,省级2 274人次;常态开展科创环保等国内外项目43个,研学旅行8 243人次;探究小课题9 315个,学生发表论文54篇,专利247个;教师围绕项目在核心期刊《人民教育》等发表论文118篇;编著出版《励生涯》等论著50部,校本课程读本8本。学校建立生涯发展、人文强基、学生活动等六大中心数万平方米校内场馆和60余个校外生涯教育基地,每年至少举办省级以上主题学术会议1次,已辐射20余省千余校,并会同北京大学、清华大学、西南大学等开设生涯教育系列课程。仅2019年以来该项目就被中国中央电视台、《人民日报》、《光明日报》等主流媒体报道30余次。

(本案例为西南大学附属中学主持的重庆市2021年基础教育教学成果特等奖成果)

三是平衡性。在课程体系中,每一学科课程都有学时安排,此安排是根据课程设置适应学生和社会的发展需要制订的。平衡性代表学校课程体系中的不同课程类型和具体科目有合适而恰当的比重，展现每门学科的独特性和价值，并利用学时安排弥补和缓解单门学科中的缺陷和不足。例如，我国义务教育阶段现行的课时安排中除了语文课程所占比重比较大为20%~22%以外，数学所占比重为13%~15%、外语所占比重为6%~8%、体育与健康所占比重为10%~11%、艺术所占比重为9%~11%、科学所占比重为7%~9%、思想品德一类课程所占比重为7%~9%，虽然因课程内容在课时分配上稍有浮动，但总体上都保持每门学科有恰当的比重。

（二）基础教育各阶段课程设置

小学阶段课程设置以培育学生学习兴趣，培养学生基本知识、基础能力为出发点，大部分课程是必修课程，集中于学生的基本语言能力、计算能力、审美能力、体育健康、科学意识等方面，为学生全面发展夯实基础。以我国小学教育阶段课程设置情况为例，小学低年级开设品德与生活、语文、数学、体育、艺术（或音乐、美术）等课程；小学中高年级开设品德与社会、语文、数学、科学、外语、综合实践活动、体育、艺术（或音乐、美术）等课程，在课时安排上明显侧重于语文和数学学科。

初中阶段课程设置在进一步加强基础知识和技能学习的基础上，倡导培养学生综合能力、引导学生个性发展，因而学校在一定程度上会开设选修课，满足不同学生的需要。以我国为例，初中阶段设置分科与综合相结合的课程，主要包括思想品德、语文、数学、外语、科学（或物理、化学、生物）、历史与社会（或历史、地理）、体育与健康、艺术（或音乐、美术）以及综合实践活动。在积极倡导各地选择综合课程的背景下，各地学校都在努力创造条件开设选修课程。此阶段是青少年价值观、世界观形成的重要时期，"社会道德""社会品德""公民教育"等在这一阶段显得尤为重要，需要渗透到各科教学。

高中阶段课程设置使学生在普遍达到基本要求的前提下又充分发展个性，在设置必修课程的基础上，适当增加选修课的比例，且形式更加多样，学生可以根据自己的兴趣和未来职业方向进行修习。比如，法国高中提供普通取向、技术取向和职业取向三种取向的课程，其中普通取向的高考分为ES（经济与社会学）、L（文学）、S（科学）三种类型。

【拓展性资料5-1-2】

中、韩、法三国基础教育阶段课程设置情况

表5-1-1　中国基础教育阶段课程设置表

<table>
<tr><th colspan="2">学段/年级</th><th>课程设置</th></tr>
<tr><td rowspan="6">小学</td><td>1年级</td><td rowspan="2">语文、数学、体育、艺术(或音乐、美术)、品德与生活、地方与学校课程</td></tr>
<tr><td>2年级</td></tr>
<tr><td>3年级</td><td rowspan="4">语文、数学、体育、艺术(或音乐、美术)、科学、外语、品德与社会、综合实践活动、地方与学校课程</td></tr>
<tr><td>4年级</td></tr>
<tr><td>5年级</td></tr>
<tr><td>6年级</td></tr>
<tr><td rowspan="3">初中</td><td>7年级</td><td rowspan="3">语文、数学、体育与健康、艺术(或音乐、美术)、科学(或生物、物理、化学)、历史与社会(或选择历史、地理)、外语、思想品德、综合实践活动、地方与学校课程</td></tr>
<tr><td>8年级</td></tr>
<tr><td>9年级</td></tr>
<tr><td rowspan="3">高中</td><td>1年级</td><td rowspan="3">语文、数学、外语、思想政治、历史、地理、物理、化学、生物学、技术(含信息技术和通用技术)、艺术(或音乐、美术)、体育与健康、综合实践活动、校本课程</td></tr>
<tr><td>2年级</td></tr>
<tr><td>3年级</td></tr>
<tr><td colspan="3">注:综合实践活动主要包括:信息技术教育、研究性学习、社区服务与社会实践以及劳动与技术教育。</td></tr>
</table>

表5-1-2　韩国基础教育阶段课程设置表

<table>
<tr><th colspan="2">学段/年级</th><th>课程设置</th></tr>
<tr><td rowspan="6">小学</td><td>1年级</td><td rowspan="2">语文、数学、规律生活、智慧生活、快乐生活、创新体验活动(包括安全生活)</td></tr>
<tr><td>2年级</td></tr>
<tr><td>3年级</td><td rowspan="4">语文、社会/道德、数学、科学/使用艺术、体育、艺术(音乐/美术)、英语、创新体验活动</td></tr>
<tr><td>4年级</td></tr>
<tr><td>5年级</td></tr>
<tr><td>6年级</td></tr>
</table>

续表

学段/年级		课程设置
初中	7年级	语文、社会/道德、数学、科学/使用艺术、体育、艺术(音乐/美术)、英语、选修课程、创新体验活动
	8年级	
	9年级	
高中	1年级	基础型:语文、数学、英语、韩国历史 研究型:社会[包括历史/道德(含有基础课程综合社会)]、科学(含有基础课程综合科学、科学探索实验) 体育与艺术:体育、艺术 生活文化:家庭技术/第二外语/中文/文化 创新体验活动 选修课程(根据学生喜好及职业选择决定)
	2年级	
	3年级	

表5-1-3　法国基础教育阶段课程设置表

学段/年级		课程设置
小学	预备班	法语、数学、体育、外语、艺术实践和艺术史、发现世界
	基础班第1年	
	基础班第2年	
	中级班第1年	法语、数学、体育、外语、实验科学与技术、人文文化(艺术实践和艺术史、历史地理公民教育与道德)
	中级班第2年	
初中	6年级	法语、数学、历史地理公民教育、第一外语、SVT、物理化学、技术、体育、造型艺术、音乐教育、个性化辅导、课堂生活时间
	5年级	法语、数学、历史地理公民教育、第一外语、第二外语、SVT、物理化学、技术、体育、造型艺术、音乐教育、个性化辅导、课堂生活时间
	4年级	
	3年级	
高中	1年级	法语、历史地理、第一外语、第二外语、数学、物理化学、生命科学与地球科学、体育、公共教育法律和社会、个性化辅导、探索课(可在一定范围内选择)、课堂生活时间

续表

<table>
<tr><th colspan="2">学段/年级</th><th>课程设置</th></tr>
<tr><td rowspan="2">高中</td><td>2年级</td><td>公共必修课：法语、第一外语、第二外语、体育、公民及道德教育、个性化辅导、个人工作框架、课堂生活时间、小组讨论
专业必修课：经济与社会科学(ES)、历史地理(L)、数学(S)、科学、文学(L)、外语讲授的外国语言文学(L)(注：L科的学生必须从艺术、表演、古拉丁语或古希腊语、第三外语、数学或者第一外语和第二外语的深入学习中选择一门进行学习；S科的学生有马术和社会文化实践可供选择)
选修课：计算机与数字创意、第三外语、古拉丁语、古希腊语、体育、艺术(注：从以上课程中选择两门)</td></tr>
<tr><td>毕业班</td><td>公共必修课：第一外语、第二外语、体育、公民及道德教育、个性化辅导、课堂生活时间
专业必修课：经济与社会科学(ES)、历史地理、数学(S)、科学、哲学、文学(L)、外国语言文学(L)、生态农艺(S)
选择性专业必修课：ES科的学生可以从数学、政治与社会科学、经济学深入课程中进行选择；L科的学生可以从艺术、表演、古拉丁语或古希腊语、第三外语、数学或者第一外语和第二外语的深入课程，数学、法律与当代世界重大问题中选择一门进行学习；S科的学生可以从数学、物理化学、生命和地球科学、数字信息科学、生态学农学和领土中进行选择(注：S科类学生无法选修计算机与数字创意，有马术和社会文化实践可供选择)
选修课：计算机与数字创意、第三外语、古拉丁语、古希腊语、体育、艺术(注：从以上课程中选择两门)</td></tr>
</table>

（三）基础教育课程开发

基础教育课程开发按开发主体层级可划分为国家课程开发、地方课程开发、校本课程开发。国家课程开发通常由教育部及其授权部门主导、有威望的教育专家参与，一方面进行国家课程开发，包括制定课程计划和国家课程标准、制定教材编写、审查与选用的政策，并组织审定基于课程标准编写的教材等；另一方面也为地方课程开发提供指导，包括制定地方课程开发与管理指南、审查地方课程开发方案或计划、制定和颁布地方课程的课程标准等。地方课程开发也是由政府部门主导，按照国家课程计划的要求，组织专家或与专家合作开发地方课程，例如制定省（自治区、直辖市）地方课程实施细则，编制地方课程标准和进行教材开发，制定学校实施地方课程的指导性意见；对省（自治区、直辖市）范围内地方课程的开发与管理进行指导，并编制相应的工作程序和评估标准；建立面向省（自治区、直辖市）的课程资源库，并对课程资源进行必要的加工整理等。[①]

① 高定量，黎薇娜，刘旭东．地方课程建设[M]．兰州：甘肃教育出版社，2018：23.

【案例5-1-5】农村薄弱学校体艺校本课程开发与实践

广东佛山南海西樵镇民乐小学曾是一所“待撤并”的农村薄弱学校，生源75%来自外来务工人员子弟。而该所学校在实际发展过程中，面临学校体艺校本课程资源匮乏，岭南优秀乡土文化资源闲置、遗忘或失传；学校体育、艺术教师短缺，体艺课堂教学难以满足学生学习需求；外来务工人员子女个性特长和综合素质不足，缺乏自信；学校办学缺少特色，缺少上位教育理念引领等问题。

为解决学校发展存在的问题，学校通过挖掘岭南优秀乡土文化资源，秉承以体树人，以美化人，人人出彩的理念，建构“3+1+N”体艺校本课程（优质落实少儿狮艺、童画与扎作、器乐与合唱3门体艺校本课程，发展1项体艺特长，实施N项体艺课外活动），培养学生的体育艺术特长和学习能力、实践能力、创新能力；厚植师生文化自信、家国情怀，促进学校特色发展。2004年以校级课题为支点，整合本土醒狮技艺，从兴趣小组社团活动走向全员研习。同时，邀请非遗传承人，本土音乐制作人，高校、教科研专家组建成课程开发顾问团队，聘请民间师傅到校指导，引入专业教师、培训提升体艺教师。学校坚持“面向人人、人人出彩”的课程实施理念，推行每天一节体育课、每日一节常态活动课、每天一小时特长课、每周一次舞台展示、每月一次主题竞赛、每季度一次体艺节的“六个一”工程。通过多样化实施推广，学校特色发展经验在全国推广。

成果建构的“3+1+N”体艺校本课程内容形成创新，首创了全员研习的“大头佛”民间舞蹈技艺，创新狮艺技艺与音乐舞蹈、舞台艺术相融合的吟、唱、跳、武等“狮艺”表现形式，编定6~12岁醒狮器材规格，编制了少儿舞台狮艺的竞赛规则。通过内拓外联，与高校、教科研机构、民间传承人等合作交流，开辟了薄弱学校与教科研机构合作研究的新路径，推动薄弱学校转型发展。

学生参加省级以上大赛获奖1 930人次，随团官方出访澳大利亚及瓦努阿图。学校走出奥运冠军，省高考状元，北大、清华、中央美院等学子，同时出版了《农村薄弱学校体艺校本课程开发与实践》论著及《岭南少儿狮艺》校本课程，制作了100多节少儿狮艺微课。学校获“全国小学体育活力校园”“国家青少年体育俱乐部”“广东省中小学艺术教育特色学校”等35项殊荣；获央视播报18次，3次登上央视春晚，中国教育报等媒体报道26次；学校举办全国学术会议，受邀做20次以上主题报告；国内外学校40余个考察团到校考察，影响6个国家近百所学校。

（本案例为广东省佛山市南海区西樵镇民乐小学周少伟主持的广东省2021年基础教育教学成果特等奖成果）

学校是真正执行课程计划、发生教学、将课程构想转化为现实课程的主阵地，校本课程开发主要包括两种途径：一是国家课程校本化实施。学校立足于学校实际，如教育理念、办学宗旨等，将国家课程进行分类和整合。重庆市谢家湾小学所打造的学科课程、社团课程、环境课程三类一体的“小梅花”课程是国家课程校本化的典型案例。

【案例5-1-6】谢家湾小学以课程整合促进学校变革——“小梅花”绽放每个孩子的光彩　以孩子为中心：一切有积极影响的元素都是课程

什么样的课程才是以孩子为中心的课程呢？为找到答案，谢家湾小学校长深入各省市30余所中小学，市内50余所城市或乡村学校，就各区域课程设置和实施情况，广泛调研学生、家长、教师、教育管理或研修机构人员、社会人士等。发现旧有的课程体系存在课程门类繁多、分科过细、内容陈旧、交叉重复的问题：十多门课，几乎占满了孩子的在校时间，学生的特长爱好只能周末花钱去培训；学科之间分割太细，存在着很多的交叉和重复；同时，在学科专职化要求下，学科教师一本教案多班教学，习惯性地照本宣科，每周要面对150至500名学生，很难因材施教。

发现这些问题后，学校开始推行的课程改革变得更加具有针对性。凭借曾经在幼儿园、村小丰富的从教经历，校长对原有的课程体系进行了“大改造”：根据学生未来发展需要的关键能力和核心素养，以及基础性、综合性、选择性学习的特点，确立“一切有积极影响的元素都是课程”的课程视野，建构了融合学科课程、社团课程、环境课程于一体的“小梅花”学校课程体系。

在保障国家课程目标不降低、内容不减少的前提下，学校将现有十几门课程整合为语文漫道、数学乐园、英语交流、科学探秘、体育运动、艺术生活6门课程，主要集中在上午完成。

在接下来的日子里，校长带着全校教师，认真分析现有教材，确定整合学科、提炼学科精神、梳理学科知识目标……教师不再抱着教材教死书，而是从原来的以教材为中心，走向了以孩子为中心。教师们以教研组为单位，深度咀嚼课标，反复集体备课、联合教研，主动、个性化、多元地设计教育教学活动。

走进谢家湾小学，你会看到这样的课程“风景线”：数学课上，刚学了厘米、分米概念的学生拿起了尺子，开始量旗袍、做旗袍；音乐教室内，学生们有板有眼地吟诵起古诗词。学生们上午完成了“小梅花”课程后，下午则参加自由选修的社团活动——烹饪、剪纸、二胡、跆拳道、拉丁舞、航模……学生们学在其中,乐在其中。

(改编自:李萍.谢家湾小学以课程整合促进学校变革:“小梅花”绽放每个孩子的光彩[N].中国教育报,2015-10-19(6).)

二是原创性校本课程开发。围绕校本课程开发程序,学者们提出了多种观点,斯基尔贝克(M.Skilbeck)、塞勒(J.Saylor)和托马斯(I.Thomas)等人都构建了开发程序。结合上述典型的开发程序以及教学实践,将校本课程开发归纳为以下四个步骤。[①]第一步,进行情况分析,确定课程主题。一方面进行学校内部情况分析,包括学生实际需求和能力水平、教师的素质及意愿、学校领导的态度和组织管理、学校设施建设及经费投入等;另一方面进行学校外部情况分析,包括社会及政府的期望、知识更新及信息技术发展、教育改革理论等。尽可能开发并利用现有的校内外资源,结合本校行政管理、课程教学、师生互动等方面的突出特点,确定校本课程开发的主题。第二步,构建课程目标,组织整合课程。校本课程开发需全面考虑学生在未来社会中的角色和发展方向,明确学生需要哪种课程,哪种课程对学生有所帮助。课程目标在落实课程改革总体目标的基础上,需兼顾实施的可行性及学校的特殊性。课程组织需选择和确定校本课程的构成要素、课程内容及其呈现方式,其中开发方案和课程纲要的撰写是这一步至关重要的环节。第三步,实施校本课程,进行深度探究。这一阶段是将理念构想的校本课程付诸实践的过程,包括实践、修正、再实践、采纳、推广等环节。为进一步完善校本课程收集建议,通常先进行小规模的试点,主要关注学生是否欢迎校本课程,是否参加教学活动,能否完成任务,教师能否胜任校本课程,能否感受到校本课程的独特之处、现有学校条件能否确保校本课程顺利实施等多个方面,在课程体系建设成熟之后再进行大规模推广。第四步,进行课程评价,完善课程体系。评价包括对校本课程本身的评价,也包括对校本课程实施中学生的学业成就以及教师专业发展情况的评价,多角度对所开发的校本课程进行综合评判,确定校本课程的价值。

【案例5-1-7】“湿地文化”课程的开发与实施

江苏省作为我国园林之省,拥有着丰富的“湿地文化”资源,但是面对得天独厚的资源,在实践过程中仍面临着如何将地域资源转化为教育资源,如何通过课程开发促进教

① 周仁康.走向智慧的校本课程开发[M].北京:国家行政学院出版社,2013:148-170.

师发展，通过课程文化建设促进学校特色发展等问题。

为了解决上述问题，江苏省苏州中学首先确立三大目标：首先，将地域资源转化为教育资源，构建融合自然与人文、学校与社会的湿地文化课程体系；其次，确立湿地文化多元与共生、实践与创造的价值追求；最后，实现湿地文化促进学生、教师、学校特色发展的根本目的，并在实践当中积极开发校本课程，选定课程主题，构想课程框架；积累课程资源，编著校本教材；创建特色课堂，形成课程文化；增强文化自信，开拓特色活动。

在长期的实践探索中，该校丰富了学生个性发展的课程资源，带给学生多样化学习体验。教师专业发展省级重点课题"构建'学校湿地文化'的研究"获省级精品课题奖。在省级刊物上发表文章7篇，研究成果获3个省级一等奖和1个特等奖、1个国家级一等奖。同时，构建学校发展的独有特色，西马博物馆入选中国国家博物馆名录2010年，经国家文物局审核，西马博物馆正式入选《中国国家博物馆名录》，成为国家文物局注册博物馆，作为中学专题博物馆入选是全国唯一一家。2011年，西马博物馆被联合国教科文组织亚太地区世界遗产培训和研究中心授予"世界遗产青少年教育基地"的称号。同年，入选苏州市第五批爱国主义教育基地。2014年1月《人民教育》上刊登杨九俊、彭钢的《学校课程能力"再造"——基于若干所普通高中的案例分析》。同时还形成了独特的学校湿地文化。湿地文化课程关注社会生活，强调人与自然和谐，这契合生态文明的理念，符合时代精神。因此，湿地文化课程获得广泛的社会效应。2010年11月18日，《光明日报》刊发专论——《"湿地文化"是一座"立体课堂"》，称西马博物馆是国内第一家由中学创办的特色博物馆。2010年12月20日，光明日报网、人民日报网、求是网分别转载《光明日报》专论。该成果引起"两报一刊"的关注，也表明此课题的前瞻性和创新性。

（本案例为江苏省苏州中学园区校主持的2014年基础教育国家级优秀教学成果奖一等奖成果）

第二节　基础教育的教学

教学活动是一种复杂的、人为的和为人的实践活动。[①]教学作为学校教育的中心工作，是学校德育、智育、体育、美育和劳育的核心途径，以及促进学生成长、教师发展的主要活动。开展教学活动的首要准备是结合学生的知识、能力水平以及学科特点进行教学设计，选择适宜的教学方法、采用灵活多样的教学组织形式使教学获得良好反馈、能让学生学有所获，进而提升课堂质量。

一、基础教育的教学设计

教学设计是对教学进行规划的一种系统化过程，目前已形成诸多不同的教学设计模式。基础教育的教学设计除了具有教学设计本身所要求的系统性、教学所要求的主体性以外，还具有鲜明的学科性。

（一）教学设计的意蕴

由于教师所持教学观以及所处教学领域不同，对教学设计的表述也有所不同，但几乎都会将教学设计视为一种计划过程。肯普(J. Kemp)认为教学设计是指如何有效地规划、开发、评价和管理教学过程，使之能确保学生取得良好学业表现的系统计划过程。[②]乌美娜进一步细化了教学设计的过程，认为“教学设计是运用系统方法分析教学问题、确定教学目标、建立解决教学问题的策略方案、实行解决方案、评价实行结果和对方案进行修改的过程”。[③]盛群力强调了教学设计的目的，认为“教学设计是对教师课堂教学行为的一种事先筹划，是对学生达成教学目标、表现出学业进步的条件和情境做出精心安排”。[④]据此，教学设计应包含以下几个要点：第一，教学设计是一个系统过程；第二，教学设计的成果是形成教学方案；第三，教学设计的目的在于提高教学的合理性和效率。[⑤]

① 程广文，宋乃庆．论教学智慧[J]．教育研究，2006(9)：30-36.

② Kemp J.Designing Effective Instruction[M]. London：Prentice Hall，1996：1-20.

③ 乌美娜．教学设计[M]．北京：高等教育出版社，1994：11.

④ 盛群力，等．教学设计[M]．北京：高等教育出版社，2005：4.

⑤ 周建平．小学课堂教学设计[M]．北京：高等教育出版社，2012：3.

教学设计与传统备课在实质上都是对教学的规划，但其出发点有所不同。传统备课是以教师传授知识为中心，主要考虑教师“如何教”的问题，较少考虑学生“如何学”，对学生的分析也主要基于教学经验，而教学设计更加关注教与学的联系，关注教学的生成性，尤其强调学生对问题的思考，以情境创设、问题引导等方式帮助学生建构知识体系，兼顾学生的情智发展，并且教师随着课堂各种情况的变化也能及时调整教学过程、教学方法与教学策略等。

【拓展性资料5-2-1】

传统教案与课堂教学设计的比较

设计要素		传统教案	课堂教学设计
设计理念	知识观	知识是客观的，可以传递给学生	知识不是纯客观的，是学生与外在环境交互过程中构建起来的
	学生观	学生只是接受知识的容器	学生是有生命意识、社会意识、有潜力和独立人格的人
	教学观	教学是课程的传递和执行，教学生学的过程	是课程创生和开发、师生交往、积极互动、共同发展的过程
教学目标		以教师为主体，使学生掌握双基和培养能力	以学生为阐述主体，在双基、过程与方法、情感态度价值观方面都得到发展
策略制订和作业设计		1. 传授的策略和关乎学生记忆的策略 2. 以传统媒体为主 3. 以技能训练、知识（显性）记忆和强化作业设计为主	1. 学法指导、情境创设、问题引导、媒体使用、反馈调节等策略 2. 多媒体的教学设计 3. 根据不同需要如知识、技能、方法、态度、能力的培养来设计作业
教学过程		传授知识，鼓励学生模仿记忆的以教为中心的五环节教学过程设计	创设情境鼓励学生在体验、探究、发现、思考、问题解决过程中获得自身提高和发展的教学过程设计
效果评价		掌握知识技能，解决问题	知情意都得到发展，为终身可持续发展奠定基础

（改编自：鲁献蓉.从传统教案走向现代教学设计：对新课程理念下的课堂教学设计的思考[J].课程·教材·教法，2004(7)：17-23.）

（二）教学设计的要求

基础教育教学设计有规定的基本构架，包括教学内容分析、学情分析、教学目标、教学重点、教学难点、教学方法、教学准备、课时安排、教学过程、板书设计和教学反思等多方面内容。进行教学设计时，在遵循教学设计基本框架的前提下，可根据实际教学需要加以取舍。

基础教育教学设计具有教学设计本身所要求的系统性、教学所要求的主体性，以及基础教育阶段鲜明的学科性。2019年11月，《教育部关于加强和改进新时代基础教育教研工作的意见》中从教学设计层面对教师的专业能力提出要求，强调应"着力增强教学设计的整体性、系统化，不断提高基于课程标准的教学水平"，并以"服务学生全面发展，深入研究学生学习和成长规律，提高学生综合素质"为主要任务。这充分说明教学设计是教师专业能力和教学水平的重要反映，这要求教师既要立足教学设计和教学本身，更要着眼于学生的综合发展。具体而言，基础教育教学设计的系统性是指在进行教学设计时将教学视为一个系统，用系统的思维去考察教学活动中的各个要素及其相互关联，善用其相互关系使教学过程最优化。要求教师在进行教学设计时从整体出发、准确地把握教学系统的各个要素及其关系、明晰各个要素在教学中的地位和作用。主体性是指在教学设计中尊重学生的主体地位、"以学生为本"，将静态教案本位观念转变为动态设计本位观念。例如，设计教学活动时注重学生的参与性，提供探究合作的项目等；注重教学设计的开放性，以应对实际教学中出现的问题等。学科性指教学设计要遵循学科特点，每个学科都有其各自的学科特点，因而不同学科的教学设计都有其特殊性。

【拓展性资料5-2-2】

"空气占据空间吗?"教学设计案例赏析

◎教育理论指导：支架式教学；翻转课堂的理念。

◎教材分析：本课是教育科学出版社小学科学三年级上册"水和空气"单元中的内容。教材内容主要由"空气占据空间"和"空气占据空间的大小可以变化"两部分组成，这两者间并非简单的块状结构，而是存在层层深入的递进关系。

◎学情分析：小学三年级的学生首次接触科学，头脑中有一些对科学的错误认识和理解，科学的学习习惯、方法、技能都有待培养。因此，在本课中，教师通过对空气占据空间的研究，初步培养学生认真细致的观察习惯，独立思考、积极动脑的思维习惯，善于倾听和交流的学习习惯，使学生在模仿中掌握正确认识事物的科学方法及过程，激发其科学探究兴趣。

◎教学目标：认识"占据"和"空间"，会用"占据""空间"描述常见事物之间的关系；知道空气占据空间；通过设计活动，初步感受设计实验的过程；通过模仿的方式尝试设计实验,解决问题;养成乐于实验、实事求是、认真细致的科学态度。

◎教学重难点:知道空气占据空间;模仿设计实验。

◎教学准备:

教师准备:关于空气占据空间的小魔术微课,微信公众号及二维码,多媒体课件,水槽,杯子,瓶子,纸巾。

学生准备:移动学习终端。

◎教学方法:本节课利用微课,向学生展示实验(小魔术)引导学生思考,并通过模仿的形式(教学支架),带领学生进行简单的实验设计。

◎教学过程:(1)认识“占据”“空间”概念;(2)探究空气占据空间;(3)将观察延伸到课外。

◎教学设计特色:利用翻转课堂实现课堂结构变化;在实验中体验逻辑推理的过程;给学生一个“梯子”,使他们感受设计实验的过程和方法。

附:◎板书设计

水 占 了 杯 子 里 面 的 地 方

水 > 占 ———— 空
空气 > 据 ———— 间

◎教学评价设计:本课通过微信平台对实验记录单和实验操作进行评价。

注:案例以呈现教学设计整体结构为主,内容略有删减。

(改编自:张素先.魅力科学课:小学科学优秀教学课例集[M].重庆:西南师范大学出版社,2015:122-126.)

(三)教学设计的模式

教学设计是一项规范性和操作性都较强的实践活动,教育学界从不同的角度围绕“为什么教”“教什么”“如何教”“教得如何”等问题,形成不同的教学设计模式。其中国外迪克—凯里模式、史密斯—拉甘模式、马杰模式、肯普模式,国内由盛群力、张祖忻、孙可平等学者提出的教学设计模式具有较大影响力,本书结合当前教学设计的研究与实践,重点介绍由我国学者提出并在中小学课堂教学中广泛运用的教学设计模式。

1. 盛群力提出的教学设计过程模式

盛群力教授研究方向主要为教学设计、教学理论以及教学技术,在教学设计领域编著有《现代教学设计论》《现代教学设计应用模式》《教学设计》等,并主持建设了浙江省精品课程“教学理论与设计”,提出的教学设计过程模式主要包含四个步骤(图5-2-1所示)[①]。一是备课,即教师对教学活动进行准备的过程,包括备学生、备任务、备目标、备检测、备过程。二是上课,即教师灵活地执行计划,实施教学活动的过程,包括启动、导入、展开、调整、结束。三是评课,即教师本人或其他评课人员对学生学习目标达成度及教学活动整体做出价值判断和改进的过程,以达标度作为评价学生学习效果的主要依据,以过程和结果的统一作为评价教师教学效果的准则。四是说课,即教师对备课、上课乃至评课等方面进行口头或书面呈现、阐释及自我评价的过程。此模式将教学设计理念、操作程序和教师教学的基本工作(备课、上课、评课、说课)等联系起来,从而使系统设计教学成为教师改进教学工作的工具。

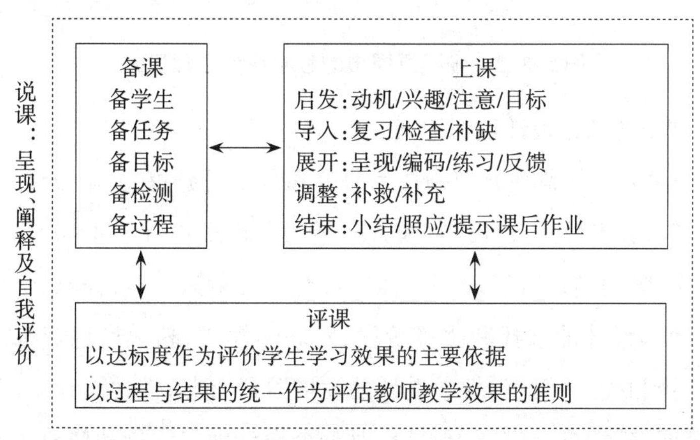

图5-2-1 盛群力提出的教学设计过程模式

2. 张祖忻提出的教学设计过程模式

张祖忻教授主要研究方向为教育技术基本理论、教学系统设计与绩效技术,在教学设计领域编著有《教学设计:基本原理与方法》等,并开设了"教学系统设计"等课程,提出教学设计过程模式包括八个方面(图5-2-2所示)[②]。一是学习需要分析,主要解决"为什么开展教学?教学目标是什么?以及开展教学需要哪些准备?"等问题。二是教学内容分析,把教学总目标分解为多个单元目标,根据单元目标进行学习任务分析。三是教学对象分析,即分析学生参与学习时所具有的一般特点和起始能力。四是学习目标编写,根据学生的起始能力和教学内容分析,把单元目标进一步分解成为学生学习目标。五是教学策略设计,主要解决课的划分、教学安排、教学活动设计、教学方法选用等问题。六是教学媒体选择,主要根据教学目标、方法、策略等,并结合不同教学媒体的特

① 盛群力,等.教学设计[M].北京:高等教育出版社,2005:33.

② 张祖忻,宋纯,胡颂华.教学设计——基本原理与方法[M].上海:上海外语教育出版社,1992:28.

性加以选择。七是教学媒体设计，将教学内容与方法等转换为印刷或视听媒体制作的详细、具体的施工蓝图。八是进行教学评价，在设计成果推广应用之前，先在一定范围内使用以了解教学系统的试用效果。

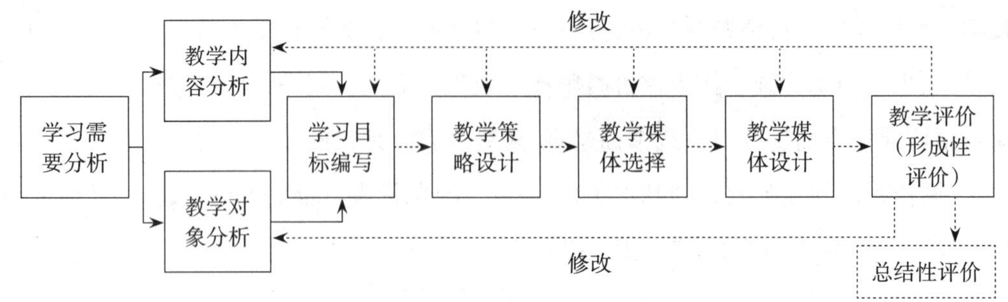

图5-2-2　张祖忻提出的教学设计过程模式

3. 孙可平提出的教学设计过程模式

孙可平教授主要从事科学教育的技术教育和教学研究，在教学设计领域著有《现代教学设计纲要》等，提出教学设计过程模式包括四个阶段和两个过程（图5-2-3所示）[①]。四个阶段分别为：第一，教学设计的分析阶段，对学习背景、学习任务、学习者进行分析和把握；第二，教学设计的选择和决策阶段，对教学模式、教学信息资源以及设计的方式、方法做出选择和决策；第三，教学设计的发展阶段，创造性地设计出产品，并考察产品的可行性；第四，教学设计的评价阶段，对整个设计做出评价和修改。两个过程即管理过程和设计动机过程，它们始终贯穿于整个教学设计过程之中。

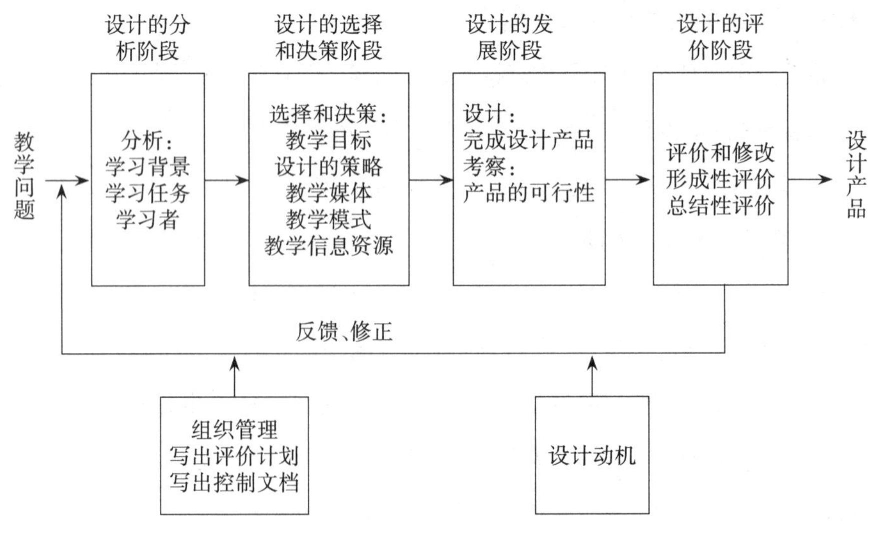

图5-2-3　孙可平提出的教学设计过程模式

① 孙可平.现代教学设计纲要[M].西安：陕西人民教育出版社，1998：104.

二、基础教育的教学方法

教学方法的选用对于实现教学目标、完成教学任务、提高教学质量有重要意义。教的方法与学的方法有直接联系，它影响着学生对学习方法的选择和应用，影响学生认知、情感等各方面的发展，尤其在基础教育阶段，对于学生学习来说，教师的指导必不可少，而对老师来说，恰当的教学方法能使教学活动达到事半功倍的效果。《关于新时代推进普通高中育人方式改革的指导意见》提出要深化课堂教学改革，这意味着教师应“按照教学计划循序渐进开展教学，提高课堂教学效率”，但教学效率的提高需基于“积极探索基于情境、问题导向的互动式、启发式、探究式、体验式等课堂教学，注重加强课题研究、项目设计、研究性学习等跨学科综合性教学，认真开展验证性实验和探究性实验教学”。基础教育的教学方法具有本身特殊的意蕴及特点。

（一）教学方法的意蕴

教学方法具有三个基本要素：一是教学方法具有中介性，是连接“教师教”和“学生学”的动态操作过程；二是教学方法具有目的性，最终目的是完成教学任务、实现教学目的；三是教学方法具有系统性，操作执行有一定的规范和步骤。随着社会现代化的发展，教学方法有了更多的内涵，诸如具有启发性与创造性等。2019年6月，中共中央、国务院发布《关于深化教育教学改革全面提高义务教育质量的意见》，文件中将优化教学方法作为“切实提高教学质量”的基本要求，并再次强调应“坚持教学相长，注重启发式、互动式、探究式教学”。在新的时代，基础教育的教学方法也具有不同的特点，教学方法是具有时代性的教学要素。

每种教学方法就其本质来说都是辩证的，它们既有优点又有缺点。每种方法都可能有效解决某些问题，而解决另一些问题则无效，每种方法都可能有助于达到某种目的却妨碍达成另一些目的，因此根据不同的教学任务应选取不同的教学方法。在基础教育阶段，学生自学能力和认知能力有限，更需要适时地根据教学内容、教学环境、师生素质使用不同的教学方法，提升课堂教学质量。

其一，教学方法与基础教育教学内容相结合。一方面，基础教育阶段学科课程众多，每个学科都具有独特性，所传递的知识、要求的技能、最终的目标各有差异，最直接的表现就是不同学科需要使用不同教材，学生的学习过程因而具有差异性，不同学科往往也需要使用不同的教学方法。但即使是同一种名称的教学方法,运用在不同的学科之中也会存在细微的差别,如此各个学科的知识内容才更易被消化和理解。另一方面,在同一学科内不同知识体系的学习也各有其特点,每一知识体系都有其各自的内在逻辑。在教授具体的、特定的内容时,需要采取具体的、特定的、与教学内容相适应的教学方法。

其二,教学方法与基础教育教学环境相匹配。基础教育阶段教学主要在学校内进行,特别是在课堂内进行,教学环境主要指在学校、班级内进行教学活动的各种条件,分为物质的(班级教学设备、设施等)、社会的(班级组织情况、师生交往水平等)、心理的(班风、学风等)等类型。[①]教学环境为教学方法提供了一定的物质和信息基础,教学方法的选用必须从现有的教学环境出发,反之教学方法的推广也能够促进教学环境的改善。

其三,教学方法与基础教育主体素质相适应。教学方法不能自发地作用于学生,必须经由教师才能有效地发挥作用。每个教师都拥有独具特色的教学风格,选择教学方法时还应从教师的自身条件出发,扬长避短、发挥个人优势,选择与自己个性、特点相符的教学方法。并且在现代课堂教学巨大变革的时代,教师也应努力提高个人素质,探求与开发符合时代要求的教学方法。不同阶段学生的心理特征、学习特征等存在差异,同一阶段不同学生心理状态、学习进度也有所不同,其所具有的差异性是教学方法选取的重要依据。《关于深化教育教学改革全面提高义务教育质量的意见》中也指出,应“精准分析学情,重视差异化教学和个别化指导”。这是优化教学方式、提高教学质量的具体要求。

(二)国内代表性教学方法

在教学方法发展过程中,我国学者和一线教师在多年教学的基础上,将经验总结、升华、提炼,形成了诸多具有影响力的教学方法,如自学辅导法、八字教学法等。本书将着重介绍改革开放以来教师的经验结晶,一批优秀教师着力提升教学方法实践探索的学术性,凝练并升华教学经验,由某一学科的“点”到学科之间的“线”的展开,再到教育理论“面”的探索,最终建立一套完善的学理框架和操作体系[②],诸如情境教学法、尝试教学法、六步教学法以及主题教学法等。

① 顾明远.教育大辞典(增订合编本上)[M].上海:上海教育出版社,1998:716.

② 赵鑫,李森.我国教学方法研究70年变革与发展[J].课程·教材·教法,2019(3):14-21.

1. 情境教学法

情境教学法是由李吉林提出的教学方法，现已大量运用于基础教育各年级、各阶段的不同学科教学之中。情境教学法旨在让学生感到“易”“趣”“活”，利用鲜明生动的形象、真切感人的情感以及耐人寻味的哲理增强教学活动的吸引力，其本身具有“形真”“情深”“意远”“理寓其中”的特点。情境教学法的重点在于情境创设，具体途径包括生活展现情境、实物来演示情境、图画再现情境、音乐渲染情境、表演体会情境、语言描绘情境等。[①]随着教学信息化手段的普及，丰富的教学媒体已融入情境教学。当情境再现时，教师需提示观察程序，引导学生边听边看、边看边想，激起学生的积极情绪，使之主动地融入情境中，产生情感的体验。情境教学法促使学生的观察与思维想象活动同时进行，并对学生的认知活动进行指导，从而提高感知效应。李吉林将多年创设情境的经验总结为“四为”和“五要素”。“四为”即以“形”为手段，以“美”为突破口，以“情”为纽带，以“周围世界”为源泉。“五要素”即以培养兴趣为前提，诱发主动；以指导观察为基础，强化感受性；以发展思维为中心，着眼创造性；以陶冶情感为动因，渗透教育性；以训练学科能力为手段，贯彻实践性。[②③④]

【案例5-2-1】情境教育实践探索与理论研究

江苏省南通师范学校第二附属小学在长期的教学实践当中，发现学校教育教学中长期而普遍存在学生学习被动，效率低下，负担沉重，潜能得不到激发，个性发展受到压抑等问题。

为了有效解决上述问题，学校牢固树立健康第一的理念，以面向全体、人人参与为宗旨，融健体、健心于一体，着力培养学生终身锻炼的观念、习惯以及合作、自信、勇敢、顽强等品质，促进学生身体、心理健康和谐发展。学校20多年来一直坚持开展情境“阳光体育运动”，确保每天每个学生上1节体育课或体育活动课，确保每天每个孩子参加半小时的“大课间活动”，人人参加冬季长跑锻炼。其次，确立“让每一个生命绽放出自己的独特的光彩”的办学理念。为此，学校成立社团和兴趣组近百个，在丰富多彩具有选择性的情境中培养学生的兴趣爱好，促进个性、特长发展。保证儿童在课堂中的主体位置，促进儿童主动建构知识。

---

① 李吉林，田本娜，张定璋．李吉林小学语文“情境教学——情境教育”[M]．济南：山东教育出版社，2000：12-30.

② 李吉林．中国式儿童情境学习范式的建构[J]．教育研究，2017(3)：91-102.

③ 李吉林．学习科学与儿童情境学习——快乐、高效课堂的教学设计[J]．教育研究，2013(11)：81-91.

④ 李吉林．“情境教学”的操作体系[J]．课程·教材·教法，1997(3)：10-15.

该成果得到社会广泛认可。从"意境说"中概括出"真、美、情、思"四大元素，创造性地运用于小学教育教学。同时，突破传统教育的封闭，从"拓宽教育空间""缩短心理距离""利用角色效应""突出创新实践"四方面来营造儿童情境学习的最佳环境。最后从"儿童—知识—社会"这三个维度出发，构建核心、综合、衔接、源泉相互联系、相互迁移的网络式结构的情境课程。在宋庆龄全国少年儿童发明奖比赛中两名学生获奖；在江苏省中小学"金钥匙"科技竞赛总决赛中学校获团体特等奖；在江苏省青少年科技创新大赛、江苏省青少年普及机器人大赛中174人次分获一、二、三等奖；有2名学生获"江苏省科技创新标兵"称号；还有学生的小发明获得国家专利。近两年，学校有18名学生举办个人画展，98人被评为"珠媚小达人"。从情境教育创立到现在的数十年间，无论教育教学改革进展到哪个阶段，情境教育一直为全国许多知名教育专家所认可、赞誉。情境教育首创的"以德育为主导，语文学科为龙头，各科协同"的主题性大单元课程，为课程走向综合，德育的全覆盖找到突破口。而"把学科课程与儿童活动结合起来"贯穿在实践情境教学、情境教育的过程中，学校教师队伍也获得长足发展，学校现有江苏省特级教师7人，市区级优秀人才43人，各科教师在全国、省市教学竞赛中、基本功大赛中获特等奖、一等奖61人次。由于办学特色鲜明，质量突出，影响广远，学校获得"中国质量奖提名奖""全国少儿工作先进集体"等10项国家级荣誉，获得"江苏省文明单位"等13项省级荣誉，获得"南通市模范学校"等37项市级荣誉，被媒体誉为全国"素质教育的典范""教育界的一颗璀璨的明珠"。

（本案例为江苏省南通师范学校第二附属小学李吉林主持的2014年基础教育国家级优秀教学成果奖特等奖成果）

2. 尝试教学法

尝试教学法是邱学华首先在数学教育领域提出，后推广至语文、政治、历史、物理、化学、音乐、体育等多门学科，最终发展成为尝试教学理论。[①]尝试教学理论的实质是让学生在尝试中学习，在尝试中成功，主要观点是"学生能尝试，尝试能成功，成功能创新"，基本特征是"先练后讲，先学后教"，在此基础上形成了适用于中小学的六步教学程序。第一步：准备练习，是学生尝试活动的准备阶段。尝试教学首先要引导学生对解决尝试问题所需的基础知识先进行准备练习，发挥旧知识的迁移作用，为学生解决尝试问

① 邱学华.尝试教学论[M].北京：教育科学出版社，2005：292.

题铺路架桥。第二步:出示尝试问题。提出问题、为学生尝试活动提出任务,让学生进入问题的情境。在准备练习之后还要让学生进行思考,同桌可以互相讨论如何解决尝试问题。第三步:自学课本,为学生在尝试活动中自己解决问题提供信息。第四步:尝试练习。尝试练习根据学科特点有多种形式。学生尝试练习中,教师要巡视,以便及时掌握学生尝试中的反馈信息,找准学生的难点,为教师后面的讲解提供有效信息,同时教师还要对学困生进行个别辅导。第五步:学生讨论。引导学生讨论尝试练习中出现的不同答案,分析解答正确和错误的原因,如果学生对同一问题持不同看法,学生之间可以进行争论。第六步:教师讲解,教师针对学生感到困难的地方、教材关键的地方重点进行讲解。[①][②]

【案例5-2-2】尝试教学法的实验研究与推广应用

中小学课堂教学中最主要也最难解决的是“教与学”的矛盾,教育史上出现过“教师为中心”和“学生为中心”两种不同的主张,但往往是左右摇摆,走向绝对化,没有找到行之有效的教学模式。而国家提出的加强双基是中华教育的优良传统之一,但在教学实践中往往同发展智力、培养创新精神对立起来;同时德育工作中重说教,轻行动的弊病仍然存在,导致德育工作成效不大;在教育科研中普遍存在研究与推广难结合的问题。

针对上述存在的问题,尝试教学法应运而生。尝试教学法历经半个多世纪,其中用了20年时间去思考酝酿和初步试验,改革开放后又用了30多年的时间进行系统教育实验和推广应用。尝试教学法在不断实践、升华、推广过程中逐步被中国广大中小学教师所接受。尝试教学的特征是“先练后讲,先学后教”,其实质就是教师先不要讲解,而是先提出尝试问题,让学生在旧知识的基础上先尝试,遇到困难后学生可以自学课本,在课本中寻找线索,也可请教同学合作交流,然后让学生大胆尝试练习,最后教师针对学生在尝试练习中遇到的困难进行讲解,理论核心是“学生能尝试、尝试能成功、成功能创新”。尝试教学法已形成比较科学、实用、灵活的操作模式体系,共包含基本模式、灵活模式、整合模式三大类,多样的尝试教学法为中小学各科教师的运用创设空间,做到既可操作化,又不模式化。学校经过30多年的努力,在中国已形成尝试教学流派,对基础教育改革和发展产生一定作用。

① 邱学华.邱学华教育实验研究[M].上海:华东师范大学出版社,2018:103.

② 邱学华.中学数学尝试教学法的操作策略[J].中小学教学研究,2000(4):28-30.

尝试教学法作为中国教育的亮点，一方面，历经30多年的发展时间，在中国大面积推广应用。该成果的试用范围已遍及全国31个省（自治区、直辖市）以及港澳台，全国先后有250多个区、县采用区域推进的办法进行推广。参与应用的教师达80多万，受教育学生达3 000多万，被教育界认为是推广应用的范例，称为“邱学华现象”，被美国佛州大学瓦格纳教授称为“世界最大规模的教育实验之一”。另一方面，应用范围从小学数学发展到小学各科，再从小学发展到中学，影响到整个基础教育阶段。由尝试教学理论研究会正式命名的实验学校有近3 000所；出版有关图书60多本，其中《尝试教学法》《尝试教学论》《邱学华与尝试教育人生》等，累计发行120多万册；尝试教学论文已译成日文、英文、德文、俄文、韩文在国外发表，《中国教育报》4次整版介绍，《人民教育》连续推出“尝试教学专辑”和“尝试教育专辑”，《中国教育科学》两次向国内外介绍，新华社记者4次向海内外报道，全国各种教育杂志都相继报道；尝试教学研究推动中小学教师参与教育科研，实验报告及研究文章10多万篇，公开发表约7 000篇。

（本案例为江苏省常州市教育科学研究院邱学华主持的2014年基础教育国家级优秀教学成果奖一等奖成果）

3. 六步教学法

六步教学法是由魏书生基于自身的语文教育实践提炼的教学方法，其基本环节包括“定向—自学—讨论—答疑—自测—自结”，此方法可运用于一节课、一个单元或者一篇课文，具体操作步骤如下：“定向”可从单元、整册书或是语文学科知识等不同角度进行，教学重难点可由教师决定（一般用于讲读课文），也可由学生集体讨论确定该文的学习目标（一般用于课内自读课文），或由学生自由决定（一般用于课外自读课文）。“自学”是学生根据定向的学习目标，按照自己的思维习惯进行学习。“讨论”即是将自学中不能解决的问题记下来后，以小组的形式进行研究探讨。“答疑”指教师解答学生在小组讨论中未能解决的问题，可采用集体讲解或个别讲解的形式。“自测”不拘泥于书面测试，也不局限于传统的教师命题，自测题既可以由教师出，也可以由学生出，以更好地达到巩固训练和自我检测学习效果的目的。“自结”即学生自己举行会议总结这节课学习重点是什么，学习过程有几个主要的环节，知识掌握情况如何。①②

① 魏书生．教学工作漫谈（修订本）[M]．北京：文化艺术出版社，2011：2–3．

② 龚春燕，蔡政权，魏文锋．魏书生与六步教学法[M]．北京：中国青年出版社，2001:68–69．

4. 主题教学法

主题教学法是窦桂梅在长期的语文教学的理论探究与实践摸索中凝练的教学方法，是从生命的层次，从动态生成的观念出发重新而全面地认识课堂教学。"主题教学"以"立人"为核心，由主题"牵一发"，"动"教材知识与能力体系的"全身"，将"听、说、读、写"训练与人文性知识统整起来，构成"集成块"。由个及类、由类及理、个性与共性相融，从而形成教学的立体效果。主题教学坚持以生命价值为取向，指向人内在的言语与精神生命成长，特点是教学内容密度高、容量大、综合性强，学生所要学习的知识是多方面的、立体的。"主题"是连接学生精神世界、现实生活或者与历史典故、风土人情等相关的"触发点""共振点""兴奋点"。主题教学基本的操作框架为：话题切入—探究文本—比较拓展—衔接生活—升华自我。但这是一个开放的框架，教师需根据学生特点、主题内容实施教学。[①②③]

【案例5-2-3】小学语文主题教学的研究与实践

清华大学附属小学坚持"为聪慧与高尚的人生奠基"的办学使命，强调"儿童站立在学校正中央"的育人理念。在长期的研究与探索中，该校积极思考语文学科乃至学校整体课程建设中的真问题，并在实践过程中寻找解决问题的过程与方法。该成果涉及的小学语文主题教学，以语文立人为导向，力争探索怎样更好地面向全体儿童，提高语文素养、培养完整人格。其中工具性与人文性割裂，难以形成社会主义核心价值观；教学内容支离破碎，难以整体提升语文素养；教学目标不清、教学方式僵化，导致儿童学习负担过重等问题一直困扰着小学语文的主题教学。

为了有效解决上述问题，清华大学附属小学历经三个重要时期。首先是酝酿期，提出语文教改的"三个超越"，改变只侧重语文学科自身规律和结构的工具课程观；其次是成熟期，提出并践行"主题教学"，为儿童聪慧与高尚的人生奠基；最后是拓展期，以"主题整合"形成学校"1+X课程"育人系统。该成果还包含许多创新点，第一是成为小学语文独具特色的教学流派，为确立儿童社会主义核心价值观提供参照；第二是研制"小学语文质量标准"及课程资源体系，细化并丰富国家课程标准；第三是课堂结构及操作模式，体现学生立场，改变"少慢差费"现状，操作流程上实现小学语文教学模式的创新；第

---

① 窦桂梅.超越·主题·整合——窦桂梅教学思想探索[M].北京：中国大百科全书出版社，2013:80-146.

② 窦桂梅.窦桂梅与主题教学[M].北京：北京师范大学出版社，2006:26.

③ 窦桂梅.朝向"伟大事物"——"主题教学"的新思考[J].人民教育，2010(5):42-47.

四是整合思维既推动小学语文“四种样态”迭代到主题课程群，又推动“1+X课程”整体构建，提供借鉴范式。

小学语文主题教学及拓展形成的课程和教学研究及实践系列成果，在学生学习成长、教师专业发展、优质课程资源共享，以及学科课程与教学理论研究等方面均有广泛应用。近30年来形成《游园不值》《丑小鸭》《秋天的怀念》等40多节研究课，以及1–6年级主题单元整体教学课堂，均适合校内外师生学习；近年来，开展不同范围的小学语文主题教学研讨会，扩大应用影响范围。2000年吉林教育厅召开“窦桂梅语文教改成果展示会”。2001年窦桂梅作为教育部更新教育观念的主讲人之一，在人民大会堂宣讲。2003年北京市海淀区教委召开“窦桂梅专业成长思想研讨会”；2013年海淀区教委再次举办“窦桂梅教育教学实践研讨会”。窦桂梅参加清华大学扶贫项目，借助网络远程为全国500多个贫困县1万多教师义务授课；走遍全国培训数十万人次，曾应邀到日本、新加坡等地讲学，推动基础教育学科建设的国际交流与研讨；出版多本专著，这些专著成为适合师范类院校学习使用的课程资源，其中出版的《窦桂梅与主题教学》全国馆藏量达218家。《听窦桂梅老师讲课》为教育部指定教师用书。该成果以学校文章的形式在《教育研究》《课程·教材·教法》《人民教育》等核心期刊发表近200篇。该校也成为国家基础教育课程教材改革试验项目学校、“遨游计划”实验校，被评为课改先进单位，其成果获北京市政府一等奖，在课改结题会上代表北京市介绍经验。

（本案例为清华大学附属小学主持的2014年基础教育国家级优秀教学成果奖一等奖成果）

（三）国外代表性教学方法

国外学者对于教学方法的探索也形成了诸多具有影响力、被广泛运用的教学方法，如先行组织者教学法、范例教学法、暗示教学法、发现教学法、问题教学法、掌握学习教学法等。本书将着重介绍当前在基础教育阶段较为新颖且在中小学课堂推广运用的教学方法，包括支架式教学法、抛锚式教学法、可视化教学法以及沉浸式教学法。

1. 支架式教学法

支架式教学法指为学生提供一种适宜的概念框架帮助学生分解学习任务、理解学习内容的一种教学方法，能为学生提供基于“最近发展区”的个别化支持。运用支架式教学的第一步是搭建“脚手架”，此步骤遵循“最近发展区”要求形成概念框架。第二步是创建情境，通过设置问题、设计活动，或教学多媒体等手段将学生引入概念框架。第三步是学生独立探索，在探索过程中，教师需要给予引导和鼓励，引导作用应从大到小、从有到无，逐步消解支架的作用，最终帮助学生实现独立探索。第四步是学生协作学习，通过小组合作、交流，完善对问题的理解。第五步是进行学习效果评价，评价内容包括自主学习能力、协作学习时对小组的贡献，以及所学知识的意义构建情况。[①]

2. 抛锚式教学法

抛锚式教学是将学生置于真实、完整的问题情境中，通过自主学习与合作学习体验从识别目标到完成目标的全过程。具体步骤为：第一步提供问题情境，根据学生的学习需要提供真实情境及其类似环境。第二步发现问题，从情境中选择与学习主题相联系的事件或问题，可由教师提供问题或由学生自己发现问题，这一步的作用为“抛锚”。第三步自主学习，由学生独立搜集资料、解决问题。第四步合作学习，通过讨论、共享想法和观点，加深对学习内容的理解。第五步评价学习效果，抛锚式教学需要学生解决真实情境下的问题，问题解决的过程及结果可以直接反映学生的学习效果，评价寓于过程之中，教师需要在学习过程中进行观察并记录学生的表现。

3. 可视化教学法

可视化教学是信息技术发展在教学方法领域带来的新变革，以知识可视化和思维可视化为主要内容，帮助学生进行知识构建与思维拓展。实现可视化教学的工具主要包括：一是认知地图，其来源于对环境对象的感知与体验，是一种对环境的综合表征，既包含事件的简单顺序，也包括方向、距离，甚至时间关系的信息。[②]二是概念图，是一种知识与知识之间关系的网络图形化表征，一般由“节点”“链接”和“文字标注”组成，用以实现概念与概念之间的结构化。三是思维导图，即运用图形辅助思维，用一个中心关键词以辐射线的形式链接其他的关键词，帮助学生还原大脑思考和产生想法的过程，是一种有效的发散性思维工具。

4. 沉浸式教学法

沉浸式教学源于外语教学领域，具体做法为：将学生“浸泡”在语言环境中，以第二语言作为直接教学的语言。这种教学理念推广至其他学科教学中即成为通过对学生感官的刺激，构建一个能让学生沉浸其中的环境。最初的沉浸式教学仅仅利用学生的听

① 吴和贵.支架式教学：有效教学的生长点——高中数学课堂教学方式的探索与研究[M].广州：中山大学出版社，2013：15-19.

② 权国龙，冯园园，冯仰存，等.面向知识的可视化技术分析与观察[J].远程教育杂志，2016(1)：90-98.

觉而展开,随着现代增强现实技术的发展,沉浸式教学已经可以同时满足视觉、听觉、触觉等多重感官的刺激。例如用VR技术营造学习环境开展沉浸式教学,首先配备VR沉浸式体验设备以及开发工具;其次创建教学场景或教育情境,并设置教学板块,以便学生在体验过程中抓住学习重点;再次让学生进行体验,进入情境学习;最后在学生学习完成后可设置相关习题或拓展资源进行知识巩固和升华,这一过程也可使用VR技术。

三、基础教育的教学组织形式

教学组织形式是社会和科技发展的要求在教育教学领域的反映,不同的教学组织形式都有其出现的社会历史根源,并随着人类社会的发展而不断变迁。最初的教学组织形式源于古代的个别教学,伴随近代工业化生产方式诞生,教育领域产生相应的班级授课制,广泛运用于基础教育阶段,成为基础教育教学一直沿用至今的基本组织形式。但由于班级授课制无法全面顾及学生的个性发展,现代教学组织形式也开始进行相应改革。《关于新时代推进普通高中育人方式改革的指导意见》指出应“创新教学组织管理,有序推进选课走班”。基础教育的教学组织形式具有时代性,不同时期的教学组织形式不同,教学效果也各有千秋,但都是为了满足学生不同发展的需要、适应现代课程发展与改革的具体实践。

(一)教学组织形式的意蕴

开展教学活动时根据教师和学生、时间和空间、环节和流程等情况的不同可以有多种不同的组合形式,教学活动的顺利开展也有赖于上述要素的妥善安排、有机结合,这是教学组织形式首先需要解决的问题。教学组织形式是教学活动的落脚点,从教学目标达成到教学过程实施以及教学方式选择都必须依靠和运用相应的教学组织形式。教学组织形式所要解决的最主要问题是如何有效组织教学活动,主要涉及以下三个要素。

其一,师生关系。教学活动是学生在教师指导下的认识活动和自我发展活动,教师和学生的互动是教学开展的源头。从古代到近代这一发展时期,学生个体作为被指导的对象。班级授课制诞生以来,学生集体作为一个整体成为被指导的对象,班集体形成之后,班级可以对每个学生产生影响,生生之间也能够相互产生影响,但核心还在于师生关系。师生的比例和多变的互动关系产生不同的教学组织形式,特定的教学组织形式也会影响师生间的沟通和交流。

其二,时空安排。师生的双边互动需建立在一定的时空环境基础上,教学组织形式的确立即是确定一种特殊的时空环境以更好地进行师生互动。课时是教学组织形式的时间单位,教室是其空间单位。课时的安排分布与教学目标、教学内容、教学方法等有极为密切的联系,教室的空间安排,诸如桌椅摆放、墙面布置等也影响教学的实施过程。

其三,教学程序。教学的人员因素、时间因素、空间因素等在教学实施中各具特色,但都必须在相应的教学组织形式中合理运用才能取得最优化的效果。近代以来,教学时空安排趋于制度化,主要表现在学年、年级、班级的设立标准化以及教学流程的规范化,教师和学生需要在此种程序下进行相应的教学活动,完成一定的教学任务。同时,此种程序中还包含着教学内容、方法、策略等多重组合。

不同教学要素在教学过程中各有其独特的作用,在相应的教学组织形式中需要经过优化组合才能取得最优效果。合理的教学组织形式有助于教学目标的有效落实和教学活动的完成。教学组织形式也随着教学方法、教学设备等的改变有所变化。实际教学中,教学组织形式难以与教学方法、模式等真正分开,这就决定了教学组织的合理性,对教学活动的效果有直接影响。信息技术的发展使得教学设备更新换代的速度加快,也促使教学组织形式走向多样化。例如,互联网与课堂教学的融合,促进班级授课和个别教学的有机结合。走向多样化的教学组织形式旨在促进学生的个性发展,创新教学组织形式所要解决的主要问题是如何适应不同学生的需要,激发每个学生的潜能,最终实现因材施教。教学组织在当代的变革中也集中体现了这一点,诸如道尔顿制、文纳特卡制、特朗普制等多种组织形式的出现,为探索教学活动多样化开展、满足学生个性化需求提供了理论和实践经验。

(二)基本的教学组织形式

班级授课制是当前世界各国基础教育的基本教学组织形式,是根据学生的年龄和学业水平组成不同的班级,由教师按照固定的课时安排、教学计划开展教学活动的一种教学组织形式。班级授课制具有两个核心特征,即“班”和“课”。具体而言,“班”是将学生组织聚合的基本人员单位,按照一定的数量、学生的整体情况划分成固定人数的班级,同一班级的学生知识水平相近。在基础教育阶段,教师的人员分配、数量也是固定的,学校按照教师的专业领域或工作能力分配教学班级和教学任务,教师面向整个班级的学生开展教学活动。“课”涉及两个方面,其一是课程时间、课时安排、课程内容相对固定。这也是基础教育阶段与其他教育阶段的显著区别，一节课程的时间有35~50分钟不等，由学校自主规定；但课时由国家课程标准所规定，各个学科有不同的课时安排，必须严格按照标准规定课时上课；课程内容的主要载体为国家所规定的各版教材。其二是“课”的类型和结构相对灵活。课的类型根据教学任务划分，可分为单一课和综合课，“单一课”指一节课中只完成一种教学任务，如传授新知识的课、巩固知识的复习课、训练技能的练习课等。“综合课”指一节课中完成多种教学任务，课的结构根据课的类型不同也有所不同。①

班级授课制相较于其他教学组织形式体现出以下几点优势：第一，提高教学活动效率。教师面对众多的学生进行集体教学，只需将相同的知识讲一遍，节省了时间和精力，班级授课制一般是在固定的场所内，组织学生进行教学，这就确定了教学所能掌控的时空范围，以保障班级秩序，完成教学活动。并且每节课之间有固定的休息时间，保证教师和学生劳逸结合，再专心投入到下一节教学和学习，获得更好的教学效果。第二，提高教学活动质量。教师按照课程标准科学地组织教学，学生在教师指导下有序学习，系统地掌握科学文化知识，为进一步构建知识体系和下一阶段的学习打下良好基础，这也是教师教学质量提升的侧面反映。第三，利于培育集体意识。在班级教学中，由于学生思想水平相近、学习内容一致，可以快速展开讨论，形成学习上的良性竞争和有效合作，树立共同的学习目标，培养学生互帮互助的优良品质，培育学生的集体精神。

但在班级授课制实施过程中也应避免其局限性：过分强调教师主导作用而导致学生没有话语权，不利于发挥学生的主动性和积极性；过度传授书本知识而导致知识局限于课堂，脱离实际生活，课程枯燥乏味，使学生失去学习的兴趣；过多强调“统一”，统一教学内容、统一教学进度、统一教学标准等将学生置于“统一”的框架内，不利于学生个性、特长的发展。

（三）辅助的教学组织形式

当前，基础教育阶段基本的教学组织形式仍旧是班级授课制，但因个性化、差异化的要求，在班级授课制的基础上又衍生出了分组教学、复式教学等特殊形式，并穿插个别教学、现场教学等辅助形式，着力满足不同学生的发展需求。

---

① 李秉德.教学论[M].北京：人民教育出版社，2000：221.

1. 分组教学

分组教学是课堂教学最常见的辅助教学组织形式，是普遍运用于基础教育课堂中的教学组织形式。分组教学依据的标准是多样化的，如学生的年龄、性别、学习能力、兴趣爱好等都可作为重要的分组标准。分组教学利于学生“合作、竞争、探究”，但在利用分组教学时，教师更应全面把握分组教学的实质，思考如何更好地利用分组进行教学，围绕教学目的、教学内容、班级规模以及可利用的教学资源等多方面因素来设计教学。

分组教学的优势主要体现为：第一，促进学生交流合作。分组教学从学生的视角来看即是团队合作。在准备、讨论、展示的多个环节中，学生能够充分地体会到完成任何一个课题都并非一蹴而就，也不是个人意志的体现，只有集思广益、秉持共同协作的理念，才能圆满地达成最终目标。分组教学不仅加深了学生对知识的理解，而且使学生的表达能力、沟通能力、协作能力得到极大的锻炼。以组为单位进行评价能激发部分学习能力较弱学生的热情，增强其学习的信心，使每个学生都能懂得彼此欣赏、彼此尊重、团队协作、共同成功。第二，营造良性竞争环境。在以班级为单位的个人竞争中，学习能力强的学生长期占据“榜首”，容易打击其余学生的学习积极性，造成学习两极分化现象。通过分组教学能够缓解相关问题，例如采用“同层异组法”，即按学生的知识基础、技能水平将同一层次的学生分到不同的组中，使每一组合理搭配、能力均衡。在以组别为单位的情况下，个人目标易锁定于能力水平相当的人身上，这种目标变得更接近也更容易实现，从而激发每个学生学习的动力。第三，激发学生创造力。以合作探究为重点的分组教学使学生有充分的时间进行交流讨论，并发表不同的看法和见解，这有利于产生新的思考，培养学生创新思维。

2. 复式教学

复式教学是由班级授课制衍生出的一种特殊形式，通常指“多年级教学”，即基础教育阶段对处在同一班的两个及以上年级的学生进行的教学活动。其最大特点是在同一空间、同一课时内对不同群体学生进行轮流教学，其分组具有多样性和灵活性，除以年级为分组依据外，还可以根据语言、年龄抑或学习水平、能力的不同进行分组。作为一种课堂教学组织形式，复式教学具有与单式班教学相似的规律和原则。但其根本区别在于，复式教学中同一位教师需要在与单式教学相同的时间内，完成两个以上年级或学科的不同教学内容。

复式教学大致归纳为以下主要方式:学科相同教学,即在同一课时讲授一门学科不同层次的内容,根据年龄组和年级段安排课程进度;学科交叉教学,即在同一课时教不同的科目(甚至包括不同的年级段),需注意两门学科或多门学科的课堂活跃度搭配;学科组合教学,即在同一课时为所有年龄组、年级段讲授同一学科内容,例如音乐、体育等科目。复式教学的基本特点可概括为"三多两少",即年级多、学科多、自主学习时间多,直接教学时间少以及同一年龄、年级人数少。

复式教学本身的特点一方面体现出它存在诸多优点,即利于有效地普及基础教育。教学年级多,学生之间存在年龄差异,但每个年级学生少,有利于教师全面了解学生、因材施教。学生之间"以大帮小、以小促大",有利于发挥纵向人际关系的优势,推动良好班集体的形成。教学科目多、备课复杂,也有利于教师全面地掌握教材,使各科教学内容相互渗透,对学生具有综合的影响。同时,自主作业时间长,有利于调动学生的主动性、积极性,培养自学、自控、自治能力。有限的教学时长促使师生双向交流时间缩短,教师授课更注重"精讲巧练"。

另一方面,复式教学中也存在局限性。复式班课堂教学任务的多端性,导致几个年级必须同时进行教学,造成教学活动的相互干扰,这是不可避免的必然现象。学生学习时的注意集中度是影响学习效果的必要条件。为了尽可能减少同一课堂内其他年级、相同学科的干扰,一般采用"同堂异科"的教学编排方式,即学科交叉教学的方式,从而提高学生对教学内容的专注度和进行自主作业时的专心度。直接教学时间少、自主学习时间多,虽利于调动学生的自主性,但在基础教育阶段学生学习离不开教师的悉心指导,尤其在小学教育阶段,教师指导的时间长短将对教学质量有着直接和较为重要的影响。

【案例5-2-4】农村小规模学校课堂教学创新——"同动同静"复式教学模式的构建与实践

兰州大学"同动同静"复式教学模式是在传统的"动静搭配"复式教学模式基础上的创新,比传统的"动静搭配"模式内涵更加丰富,较好地解决"动静搭配"模式中的声浪干扰、直接教学时间短而教学任务难以完成等弊端。

为达成上述成果,兰州大学首先构建"动静搭配"的复式教学模式,即教师的直接教学(即"动")与学生的课堂作业(即"静")分别在两个年级中轮流交替进行。该模式要求相隔年级编班,异科搭配,同年级分组,背向式座位安排。按相邻年级编班、同科搭配的原则，以小组教学方式，将高低年级学生组织在一起共同学习，其教学设计理念适用于小学各科教学，且切实可行；其次，所谓“同动同静”模式是指两个或两个以上年级的学生，在复式教师的合理调控下，同时进行直接教学（即“动”）和间接教学（即“静”）。新模式要求相邻年级编班，同科目搭配，并根据教学需要同年级分组或不同年级分组，座位安排多样。

“同动同静”复式教学模式充分调动了学生学习的积极主动性，发挥“以大（高年级的儿童）帮小（低年级的儿童）”“以小促大”“以小仿大”的学习互动优势，有效解决农村小规模学校存在的年级多，班级人数少，课程难以开齐开足开好，课堂教学氛围冷清，师生教与学的积极性不高，教师课程多等问题，最终帮助农村小规模学校实现内涵式发展。“同动同静”复式教学模式倡导在语文、数学、英语教学当中，实行两级复式教学（将相邻两个年级合编为一个班，即1~2年级、3~4年级、5~6年级为一班），音乐、体育和美术采取不分级复式教学模式（学校所有年级的学生在一起上课）。此外，单式教学中采用“动静搭配”“同动同静”复式教学的课堂组织形式，实施“单班复教”的教学策略，解决单班中优等生“吃不饱”，学困生“吃不了”的两极分化现象。复式教学是一种特殊的教学组织形式，不管是农村小规模学校的教师，还是城区大规模学校的教师，都应该掌握。但现实却不尽然，很多教育研究者和管理者较少了解复式教学，大有“谈复色变”之嫌，担心被扣上“贫穷落后”之帽。2018年4月，《国务院办公厅关于全面加强乡村小规模学校和乡镇寄宿制学校建设的指导意见》十一条“改革教师培养培训”中明确提出为“适应一些乡村小规模学校教师包班、复式教学需要”，可见将复式教学纳入师范生（特别是小学教师教育）教学的技能培养，小学教师职后培训的必修课程，已成为推进城乡教育公平，建设美好新农村的重要途径。

（本案例为兰州大学主持的2018年基础教育国家级优秀教学成果奖二等奖成果）

3. 现场教学

现场教学是区别于课堂教学的教学组织形式，指组织学生到生产现场或社会生活现场学习有关知识和技能或接受思想品德教育的教学形式，一定程度上突破了课堂教学固定的时空界限，教学场所、时间，甚至教学人员均有所不同。教学场所往往选定在教学内容发生的现场，时间不再是传统课堂中严格的上下课时间，施教人员除了教师以外，还有可能是现场工作人员。现场教学针对性较强，将一些课程中原则性、抽象性、经验性的理论知识以现场实体、实物的形式展现给学生,并进行直观讲解和亲手操作,可达到将课堂上"空、泛、乏"的教学内容具体化、形象化的目的,促使学生在兴趣中更易于学习和理解较为抽象的知识。现场教学的形式多样,其中"研学旅行"是我国大力倡导的一种形式,已纳入中小学校日常教育范畴。

现场教学在趣味性等方面具有较为明显的优势。一是提升了基础教育阶段学生的学习兴趣和感性认识,基础教育阶段的学生抽象思维还未发展成熟,而现场教学最大的特点是直观性,通过现场观察、调查或实际操作,把课程内容与学生在现场直接看到的相关事物紧密联系起来,一方面临场的感官刺激更易激发学习兴趣,提高教学效果,另一方面这种教学形式突破了课堂教学的部分局限,改变了学生的认知活动结构,丰富了学生对事物的理解和感性认识,促进学生对书本知识的进一步理解和掌握,培养学生将知识用于实践的能力。二是弥补了部分学校教学设备的不足,部分学校囿于有限的实验室、活动室等教学设备而无法对学生进行深入的相关教学,现场教学强调理论联系实际,在一定程度上弥补了部分学校硬件设施上的缺陷,给予学生较为珍贵的现场体验和实践活动。三是加强了学生的团队合作意识和纪律观念,现场教学强调各成员的参与合作,这种形式让学生体验到生产、工作中的纪律性,也更容易体会到自己在团队中的重要性,在一定程度上加强了学生的集体意识和纪律观念,提高了学生对工作环境的适应性,为其将来能够循序渐进地融入社会奠定了良好基础。

但现场教学的不确定因素较多,一是存在安全隐患,如工作或生产现场可能会存在较多的机械装置或其他设备,操作不当或者其他原因都有可能会对学生构成伤害。高空坠落、触电、机械伤害、坍塌、火灾、物体打击及其他伤害等都是潜在的安全隐患。二是成本较高、比较耗费时间。虽然现场教学在购买设备等方面节省了不少成本,但与传统教学相比,花费仍然不低。如果场地距离较远,往返一趟就需要花费不少交通费用,而且在途中还要耗费较多时间。

基于现场教学的特点,运用现场教学需考虑多方面因素,首先需要正确认识现场教学,虽然其能更大限度地调动学生的参与度和积极性,但同时也需要考虑场地的选择、学生安全、时间和资金成本等问题;其次,需要考虑现场教学与教学内容的相关度,因为现场教学的目的是完成教学任务,应该考虑能否有效提升学生对相关知识的掌握程度;再次,在现场教学过程中应与现场有关人员、专家等协同教学,并引导学生将现场情境与所学知识结合起来,有意识地对学生的观察、实践进行指导,促进他们对知识的深入理解;最后,现场教学完成后应及时进行总结和评价,以升华教学主题。

【拓展性资料5-2-3】

解读杜郎口

处于鲁西北茌平县一个名不见经传的小镇杜郎口的杜郎口中学,曾经连续10年在县里考核居于倒数之列,以独特的“三三六”自主学习模式(三个特点:立体式、大容量、快节奏;三大模块:预习—展示—反馈;六个环节:预习交流、明确目标、分组合作、展示提升、穿插巩固、达标测评)、“10+35”的课堂模式(即:45分钟的课,10分钟属于教师,35分钟属于学生)、完全开放的课堂(任参观者随意进出“检阅”)、无讲课台讲桌的教室、突破传统的课桌组合排列方式、学生积极主动、情绪高涨、勇于自我表现的课堂氛围等完全不同于传统的课堂教学。

(选自:郑彩华,马开剑.薄弱落后学校:成功发展何以可能——杜郎口中学教改经验深度透析[J].中国教育学刊,2007(5):28-30.)

杜郎口中学的贡献在于创立和形成一套以学生为中心的课堂教学模式和程序,实现了杜威精神和赫尔巴特形式的有机整合,从而既极大地调动了每个学生学习的主动性、积极性,又全面地提高了教学的效果和效率。

杜郎口中学找到了在现有教育体系特别是在统一课程标准、统一教科书、统一考试下课堂实施素质教育的突破口,在班级授课制特定的时空里,构建和形成了以学生为主体、以学习为主线、以展示为特征的教学模式。

(改编自:余文森.深度解读杜郎口[J].基础教育课程,2010(10):26-31.)

【思考】

1.如何理解课程标准?

2.基础教育阶段主要课程类型有哪些?如果让你进行分类,你会依据什么标准将课程划分为哪些不同类型?

3.必修课程与选修课程各有其优点,你认为在基础教育阶段如何处理必修课程与选修课程的关系?

4.如何进行教学设计?请结合实际撰写一份教学设计方案。

5.结合案例,试述一种(或多种)教学方法的操作流程。

【延伸学习】

1.靳玉乐.课程论(第2版)[M].北京:人民教育出版社,2015.

《课程论》致力于反映当代课程理论的全貌和课程发展的趋势,形成一个由“课程理论—课程开发—课程研究”构成的完整的学科体系结构。包括课程的意义、理论基础、基本理论、课程设计、课程目标、课程内容、课程类型、课程文件、课程实施、课程评价、课程领导以及课程研究等内容。本书完整而充分地反映了当代课程改革和研究的新理念、新成果、新方法,体现了基础与前沿、理论与实践的统一。

2.李森.现代教学论[M].北京:人民教育出版社,2011.

《现代教学论》坚持以人为本的思想,从学习者的立场和角度出发,借鉴国内外教学论教材建设的成果,以作者已有的成功教学经验为基础,力求建构“学程式”的新型教学论教材结构。本书突出实践性,注重师范生现代教学素养和教学基本功的培养;尽量反映国内外教学理论和教学改革的最新研究成果,着力介绍新时期教学论的发展成果。其内容丰富,结构合理,具有较强理论性、针对性和实用性。

3.拉尔夫·泰勒.课程与教学的基本原理[M].施良方,译.北京:人民教育出版社,1994.

《课程与教学的基本原理》围绕四个中心问题展开,即学校应该达到哪些教育目标?提供哪些教育经验才能实现这些目标?怎样才能有效地组织这些教育经验?我们怎样才能确定这些目标正在得到实现?作者提出了研究这些问题的方法和程序,并将评价引入课程编制过程,指出了目标制订、课程内容、教学组织方式与结果评价之间不可分割的联系;提出了一套课程编制程序,即确定教育目标、选择学习经验、组织学习经验、评价学习结果。

4.[德]希尔伯特·迈尔.怎样上课才最棒:优质课堂教学的十项特征[M].黄雪媛,马媛,译.上海:华东师范大学出版社,2011.

《怎样上课才最棒:优质课堂教学的十项特征》借助相关的研究成果和作者的个人经验,提出了十项优质课堂教学特征:清晰的课堂教学结构;高比例的有效学习时间;促进学习的课堂气氛;清晰明确的教学内容;创建意义的师生交流;多样化的教学方法;促进个体发展;“巧妙”地安排练习;对学习成果有明确的期望;完备的课堂教学环境。针对每一项特征,作者都首先进行定义和解释,列举了衡量达成这些特征的具体指标,简述了与该项特征相关的前人的重要研究成果,在此基础上给出了实用的教学建议。

5.《基础教育课程》杂志

《基础教育课程》以推进基础教育课程改革为主旨，依托教育部基础教育课程教材专家咨询委员会、专家工作委员会，权威发布并深度解读国家基础教育课程改革相关政策及改革动态，推广基础教育课程、教材、教学教研及评价领域最新成果，宣传各地课程改革经验，为基础教育行政管理人员、教师、教研人员及相关研究者提供权威专业服务。聚焦课程建设、教学教研、教材研究、考试评价、学校、学科、教师、资源以及文化提升等专题。

第六章
基础教育的管理与评价

【学习目标】

1.联系实际从学校和班级两个层面熟悉基础教育管理内容。

2.了解家校合作的优点及其面临的现实问题,掌握家校合作的机理及要求。

3.把握基础教育评价的内容,掌握基础教育评价方法的实践要领,据此诊断和分析具体的评价行为。

【情境导入】

河北、辽宁、江苏、福建、湖北、湖南、广东、重庆等8个省市高考综合改革方案为"3+1+2"模式,即"3"为全国统考科目语文、数学、外语,所有学生必考;"1"为首选科目,考生须在高中学业水平考试的物理、历史科目中选择1科;"2"为再选科目,考生可在化学、生物、思想政治、地理4个科目中选择2科。新提出的"3+1+2"模式既体现各个学科的核心素养地位,突出高校不同学科专业选才的要求,也更加注重学生的全面发展和提高学生的综合素养,为学生和高校之间的相互选择提供条件与动力。传统考试通过简单的数字对复杂的人进行排序,有其合理一面,也必然存在不可避免的缺陷。评价的目的在于改进而不是证明。随着高考综合改革的深入推进,对于高中创新教学组织管理、加强学生发展指导等都提出了新的要求。此种模式会为基础教育的管理与评价带来何种变革?

(改编自:于涵,郑庆华,韩宁,等.高考改革进入关键阶段,怎么考?怎么学?[N].光明日报,2019-04-30(14).)

基础教育管理是为了实现基础教育目标,对教育资源进行计划、组织、协调、控制和激励的过程。家校合作作为基础教育管理中一种具有代表性的教育形式,是基础教育改革与质量提升的重要内容,需要学校及家庭在明确各自角色定位与任务的基础上相互配合,有效促进学生协调发展。基础教育评价是衡量基础教育目标实现程度的重要手段,是保证基础教育活动步入正轨的核心环节。教育的管理与评价是基础教育活动的重要组成部分,通过教育管理可以有效规划和组织教育资源,通过教育评价可以明确基础教育活动过程中存在的问题,促进基础教育活动的改进。

第一节　基础教育的管理

基础教育的管理属于管理活动的一种,同时也是管理学在基础教育领域的实际应用。作为管理学和教育学相交叉的领域,基础教育管理是中小学校管理者通过组织协调教师队伍,充分发挥人力、财力、物力的作用,利用基础教育内部各种有利条件,高效率地实现基础教育管理目标的活动过程。就管理主体而言,基础教育的管理主要包含学校以及家长,所以家校合作在基础教育管理中既重要又独特,故在本章第二节对"基础教育的家校合作"进行详细阐述。

一、基础教育的学校管理

学校管理是学校管理者依据国家教育目的,在先进的管理思想指导下,制订和规划学校工作目标,以科学的方法和手段,营造开拓进取的学校文化,引导师生员工,最大限度地挖掘校内外的各种资源,高质量、高效率地实现学校工作目标的创新过程。[①]学校管理强调按照一定的原则,运用一定的手段和方法,建立起一定的制度,积极发挥校内人、财、物等因素的作用,充分地利用校外多种有利条件,组织和领导学校全体成员协调一致地、有效地实现预定工作目标。

(一)学校管理的主要内容

学校管理有广义和狭义之分,广义的学校管理包括教育行政部门对学校的管理和学校自身的内部管理,狭义的学校管理即学校对自身的微观管理。基础教育阶段的学

① 张继华,何杰.现代中小学管理新编[M].南京:南京大学出版社,2015:9.

校管理建立在狭义的学校管理基础之上，主要涉及校务管理、教学管理、人事管理和学生管理四个方面。

1. 校务管理

校务管理是中小学校各项工作得以顺利展开的基础，也是学校作为一个体制性存在的重要表现，一般包括学校财务管理、生活管理、校产管理和环境管理。学校财务管理主要指组织财务活动与处理财务关系的管理，是按照国家财政法规的要求，依据学校教育事业的发展计划，对预算资金的筹措、计划、组织、使用、指挥、监督、调节等工作的管理，具有政策性强、涉及面广等特点。生活管理工作直接影响师生身体健康和学校教育教学工作的顺利开展，具有服务性、先行性、常规性、突击性、复杂性等特征，主要包括伙食管理、水电管理、宿舍管理、医疗保健管理以及综合服务项目管理等内容。①校产管理即对学校财物的管理，主要包括学校对各部门的需求进行核算，进行有计划的添置，采取各种有效措施，提高学校财产物资的利用率；建立健全各项规章制度，弥补漏洞并防止不必要的浪费。此外，培养学生爱护公物的良好习惯也是校产管理的任务之一。环境管理是学校管理人员依照现代管理的原则和方法，科学地组织、调动有关人力、物力和财力的投入，获得并持续保持校园的净化、绿化、美化、秩序化与和谐化的最佳效果，它旨在为师生创造一个整洁、安静、优美的学习、工作和生活环境，以保证他们的身心健康和学校各项工作的顺利开展。

2. 教学管理

教学管理是学校管理的核心内容，即学校管理者为实现教学目标，按照教学规律和特点对教学过程进行全面管理，以保证教学活动的顺利开展，提升教学的有效性。具体而言，教学管理主要包括教学思想管理、教学计划管理、教学组织管理、教学过程管理、教学质量管理。教学思想管理主要是对教师和教学管理人员进行现代教育思想的学习和教育，树立素质教育思想及现代学生观、人才观和教学质量观等，积极引导教师教学和学生学习的深刻变革，旨在促进教学质量的全面提升。教学计划管理是依据国家的课程标准，通过对未来教学活动的精心设计与安排，达到控制整个教学过程有序、高效运行的目的，使教学活动始终处于最佳状态，最终取得最好教学效果的过程。教学组织管理是教学管理的核心，教学管理运行是否做到高效有序，须以科学、合理的组织系统为依托。教学组织管理需要建立教学指挥系统，明确教学管理职责，完善教学常规制

---

① 萧宗六，余白. 学校管理学新编[M]. 武汉：华中师范大学出版社，2001：311-313.

度。教学过程管理,即教学常规管理,包括对备课、上课、作业布置与批改、教学辅导、教学检查、教学总结等的管理。教学质量管理是指按照培养目标的要求安排教学活动,并对教学过程的各个阶段和环节进行质量监控,达到课程计划、教学大纲和教科书所规定的要求,保证学校实现教育目的和培养人才的规格。

3. 人事管理

学校人事管理是学校各项工作得以顺利开展的重要保证,主要包括学校人员的招聘、工作安排和人员的调整与辞退,以及教师绩效考核等。中小学教师绩效是指教师在工作中所表现出来的与学校发展战略、学校发展目标相关的教育教学行为和结果的统一体。[①]教师绩效的高低由教师工作行为与教师工作结果两方面综合反映。它是基于工作产生的,与教师的教育教学工作过程直接联系在一起,工作之外的行为和结果不属于绩效的范围;与学校的宗旨、使命、目标紧密相关,直接影响学校的发展战略和目标。例如,如果学校只考虑学校目标的达成而忽视教师个人需求的满足,必将造成教师士气低落和组织绩效不高的现象;绩效是经过学校考核确认的工作表现及结果,不能被考核确认的行为和结果不属于工作绩效。例如,难以评价和衡量的学生上课时的专心程度不能直接作为绩效考核的标准。需要说明的是,教师工作努力程度与教师绩效不是正比例函数关系。努力是指耗费的能量,而绩效是通过有效行为和结果来衡量的。例如,教师可能非常努力地进行教学,但教学效果不佳,其绩效也不高。教师绩效的本质特征是教书育人的行为和结果,绩效的高低主要通过学生的成长展现出来,具有育人性、专业性、创造性、复杂性、双重性、团队性、时滞性、风险性等特征。[②]

【拓展性资料6-1-1】

教育去行政化与现代学校制度建设——以中小学教师人事管理为例

我国将学校视为教育行政部门的一个机构,对校长、教师的选聘及考核进行了较多的行政干预,不仅降低了中小学教师队伍的职业化与专业化水平,同时也制约了现代中小学校制度的建设。

教育人事管理行政化,主要表现为三个方面:第一,以任命制为主选拔校长。为了适应国家人事制度改革的要求,人事部、教育部在《关于深化中小学人事制度改革的实施意见》中明确提出:“改进和完善中小学校长选拔任用制度。积极推行中小学校长聘

① 肖远军.中小学教师绩效管理[M].杭州:浙江大学出版社,2014:5.

② 廖建桥,陈建文,张光进.知识员工绩效特征的实证探析[J].研究与发展管理,2008(6):36-42+48.

任制。中小学校长的选拔任用要扩大民主,引入竞争机制。”

第二,由多部门协调选聘教师。调查表明,在选聘教师权上,教育部门直接选聘的地区仅占18.8%,由人社部直接选聘的约有27.5%,约一半地区采取教育部门协同人社部、组织部等其他部门共同选聘的方式。在具体操作中,各部门选聘教师的权力分配也有所不同,如有些地区是教育部门牵头,由教育、人社、财政、编办等部门联合组织选聘,而有的地区则是由人社、组织部门直接控制,教育部门并没有实际的选聘权,只能按人社部、组织部制订的计划参与实施选聘工作。

(改编自:包金玲.教育去行政化与现代学校制度建设——以中小学教师人事管理为例[J].教育发展研究,2012(12):6-10.)

4. 学生管理

学生管理是学校对学生在校内外的学习和活动进行计划、组织、协调、控制的总称,它是学校管理者组织、指导学生,按照教育方针所规定的教育标准,有目的、有计划、有组织地对学生进行各种教育,使学生在德智体美劳上全面发展的过程。[①]即管理者为高效实现教育教学目标而合理有序地组织好学生各项活动的过程。高水平的学生管理既能促进学生的全面发展,又能提高学校的服务质量。学生管理主要包含学生行为管理和学籍管理。学生行为管理是指对学生在校生活和活动的组织,对学生不当行为的约束和学生行为的指导。[②]学生行为具体表现为思想观念、爱好追求、价值取向、行为习惯等方面,教师对其管理是否恰当将会引发不同的教育效果。对于逐渐走向成熟的学生而言,行为管理是一项重要的教育内容,既需要有外力的规范和思想观念的引领,更需要有内需的生发和行为体验的强化,只有将二者充分地融合,才能使中小学校的教育及学生的行为管理更加有效。学籍管理是指对中小学入学、注册、转学、休学、复学、升级、留级、跳级、借读、毕业、结业、肄业以及对学生在校学习进行考核与评价等方面记载的管理。[③]

---

① 顾明远,申杲华.学校学生管理运作全书[M].北京:开明出版社,1995:3.

② 陈桂生.“学生行为管理”引论[J].华东师范大学学报(教育科学版),2007(1):1-11.

③ 李霞.初等教育管理论[M].上海:华东师范大学出版社,2017:149-152.

（二）学校管理的常用方法

学校管理方法是学校管理者为了实现学校工作目标，开展管理活动而采取的手段和措施的总称。它是学校管理理论、管理原则的自然延伸和具体化，是学校管理原理指导学校管理活动的必要中介和桥梁。[①]

1. 行政方法

行政方法是指以校长为核心的学校管理者，依靠各级组织机构和自身的权利，通过发布命令方式，直接作用于管理对象，以达到管理目的和要求的方法，具有权威性、强制性、垂直性、时效性等特征。行政方法是管理学校不可或缺的一种手段，是统一全校行动、维持学校正常运转、提高管理效果常用的重要方法，也是实现学校管理目标的重要保障。但行政方法不等于强迫命令和独断专行，运用时需注意以下几个问题：学校管理者要正确对待行政方法的权威性，不断提升自身的素质和管理水平，恰当地运用自身身份赋予的权利，合理地运用行政方法；建立健全学校内部组织系统和各项规章制度，发挥其对教师、学生以及学校管理者的约束力；注重发挥党组织和被管理者的监督作用。

2. 法规方法

法规方法是指依据国家法律、法规来管理学校的方法，具有强制性、稳定性、规范性等特征。《中华人民共和国义务教育法》《中华人民共和国教师法》《中华人民共和国教育法》《中华人民共和国未成年人保护法》和《中华人民共和国预防未成年人犯罪法》等法律以及教育部颁布的《中小学管理条例》《中学工作章程》和《小学工作章程》等法规性文件，为学校管理提供了法律保障，为依法治校创造了条件。法规方法虽然有利于规范管理和统一领导，具有很强的约束力，但不利于处理管理过程中的特殊问题和个别问题。要运用好法规方法，需要注意以下几个问题。强化法律意识，做到有法必依，学校管理者必须结合学校实际，做好宣传工作，让广大师生熟悉教育法律法规，自觉遵守法律法规，树立依法治教、依法治校的教育法制观念。同时，严格依法管理，做到执法必严，违法必究；加强执行监督，做到执法公正，实施民主管理。

3. 经济方法

经济方法就是学校管理者运用经济手段，按照经济规律，讲求经济效益，协调和影响被管理者的行动，主要通过工资、津贴、奖金、罚款等方式激励学校工作人员，调动工作积极性的一种方法，具有利益性、平等性、间接性、多样性等特征。为实现学校管理效

---

① 张继华，何杰.现代中小学管理新编[M].南京：南京大学出版社，2015：91.

益最大化，学校管理者在运用经济方法时需要注意以下几个方面。学校管理者在制订方案时，应通过民主形式，多听取教职工的意见和建议，确保方案的科学合理；正确对待教职工的物质利益要求，在肯定要求的合理性的基础上，结合分析各方面的原因和条件，积极满足教职工的合理要求；秉持一视同仁的公平原则，论功行赏，奖罚分明。此外，需要注意的是，运用经济方法有助于打破平均主义，引入激励机制，激发教师工作积极性，但是经济方法不是万能的，过分依赖经济方法容易使学校陷入由于利益分配不均而造成的混乱之中。

4. 思想教育方法

思想教育方法是指运用精神观念的宣传、传授、启发、诱导等方式，对学校成员的思想认识、情感和行为产生影响作用的管理方法，具有启发性、长期性、广泛性、灵活性等特征。思想教育方法是通过摆事实、讲道理和耐心细致的说服教育，引导教师实现学校的管理目标，不具有任何强制性。学校管理者在运用该方法施行管理时，需要注意以下方面。学校管理者的思想教育要有科学性，要保证教育内容的科学性、教育形式的科学性以及教育方法的科学性；充分理解人，坚持尊重人、关心人、以理服人的原则；思想教育要与解决实际问题和排忧解难相结合，想师生之所想，急师生之所急，才能发挥实效；坚持表扬为主、表扬与批评相结合的原则，既要重视表扬与奖励、批评与处分的准确性和适度性，还要注意时机和场合；学校管理者要言行一致、以身作则，为师生树立良好的榜样。

5. 目标管理方法

目标管理方法是通过促使学校组织成员关注自己目标的完成情况，极大地调动教师的工作积极性、主动性、创造性，充分挖掘个人的潜能和才干，提高教师的业务水平和工作能力，有效督促教师关注学生，钻研教育教学，不断提升自身修养，提高工作效率的方法。目标管理方法在学校中的应用，能做到对上目标明确，对下目标具体，给教师压力的同时又将压力转化为其前进的动力，有利于激发教师的上进心。学校管理者在运用该方法时，要注意以下问题。学校管理者要注意目标的合理性和可行性，目标的高低要适度，过高则可望而不可及，过低不利于激发教师的工作积极性；需要制订目标实施和管理的具体措施。例如，实行目标管理有多少项目、采用什么方法考核、评分的标准是什么、每项的考核内容是什么等；要有目标管理的检查和考核，在目标实施后，在一定时间内要进行考核评价以检查目标的实施情况，总结经验和不足之处，并把考评结果作为奖励、晋升的依据之一。

(三)基础教育的校本管理

校本管理不同于传统的学校管理,传统学校管理是外部控制管理,而校本管理则是学校主体的自主管理。校本管理的产生反映了西方教育管理哲学从“外控式管理”向“内控式管理”的转变,是学校管理权的下放和教育行政部门及学校,包括校长、教师、学生及其家长等角色转变的过程,校本管理的核心是教育管理重心的下移,强调教育行政部门给予学校更大的权力和自由,使中小学校成为自我管理、自主发展的主体,可以根据自身的需要确定自己的发展目标和方向,旨在提高学校管理的有效性。①

1. 校本管理的主导理念

校本管理立足于权力下放为中心的学校管理思想和模式,强调学校的自主管理,主要遵循以下理念。

一是自主管理理念。在传统的管理看来,学校是实现教育政策目标的工具或在外部监督下被动的执行系统。学校的作用是从上级教育行政部门或办公室被动地接受命令,没有自行决定的权力。校本管理并不否认学校要实现教育政策的目标需要上级部门的领导,但上级并不能解决学校所有的问题,诸如教育、教学、人事、财务等问题需要学校自身去解决。校本管理强调学校成为自主管理系统,有权制订办学方针、教学目标和管理策略,有权分配人力和物力资源,有权根据实际需求自主解决学校实际面临的问题。

二是以人为本理念。在学校管理中,强调关注人的因素对组织有效性的影响,有利于学校管理目标的达成,强化学校组织结构。校本管理认为学校管理应以人为本,应满足人的发展需要,并注重人的全面发展和提高。中小学的校本管理认为学校要运用人际关系理论和现代行为科学理论,关注人的因素对组织管理有效性的影响,鼓励学生、家长、教师或其他成员积极参与到学校管理中来,从而使校本管理得到良好的发展。

三是目标多元理念。在传统的外部控制中,学校的教育目标简单而统一,教育环境几乎固定不变,教育管理趋于标准化和稳定化。校本管理则强调学校是一个自行管理的系统,追求教育需求目标多元化和教育质量的提升。校本管理认为教育环境是复杂多变的,学校服务对象和管理任务均是多元的,为适应社会发展的需要,学校教育管理的目标应具有多元性和动态性。因此,学校管理需增强主体性,不断改革以适应环境变化的要求,让学校有开发的空间,进而寻求更好的管理策略,以达到预期的教育目标。

---

① 周仁康.走向智慧的校本管理[M].北京:国家行政学院出版社,2012:4.

四是民主与分权管理理念。对于学校内部管理而言，校本管理秉持民主管理的理念，校长、教师、学生及家长等有权参与学校的各项决策，学校需要充分调动各方面的积极性，通过民主决策共同制订符合实际的学校发展战略和行动策略。就不同学校的管理来说，校本管理秉持分权管理的理念，认为学校管理和教学活动难免会遇到难题，学校应该发挥自主权，及时有效地解决所发生的问题，强调发现问题和解决问题的及时性和有效性。校本管理承认学校的差异性会导致教育管理的差异性，强调管理弹性，给予学校丰富的活动空间，发展和制订专门的教育教学和有效管理学校的策略，学校可以根据自己的条件自行决策、自主管理。

2. 校本管理的基本特征

校本管理强调了决策权力的下放，是以学校为本位、以学校为主体的管理，学校在管理中拥有充分的自主权。它主要是强调通过权力下放来实现学校自主管理和共同决策，使学校全体同仁凝聚和达成共识，提高学校的活力和办学效益。

一是学校自主。校本管理以学校自主办学取代过去的政府包揽办学模式，学校成为独立办学主体，并以独立的法人资格对学校发展承担责任。校本管理主张将学校决策的责任交给那些对相关问题能够及时得到第一手信息并了解学校运行的人，即学校领导、教师、学生、家长和社区。从世界许多国家的教育改革情况来看，分权是各国基础教育改革的共同特征。例如，在英、美等分权制国家，基础教育决策权仍进一步由教育局或学区中央行政办公室的行政机构向各个学校转移，使学校在预算、人员和课程等方面拥有更多的自主决定权，学校管理变得更加灵活、稳健，适应性更强，更加高效，更加凸显学校的办学特色。

二是校长负责。中小学校长是学校的法定代表人，代表政府承担管理学校的责任，全面负责学校的各项工作，包括教学、科研、行政、安全、财务管理等。校长对学校工作的统一领导应建立在民主管理和科学管理的基础之上，对学校工作实行民主管理、民主监督。校长负责对校长自身素质也提出了更高的要求，要求校长秉持立德树人、引领发展、能力为重、终身学习等理念导向，并从规划学校发展、营造育人文化、领导课程教学、引领教师成长、优化内部管理、调适外部环境六个方面详细规定了校长的专业职责。在校长全面负责的基础上，党组织负责监督，保证党的路线、方针、政策在学校得以贯彻落实，明确办学的社会主义方向，保障学校的各项任务的顺利完成。需要注意的是，校长应该鼓励全体教师积极主动参与到学校的各项活动，充分发挥教师的主人翁作用，共同解决学校的各项事务。

三是共同决策。校本管理的共同决策通常是通过学校委员会来完成,即学校通常会建立委员会来共同决策、处理并解决学校的各项事务,校长是既定的成员之一,但不一定是委员会主席,教师、家长和社区成员甚至学生一般都有代表参加。学校委员会的组成或教育行政部门规定,或由学校自行决定。在许多学校委员会中,还设有各种专门小组,如实验小组、评估小组、教职工发展小组等,帮助学校委员会决策。共同决策是指通过学校委员会,校长、教师、家长、社区人员(有时也包括学生)代表共同参与商讨学校的各项事务,如学校经费使用、人员聘用、课程编制、教材选择、学校文化建设、学校卫生工作管理、学校心理健康工作管理、学校后勤服务工作等,并且共同做出各项相应的决策。

3. 校本管理的现实意义

校本管理是20世纪80年代以来世界发达国家在教育改革中不断予以实现的一种改革措施,强调从学校组织的层面改革学校,改革学校的结构系统、管理风格和类型。随着我国中小学管理体制改革的进一步深化,校本管理成为我国现代中小学管理策略的选择,具有重要的现实意义。中华人民共和国成立以来,我国学校管理体制几经变迁,学校管理体制改革取得了重大突破,但仍未摆脱"一统就死,一放就乱,一乱就收"的怪圈。[①]为更好地提高学校管理水平和效益,充分调动学校办学的积极性和主动性,必须实现权力下放、优化资源、加强问责,构建校本管理的模式可以进一步推动学校管理体制的深入改革。

一方面,校本管理为学校合理使用教育资源提供了发展空间。目前,学校教育资源基本上是行政计划,统一划拨,不讲投入产出与效益,造成投入不足或资源浪费的尴尬情况。究其缘由,主要是因为学校缺乏对教育资源管理的自主权。要解决这一难题,必须将权力下放到学校,赋予学校更大的权力和自由,使之按自己的需要去决定资源分配。当学校的资源决策权增大时,学校就可以制订更长远的资源分配计划,灵活运用资源。同时,学校也必须仔细检查自身的实际需要,按优先次序排列资源,配合所需。从这个意义上讲,校本管理为学校资源能更独立自主地运用提供了发展空间。

另一方面,校本管理为学校建立问责制度提供了理论支持。校本管理力求明确在学校管理体系中各相关方面所承担的角色与职责,厘清权责,各司其职,有利于清楚界定学校管理系统中各自的角色与职责,改变过去学校一味追求对上级部门负责的状况,

① 周仁康.走向智慧的校本管理[M].北京:国家行政学院出版社,2012:13.

强化对学生负责的教育理念。同时,校本管理对于推动学校管理民主化起到积极作用。在校本管理模式下,学校委员会通常是学校的最高决策单位,委员会的结构、人选和运作显得尤为重要。为取得全面和谐的发展,各有关代表,包括行政人员代表、政府官员代表、教师代表、家长代表和社区人士代表等必须参与其中,代表不同利益,相互监督与相互制约。更进一步,校本管理有助于推动学校教育与家庭教育相结合。现实生活中,我国家长参与学校事务和学校决策的程度很低,导致学校教育与家庭教育的价值取向不一致,教育内容不协调,行为准则不统一,校本管理邀请家长成为学校委员会的成员,可以充分调动家长参与学校事务、和学校共同管理和教育学生的积极性,促使家长和学校的教育理念和教育价值观相吻合。

二、基础教育的班级管理

班级管理是以班级为载体的教育管理,是一个动态过程,指班级教育管理者带领学生按照班级管理规律要求,更好实现教育教学目标和班级工作目标而进行的一系列活动,是以班级作为一种组织形式和载体对学生进行的全面管理。[①]它主要是在班主任的组织引导下,依据一定的教育目的,由任课教师、学生等共同参与,按照教育管理规律的要求,遵循一定的管理原则,采取一系列措施和方法处理班级事务、组织班级教育活动,实现教育目标的过程。[②]它兼具综合性和专业性,其目的是建立完善的班级组织结构与合理的规章制度,建设和谐的师生关系,营造良好的学习环境与条件,促进学生的全面发展。其中,班主任工作与构建和谐的师生关系是班级管理工作的重难点。

(一)班级管理的班主任工作

班主任是伴随着班级授课制而产生,其工作的有效性会直接影响着学生的健康成长,在班级管理中起着至关重要的作用。同时,班主任也扮演着多重角色,诸如,班主任是学生健康成长的教育者、班集体的组织者和领导者、联系任课教师和团队组织的纽带、沟通学校与家庭以及学校与社会的桥梁等,每种角色都赋予了班主任不同的职责和工作任务。班主任作为学校工作与学生最直接的“亲密接触者”,其自身素质、文化修

① 傅建明.教育学基础(中学)[M].北京:北京大学出版社,2018:82.

② 张作岭,姚玉香.班级管理案例教程[M].北京:清华大学出版社,2015:17.

养、日常行为等都会对学生成长起到潜移默化的作用。

1. 班主任工作的性质

班级活动的丰富性、班级对象的变化性以及班级管理的复杂性，都表明班主任工作具有特殊性，主要体现在工作对象、工作内容以及工作角色三个方面。首先，班主任工作对象的变化性。中小学生的身心都处于不断发展和变化中，班主任需要掌握学生的身心发展规律和学习特征，在尊重学生的基础上懂得欣赏学生，善于发现学生的优点和长处，对于优秀的学生要适当给予表扬，对于破坏校规校纪的学生要给予适当惩戒，有的放矢地开展管理工作。在班级管理中，不仅要培养个人的素养和威信，还要学会将强制力作为纪律、秩序和组织管理的保障，适当的惩戒有利于学生的成长，惩戒权是《教师法》赋予教师的教育权。2019年11月，教育部关于《中小学教师实施教育惩戒规则（征求意见稿）》重塑了教师的“惩戒权”，在保障教育权威性的同时为教师滥用权力、体罚学生画上一道“紧箍咒”。

其次，班主任工作内容的多样性。在繁杂的班级事务中，班主任除完成基本的教学工作之外，也需要关注学生的思想品德建设以及学生的安全教育等。班主任需要了解基础教育阶段各个时期的德育目标，对学生进行针对性的思想品德教育。班主任侧重培养学生的道德行为习惯，在班级工作中，对学生进行行为规范管理与教育具有重要作用。一方面，可以通过具体、生动、形象的语言和事例，树立学生正确的道德观念，形成正确的班级舆论，设计学生喜欢的活动和游戏训练其意志品质，形成良好的行为习惯。另一方面，借助教师权威对学生进行行为管理，依靠班规来管理学生有利于培养学生的规则意识。着重关注学生的思想动态，通过讲座、讨论、角色扮演、社会实践活动等形式，树立学生正确的价值观念，磨炼学生的意志品质。此外，安全教育是班主任的重要工作之一，包括：对学生进行以预防为主的安全教育；经常性地开展安全知识讲座和竞赛；有针对性地进行各种突发事件的安全演练，提高学生的安全意识并养成安全的行为习惯；建立学生督促小组，引导学生参与安全管理，提高学生自我防范意识和能力；等等。①

最后，班主任工作角色的多元性。作为多种角色的综合体，班主任既是班级事务的管理者和组织者，还是学生全面发展的引领者和教育者，这就要求教师具备专业的管理素养，掌握管理知识技能。就管理者和组织者角色而言，班主任工作主要是对学生的常规管理，包括管理学籍，组织考勤、值日、课间操、课堂内外的秩序等日常管理，以及按照

---

① 邱淑慧.班级管理与班主任工作技能[M].广州：暨南大学出版社，2011：19.

《中小学生守则》相关要求组织学生常规训练活动，涉及班级活动的计划和组织。例如，制订有效的学习计划和教学计划，制订班主任工作计划与总结、进行学生综合素质评价以及处理偶发事件等，既要管理学生校内纪律，又要关注学生校外情况。作为学生全面发展的引领者和教育者，班主任需要对班级每一位学生进行监护，掌握学生的成长轨迹和发展特点，把握学生身心发展的关键期，引领学生顺利度过成长的各个阶段。

2. 班主任工作的类型

根据《中小学班主任工作规定》中对班主任的地位、作用、任务和职责等方面的具体规定，结合我国基础教育实际情况，可以将其归纳为常规事务性工作、决策性工作和协调性工作三种类型。①

常规事务性工作是班主任工作中最基础的部分，包括处理班级中各种杂事，组织参加学校安排的各种活动等，具体可划分为常规性工作与事务性工作。常规性工作主要包含学期始末的教育，组建班委会，组织考试，组织各种节日的庆典活动，开展各种比赛、评定学生操行等，具有周期性、计划性等特点。事务性工作是指非预期出现而需要加以处理的各种事情，诸如组织学生完成学校各部门临时指派的任务等。在此层面上，教师应最大限度发挥学生的主体作用，充分发挥学生的智慧。另外，班主任还需处理一些突发和偶发事件，如学生打架、生病、意外受伤以及破坏学校公物等。由于这类工作是非定期出现的，难以纳入班主任的工作计划之中，需要班主任灵活处理、随机应变。

决策性工作是指班主任工作中具有战略性和策略性的部分，是对学生和班集体在一定时期所做出的发展规划和在具体过程中为实现预定目标所采取的手段与方法等，具有预见性、规划性等特点。包括根据班级具体情况，对班级组织建设、文化建设、纪律管理等方面做出合理的规划等；根据学生的身心发展规律及学生具体情况，预测学生个体和群体的发展，并制订出帮助学生发展的策略方法，如生生关系、学生早恋、青春期困惑、新生入学等问题；根据学生学习生活规律，探讨科学学习方法与良好生活习惯，引导不同阶段学生进行自我调节等。如引导学生顺利完成不同学段的衔接过渡，尽快适应不同学年阶段的课程特点、学习要求及学习方法等。

协调性工作主要是指通过多种途径，运用多方力量，充分调动各种内外部因素以促进班集体建设和学生健康发展，遵循合力性原则。根据空间的特征，将其分为内部协调与外部协调、纵向协调与横向协调等类型。其中，内部协调工作包括与各级行政部门、

① 班华.享受和班主任朋友共同成长的快乐——班华班主任原理文集[M].南京：南京师范大学出版社，2014：87.

科任教师、学生会等交流方面，而外部协调工作包括发掘社会教育资源，利用社会上的教育力量，与学生家长保持沟通等。通过外部协调，班主任能够在更加广阔的社会背景下，充分利用社会环境的各种有利因素，加强对学生的教育。纵向协调指班主任与年级组、学校各行政部门等的协调性工作，是班主任向上沟通的途径，保证班主任工作与学校的整体工作协调一致，而横向协调指班主任与同年级各科任教师、学生会等方面的协调工作，加深对本班学生的全面了解，着重体现教育的一致性和合力性原则，达到教育效果的最优化。

3. 班主任工作的开展

中小学班主任承担了多项工作和职责，诸如教育指导学生、进行学生综合素质评价、建立班级规章制度、管理班级日常事务、组织班会活动、安排课外活动等。为了确保班主任工作顺利开展且富有成效，班主任需要严格履行以下职责。

一是了解和研究学生。这是班主任工作的前提和基础，包括对学生个体的了解和对学生群体的了解。班主任可以通过以下方法全面、系统地了解学生：第一，书面分析法。班主任可以借助成绩单、作业、日记等书面材料对学生进行了解，掌握学生各个时期的成长与进步；第二，观察法。班主任平时需要留心学生的言行举止，深入了解学生人际交往等方面，发现学生个性发展的基本趋势，例如，学生能否独立完成作业，上课是否认真听讲等，这些行为表现都可以通过平常的观察记录下来；第三，调查法。采用问卷调查、家庭访问、座谈会等形式，通过对学生本人、同学或监护人的调查访问，了解学生。

二是选拔培养班干部。在班级建设中，班干部往往充当班主任的“小帮手”角色，若能充分发挥班干部的潜能，不仅能使班主任工作达到事半功倍的效果，而且可以整体提升班级建设水平。班主任可以从以下方面着手培养班干部，首先，要鼓励学生积极参与班级活动，锻炼和培养自身各方面的能力；其次，在选拔好班干部之后，需要明确各班干部的职责与分工，适当放权，给予班干部足够的工作自由和自主发挥的空间，激发班干部的工作潜能；再次，针对维持纪律、处理突发事件、主持主题班会、组织集体活动等方面与班干部展开讨论，引导班干部对其工作方法进行完善，帮助班干部在班级中树立威信；最后，遵循奖励为主的原则，提高培养的有效性。例如，给予工作有成绩的班干部肯定和表彰，帮助工作有困难的班干部解决问题，主动为工作中出现问题的班干部承担责任并且帮助其总结经验教训。

三是协调其他教育者。管理好一个班级，虽以班主任为主，但也离不开其他任课教师的支持与帮助。班主任须团结其他教育工作者，彼此之间相互尊重、相互信任，形成团结整体。班主任要尊重每一位任课教师，帮助其树立教育威信。例如，在班级里介绍每位任课教师的特长等，使学生更加喜欢和尊重任课教师，为学生树立身边的榜样。当学生与任课教师发生争执时，班主任要谨慎处理，避免矛盾激化。班主任应具有良好的合作意识，加强与任课教师联系，在此过程中，班主任可以了解任课教师对班级管理的想法，任课教师也可以了解班主任的管理方法，二者在交流合作中增进了解，共同完成教学与班级管理工作。

四是组织班集体活动。中小学班集体活动主要包括班会活动、课外活动以及团队活动。班会活动主要包括班级例会和主题班会两种形式。[①]班级例会要定期举行并控制好时间，班主任需要提前计划好一学期班级例会的主题内容，把握班级日常事务的重点，邀请班干部和同学一起讨论、商定班级例会的方案，让每个学生都有机会充分参与组织、讨论和决策。班主任组织主题班会时要注意主题鲜明、内容集中，教育性强，联系实际，具有时代性和针对性，活动形式新颖多样，而且要鼓励全体学生积极参与，充分体现学生的主体性。作为课外活动的主要设计者和组织者，班主任需要积极参与课外活动的组织和指导，严格按照学校的要求和课程表时间开展课外活动，为学生设计内容丰富、灵活多样的课外活动作业，结合自己的学科特点或特长设计课外活动。班主任指导团队活动需要组织制订团队工作活动计划，组织学生学习团队章程、做好团队建设，对团员、队员进行思想教育，培养团队干部，指导干部处理和协调好各方面的关系，指导团队成员对团支部和队委会工作进行监督。

【案例6-1-1】立足学生综合素养的CIS班级育人模式研究与实践

西南大学附属中学是西南大学的教育实验基地，也是教育部师范大学附属中学（区域）合作体成员，2001年被列为重庆市首批重点中学。在长期的实践过程中，该校在育人模式建设过程中发现诸多常见的问题，诸如班级建设处于被动、盲目、“亡羊补牢”状态，缺乏顶层设计和系统指导；综合实践活动较多存在着不开、假开、虚开课的现象，在实施层面严重弱化；片面应试观念、压力及机制性设计制约师生综合素养发展的主观动力，师生自主发展动力不足；选课走班制度实施后出现学生认同失落、动机失速、管理失范、教师失责等一系列问题。

① 邱淑慧．班级管理与班主任工作技能[M]．广州：暨南大学出版社，2011：89.

为切实解决上述问题，该校引进CIS（Corporate Identity System）——源自欧美并普遍运用于全球企事业领域的团体认同发展理论，结合本土实际情况，发展立足学生综合素养的CIS班级育人模式。该成果以立德树人为根本任务，以理念、行为、视觉为系统维度，以系统化培育学生综合素养为目标，在班级层面建构的综合教育模式。该成果是国内首次将CIS理论应用于中学班级教育领域，创新教育学领域的“班级管理体系”研究，突破管理学和教育学传统研究模式与场域，为教育行政部门和学校管理改革提供科学依据和新角度；也是国内首次明确将综合实践课程任务组织成为班级建设具体内容，实现学科教学和班级建设任务“互相支撑，双向落实”，为学校教育改革和其他领域的改革研究提供新方法和思路；创生素能特训、典礼活动、研学旅行、小先生项目、四级六部制、柔性管理等极具特色富有成效的实践性课程实施方式和管理模式，建构学生核心素养成长的“第一现场”，大量实施走班教学，做到“形散而神不散”。

该成果通过多年研究和实践，具有广泛的应用价值。其中，建构的CIS班级育人模式系统模型和完善的指标体系，为广大普通高中教育工作者做好班级管理工作提供科学的、可操作的参考，提高工作能力和绩效，有效贯彻落实国务院《深化考试招生改革制度的实施意见》，为2017年全国实施选课走班后、实现从行政班到“教学班”的良好过渡、为教育部《中小学班主任工作规定》提供智力支撑。依托省重大项目《立足学生综合素养的CIS班级育人课程实践研究》、省重点《CIS下的中学班级教育管理模式探究》、国家重点《人才培养模式的国际经验及改革研究》等课题，出版专著《班级管理的创新与跨越——CIS策略化的班级文化建设范式》等3部，在《人民教育》等发表论文60余篇；在全国宣讲CIS班级育人模式600余场（2场国家教育行政学院），培训教师10余万人，来校学习上万人。在华中师大一附中等多所学校全面或部分践行。CCTV等上百家媒体报道，网络检索近2万条。

（本案例为西南大学附属中学主持的2018年基础教育国家级教学成果奖二等奖成果）

（二）班级管理中的师生关系

师生关系是班级管理中最基本、最重要且最复杂的关系，师生关系的性质和水平对基础教育具有重要的作用，对学生的身心发展产生深远影响。

1. 师生关系的内涵

教师与学生之间的关系是基础教育阶段班级管理中最基本的关系，班级管理中的师生关系既有人际关系的普遍特性，又有师生关系的教育特性，相互融合、密不可分。从一般意义来说，师生关系是教师和学生在班级管理活动中以各自发展和成长为目的而形成的特殊关系，并在师生互动的过程中逐渐形成的一种相互交往关系。由于教师在年龄、知识、技能、心理等方面的优势，通常在师生关系中扮演着引导者和促进者的角色，在班级活动中对学生进行正确的引导，并产生积极的影响，使学生的身心得到健康的发展与成长。概而言之，教师与学生之间的教育实践活动是师生之间相互学习、相互沟通、相互合作的动态过程，也是教师和学生在教育过程中最基本的方式。虽然在基础教育阶段教师的知识技能要优于学生，知识的传授、教学活动的组织等应以教师为主，但不能因此而忽略学生的主体地位，教师和学生都应该是班级活动的主体。班级管理中师生关系是平等、合作的“我”和“你”的关系，班级管理活动的顺利开展需要建立在师生双方平等的基础上，以和谐的师生关系为依托，教师和学生积极互动、相互合作学习、共同发展成长。

2. 师生关系的功能

中小学和谐师生关系的建立对班级管理，以及教师和学生双方都具有增效、激励和创造等功能。

第一，增效功能。和谐的师生关系可以增强班级管理效益，一方面，和谐的师生关系能让教师感觉到被学生喜爱的满足感和幸福感，这对教师来说，无疑是一种鼓励和鞭策，教师必然会对教育教学工作更加努力和负责，会想方设法地教好学生。具体来说，教师会对自己的教学活动和班级管理精益求精，追求教学的最优化和最有效性。在这种严谨认真的工作态度中，教师必定能不断提高教育教学水平，赢得学生的喜爱和尊重，进而不断地从学生的进步中得到认可和激励，提高教学效果。反之，如果师生关系紧张，甚至对立，必定难以维持正常的班级秩序，更不可能取得良好的教育效果。另一方面，和谐的师生关系让学生更加信赖和仰慕老师，在课堂上就会专心听讲、积极动脑、努力学习，能促进学生对知识信息的接受和吸收，从而提高学习效率。同时，在良好的心理状态和情绪氛围中，学生更容易接受教师的严格要求和对自己的批评意见，避免不良情绪的产生和师生间矛盾冲突的形成。

第二，激励功能。在和谐的师生关系中学生尊敬、喜爱并且信赖教师，这对教师起到了激励作用。教师会在和谐师生关系的鼓舞下尽心尽力地工作，认真上好每节课，选择最适宜的教学方法努力提高教学效率，实现教学效果最优化。和谐的师生关系还能有效地激发学生的学习动机，充分调动学生学习的积极性，能满足学生渴望被关注、被关爱和尊重的心理需要。在和谐的氛围中,学生能从教师那里得到知识,获得关爱和鼓励,所以必然会全身心投入到学习当中。同时,和谐的师生关系还影响着学生的学习选择。尤其是中小学生,容易对教师产生感情依附和崇拜心理,内心期盼能得到教师的赞许和认可,便会有意识地调整自己的言行,努力提高自己的学习效果。因此,和谐的师生关系能够激发学生学习的积极性,促使学生努力学习,有利于营造浓厚的班级学习氛围,形成积极向上、热爱学习的班级文化,实现班级管理效益的最大化。

第三,创造功能。一方面,和谐的师生关系能够培养学生的创造能力。现在的学生民主意识强、成就意向高、渴求被尊重,如果充分满足他们的这种心理需要,给他们创设一个民主和谐的氛围,就可以充分调动学生的主动性和积极性,让他们始终保持良好的心态,这样他们的思维就会更加敏捷灵动,记忆就会更加牢固清晰,想象就会更加丰富广阔,从而有利于创造性教育活动的开展。另一方面,和谐的师生关系有助于教师改进和丰富教学内容,不断更新和创造教育教学方法。在和谐的氛围中,师生之间共同分享彼此的思想、知识、经验和情感,在良好的情感体验中,教师会不断地获得新的发现和教育灵感,并且能根据学生的学情,丰富教学内容,力求创新;在教育教学过程中与学生共同发展,真正实现教学相长。和谐的师生关系可以激发教师和学生的创造思维,促进教师的有效教学和提升学生的学习效果,实现班级管理的目标。

3. 师生关系的优化

在班级管理中建立良好的师生关系,充分发挥师生的积极性,是实现最佳教育效果的有力保障。良好师生关系的建立与发展是循序渐进的,在这个过程中,教师要克服权威观念、转变教育观念,充分尊重学生的主体地位,激发师生的主体性,促进教师和学生之间的沟通交流。

第一,积极转变师生观念,有意识地克服教师潜意识中的“权威主义人格”(“权力主义人格”)心理。传统师生关系的误区就在于把教师角色权威化,片面强调学生对教师的尊重,使学生在教学过程中处于“尊”与“从”的地位,其结果造成教师的差错只能由教师来纠正,学生的批判性思维以及独立思考则被抑制。教师应树立以人为本的教育观念,鼓励学生多提问题,允许学生对教师的回答持保留态度,允许学生和教师辩论,甚至允许学生指出教师处理某一问题的不妥之处,使学生形成“吾爱吾师,吾更爱真理”的观念。

第二,充分尊重学生的主体地位,将学生当作具有主观能动性的人来看待,主动拉近与学生的距离，消除学生的“畏师”情绪，建立民主、平等、合作的师生关系。这要求教师要有民主思想，尊重学生的独立人格，努力寻找学生的闪光点，尤其是一些胆怯内向的学生，教师要对其给予充分的关怀和鼓励。例如，进行班级管理时，教师要实行民主化管理，让学生参与到班级制度的制订和管理中来，提升学生自主管理的积极性，让学生成为班级管理的主人，增强学生的班级归属感和自豪感。

第三，经常开展师生教育交往活动。沟通与交流是教师了解学生的最好途径。教师在开展班级管理工作时，要真诚地与学生交朋友，深入了解学生的个性特征和心理需求、学习态度等情况，帮助学生进步和发展。由于中小学生性格和思维不够成熟，对事物的理解能力有限，教师应该主动深入学生中去，与他们一起参与集体活动，加强与学生的沟通交流，了解学生的具体情况和真正需求，并且通过多鼓励、多沟通的方式，帮助每位学生建立自信，促使学生积极融入班级活动中。

第二节　基础教育的家校合作

家校合作是一种家庭教育与学校教育相互配合、合力育人的教育形式。学生的教育仅凭在学校的学习来支撑是难以完成的，更需要家庭、社区和社会各方面的力量共同努力。学校教育、家庭教育、社会教育是教育这个功能完备、体系庞大、富有效率的有机整体的三个重要的支柱。然而，社会教育主要来源于周围的信息化，庞大的数据知识库里面有值得学习的资料也有学生应该杜绝的信息，学生不容易区分什么信息应该掌握，什么信息应该杜绝接收，社会教育的不确定性以及孩子对良莠不齐的信息难以把握，因此，家庭和学校成为学生成长的主要着力点。

一、家校合作的意蕴价值

家校合作在基础教育阶段已成为学校教育的一种重要方式，家校共学、互学使家庭教育和学校教育成为共同的学习过程，为家庭教育和学校教育的发展提供了新的发展趋向。①不存在脱离家庭教育的学校教育，也不存在脱离学校教育的家庭教育。家庭教

① 欧玉松.构建家校合作学习共同体的内涵、意义及措施[J].教学与管理,2013(21):35-37.

育既指“在家庭的教育”，也指“教育在家庭中”。[①]家庭教育的天然优势是亲情的联结，其方式是生活教育，关乎孩子的情感教育，夫妻关系、亲子关系、家庭氛围等都是家庭教育的重要元素。2018年9月，习近平总书记在全国教育大会上指出，办好教育事业，家庭、学校、政府、社会都有责任，习近平总书记重申“家庭是孩子的第一所学校，家长是孩子的第一任老师”，强调家庭教育是起始教育和奠基教育。而学校教育是社会发展到一定阶段的产物，社会水平的提高，阶级的出现为学校教育的产生提供了必要的物质基础，脑力劳动和体力劳动的分离使得学校成了专门的场所，在这个场所中产生了一群专门从事教育活动的专职人员。学生上学时在学校接受教育，放学后在家庭生活中学习，放学和毕业并不意味着学习停止，上学并不意味着家庭把学生的教育权利全部移交给学校教师，家校合作要求家庭教育配合学校教育，家长与教师之间有效配合形成合力，才能使得学生更好地发展。

（一）基础教育中家校合作的意蕴

“家校合作”的概念比较宽泛，大多强调家长参与学校教育，基于不同的历史文化背景和研究视角，学者对其概念有着不同的解释。第一种认为家校合作是家庭与学校共同协作的力量。“家长参与学校教育，实质上就是联合对学生最具影响力的两个社会机构——家庭和学校的力量，对学生进行教育。在教育活动中，家庭和学校相互支持、共同努力，使学校能在教育学生方面得到更多的来自家庭方面的支持，使家长能在养育子女方面得到更多的来自学校的指导。”[②]第二种认为家校合作是家庭与学校双向互动的活动。即“家校合作是家庭与学校以促进青少年的全面发展为目标，家长参与学校教育，学校指导家庭教育，相互配合、互相支持的双向活动。”[③]

虽然对家校合作概念界定没有统一，但其中共同包含以下几点内容：家校合作是一项双向互动，合作中家长和教师要相互配合，其中家长作为支持者的角色而存在，而学校扮演的是指导者的角色；家校合作活动应以学生为中心；在家校合作中，社会教育的参与也是不可或缺的重要力量，他们在合作中是平等的，共同对学生的教育发挥效力。综上所述，基础教育阶段的“家校”主要指家庭和中小学校，以及参与过程中的主体（教

---

① 胡金波.“家校合作”是“最完美的教育”[N].江苏教育报，2018-10-26(1).

② 马忠虎.家校合作[M].北京：教育科学出版社，2001：158-159.

③ 黄河清.家校合作导论[M].上海：华东师范大学出版社，2008：37.

师和家长)。家校合作则是以学生为中心、联合教师和家长,相互配合,有效沟通,共同对学生的全面发展进行教育的活动。

(二)基础教育中家校合作的价值

家校合作的价值取决于家校合作所有参与主体其需求被满足的状况,主要具有教育价值和社会价值。

1. 家校合作的教育价值

家校合作的教育价值主要体现在关注学生成长发展。首先,家校合作具有预防的教育价值。学生在青少年时期面临多重文化和价值观的冲击,其中某些价值观念可能对其身心发展产生不良影响,家校加强沟通交流,关注学生思想方面的变化,可以做好预防工作,引导其健康成长。其次,家校合作具有治愈和补救的教育价值。基础教育阶段的学生,身心快速发展,也面临着对自我认同的纠结,学业、人际交往方面的困扰,品德、情感发展方面的障碍。家校之间密切合作,重视学生存在的问题,及时开导学生,有助于积极有效地解决问题。最后,家校合作具有发展的教育价值,这种价值不仅局限于学生,还包括家长和教师。小学特别是低年级阶段的学生从家庭走向学校面临身心社群适应困难,家校合作能帮助学生顺利度过这段不连续经历,开始学校生活。家长与教师相互沟通交流,家长向教师学习好的教育技巧和方法,丰富自己教育孩子的知识和技巧,使自己成为更有教育效能的家长。教师从家长处了解获取更多关于学生的个人情况,可以更有效、更有针对性地开展教育教学工作,有利于增进教师的职业信心和胜任感。

2. 家校合作的社会价值

家庭和学校是两个不同的社会组织,具有文化、价值观念上的差异。家校合作的社会价值不再仅仅局限于教师和家长,而是关注两个社会空间、两种不同教育形态的融合。从社会学的角度出发,家校合作的价值表现在以下方面:对学生而言,家校合作可以有效连接对学生产生主要影响的两个教育场域——学校和家庭,实现教育影响的连续性;对家长和教师而言,合作交往中的磨合推动了教育观念的更新;对学校而言,二者互动过程中暴露出来的问题,而分析问题背后隐藏的原因和探寻解决问题的策略,会成为中微观层面学校教育变革的动力。对社会而言,基础教育阶段主要为学生提供基础的知识和生活技能的教育,具有基础性、强制性和公平性。教师在学校内传授文化科学知识,在合作中为家长教育素养提供指导和帮助,特别是为弱势群体的学生提供有效支持，在一定程度上可以阻挡贫穷的代际传递，对实现教育公平有促进作用。总之，家校合作是两个社会组织之间的相互联系，核心是为了促进学生发展，对家长、教师的成长，对学校管理和决策，对推动教育公平甚至是社会公平都有重要价值。

二、家校合作的教育指导

基础教育阶段的家校合作教育指导均可分为起步、发展和成熟三个阶段①，三个阶段中家庭与学校的合作程度以及家长参与学校事务的程度逐步加深，进而更好地联合家庭与学校的力量，提升家庭和学校教育水平，提高基础教育质量。

（一）小学家校合作教育指导

小学家校合作教育起步阶段是指小学实施家校合作教育的前2~3年，主要包括专业的理论指导和实践指导。专业的理论指导包括专业学会的专家指导以及家校合作教育理念。例如，通过校长和管理层的培训、班主任培训、科任教师培训、家长培训和学生培训，提高学校和家庭对家校合作教育重要性的认识，有助于学校和家庭相互支持和服务，共同推进学生全面发展，使学生获得优质教育。实践指导具体包括开展家校合作教育调查，调查内容包括家庭教育情况、学生情况、学校教育情况等；建立和规范家校合作组织体系，包括小学校务委员会、家长教师协会、家长志愿者协会等；明确家校合作教育的基本内容和方式，一是家校联系沟通，如学校手册、家校联系卡、学校开放日、亲子教育活动、家长参与学校活动等；二是家长参与校内活动指导，如参与课外活动的策划与组织。

小学家校合作教育发展阶段是指小学实施家校合作教育经过起步阶段后的持续快速发展阶段。在此阶段，专业的理论指导包括校长和教师研修，是提高校长和教师专业化发展的重要途径，主要包括学科教学进修、学术研究等。在实践方面，家校合作组织建设与规范进一步完善，健全小学校务委员会、家长教师协会、家长委员会和家长志愿者协会等家校合作组织，制订这些组织的指导思想、章程、职责和工作规章制度，规范科学合理的组织程序，实现组织之间以及组织体系内部职责明确、分工合理、灵活协调、管理高效。家长可初步参与学校管理、教育教学、教研科研、重要决策等活动。

① 张国超，曹建，何静．家校合作教育研究和指导[M]．广州：广东高等教育出版社，2016：310-318.

小学家校合作教育成熟阶段是指小学持续接受专业指导且实施家校合作教育进入高质量的高效能阶段。家校合作教育组织体系化与规范化，在小学家校合作的各种教育组织，通过组织规章制度，实现平等合作，既有正式组织的规范化，又有非正式组织的灵活性。家长可深度参与小学的各种活动、管理、教学、教研科研以及重大决策。

【拓展性资料6-2-1】

东莞市凤岗镇油甘埔小学家校合作教育

东莞市凤岗镇油甘埔小学（以下简称"油小"）努力实践"要把家庭教育与社会教育、学校教育紧密结合起来"的合作教育精神，在少年儿童教育和家庭教育方面，不断探索、不断进取、不断改革、不断创新，积累了一定经验，取得了一定成果，形成了自己的特色。

1.家委会的建设与发展：为了改变家长委员会的"摆设"现象，在原来家长委员会的基础上成立油小一级家长委员会。首先完善油甘埔小学一级家长委员会的机构、职责、制度、权利等，先由家长毛遂自荐，学生推荐，教师推荐，村民小组村干部推荐，然后学校行政根据以上推荐确定第一届一级家长委员会的成员。成员确定以后，通过培训，明确自己的职责、制度、权利等，清楚如何组织和管理好家长学校及家长义工参与学校管理活动。

2.家长委员会组织家庭教育培训：家长委员会和学校共同协商制订了家长学校培训制度，学校邀请家庭教育专家参与培训和指导，家长委员会定期定点组织家长培训。面对班主任和教师缺乏家庭教育指导知识和经验的现状，为了提高家长培训的有效性和针对性，提高班主任的家庭教育指导水平，家长委员会和学校提出培养班主任和教师为家庭教育指导教师，期待在凤岗镇创办家长大学。

3.家长义工参与学校教育：(1)参与学校组织开放日活动及其他大型校内活动（运动会、文艺晚会、墙报校刊出版、对外宣传等）。(2)参与学校兴趣班的活动。目前参与第二课堂教学活动有：教书法，教客家山歌，教象棋，参与大课间活动和法制教育。(3)参与学校举办的各种比赛评比活动。(4)参与亲子社会实践活动。(5)参与帮扶问题学生的活动。(6)参与班级和学校文明建设，特色教室设计。(7)参与教师和学生评先评优工作。(8)参与教师绩效考评。(9)参与学生生活学习制度、校园秩序的管理。(10)安全管理。

（改编自：张国超，曹建，何静.家校合作教育研究和指导[M].广州：广东高等教育出版社，2016:321.）

(二)中学家校合作教育指导

中学家校合作教育起步阶段一般是指中学全面开展家校合作教育的前2年左右,需要专业的理论指导并为实践指导提供支持。在理论指导方面,中学一般会以单位会员身份加入省、市家校合作教育学会,接受家校合作教育理论培训和专家指导,促使中学家校合作教育获得理论支撑。在实践方面,主要包括开展家校合作教育调查、建立和规范家校合作教育组织体系等。

发展阶段的中学家校合作教育仍离不开专业指导。在此阶段,家长参与学校教育是学校开放管理、教育民主化与法治化的重要表现,也是中学家校合作教育的主要内容,包括家长参与学校各种活动、教学辅导、教研科研等。例如,家长参与学校科研是指家长利用自己所学专业和研究特长,参与教学研讨、教学评价、校本课程开发等。而家长参与学校教学辅导包括家长担任教学助手、课外辅导员、参与校本教材编写等。

成熟阶段的中学家校合作教育不论是理论方面,还是实践方面都将家庭教育与学校教育深度融合。在理论方面,中学一般会通过学校举办的教育研修班,将各种教育思想、家校合作理论与学校教育、家庭教育结合在一起,逐渐明确学校教育理念,明晰办学目标,确定学校未来的指导思想。在实践领域,家长全面参与学校各种活动、教学教务、教研科研、主要管理和重要决策。学校和教师要树立学校管理开放、教育法治民主的意识,尊重家长参与学校教育的权利,培养家长参与学校的民主意识。学校和教师鼓励家长参与学校教育,整合家长资源,调动家长的积极性,推进学校管理民主化。

三、家校合作的优化策略

作为家庭与学校两个社会组织协调运行的家校合作,其有效性受到教师和学校管理、家长参与等因素的制约。家校合作最重要的是需要建立一种和谐有序的关系,作为家校合作活动的重要主体,教师和家长之间良好关系的建构有利于促进家校合作的发展。

(一)树立正确的家校合作观

家校合作是一个双向过程和两个组织之间的联合,在合作中二者之间进行的交往既是合作的手段,也是合作的目的。《关于深化教育教学改革全面提高义务教育质量的意见》明确指出:“重视家庭教育……家长要树立科学育儿观念,切实履行家庭教育职责，加强与孩子沟通交流，培养孩子的好思想、好品行、好习惯，理性帮助孩子确定成长目标。"在交流沟通的过程中，作为教育资源的家长是学校教师获取关于学生信息的来源，可以为学校教育注入新鲜活力，促进学校教育观念的更新。同时，家庭教育相较于学校教育来说具有随意性和非专业性，此时学校教育对其提供一定的指导可以帮助提升家长的教育素养。家长与教师在家校合作的过程中都享有发展的权利，且能得到各自的成长。总而言之，家校合作最终的走向是两个社会组织共赢。

在基础教育阶段，家庭和学校构成学生两个基本对等的生活世界，虽然在时间上家庭教育和学校教育界限分明，但并不意味着学生生活在两个分离的世界。例如，学生在学校时，家庭影响仍在起着作用，学生很清楚家长是否了解学校发生的事，以及对学生的要求。与此类似的是，当学生在家时，学校的影响也在发挥着作用。在家里学生可能会考虑到教师对作业完成有怎样的要求，可能会用到学校所学习的技能和获取的信息去思考和解决生活中的问题。[①]可见，家庭和学校对学生的教育影响并非仅仅作用于各自的时段，不论是在家里，还是在学校，二者之间是相互渗透的，具有共时性。这意味着家校合作的意义不仅局限于让家庭帮助学校教育，或者让学校帮助家庭教育，而是在学生的整个发展中都存在着家庭和学校的共同影响，也始终需要双方共同付出努力。

家校合作的前提是家校双方主体地位平等，即家校双方在学生的成长和成才过程中都具有不可替代的地位，家庭教育是学生成长的启蒙堂，学校教育是学生社会化的主要场所，二者在学生成长和成才的过程中担任了不同的职责，并行使着不同的使命。只有树立正确的家校合作观，相互尊重双方主体地位，拥有平等地位的对话前提，才能使家校双方处于平等的对话状态，进行更好的沟通与互动，便于达成合作共识，以发挥各自最大的资源优势和教育合力。

（二）构建家校伙伴合作关系

家庭和学校是影响学生发展最重要的两个子系统，它们之间是一种相互影响的关系。一方面，学校教育影响并制约着家庭教育；另一方面，家庭教育也以其力度和成效制约着学校教育。教师在实际教学工作中需要家长的理解和支持，家庭是学生生活的主要场域，教师可以通过家长了解关于学生的更多信息，有助于其更好地开展教育活

① EPSTEIN J L.School，Family，and Community Partnerships：Preparing Educators and Improving Schools[M].Boulder：Westview Press，2010：33.

动，提高教育质量。同样，家长也需要教师的指导和信任，教师应向家长提供专业的教育意见，此时双方在合作上都有共同的愿景和现实的需求，构建伙伴型家校合作关系既重要又必要。

首先，合作双方需学会倾听，具有倾听对方想法的意愿，才能真正了解对方的诉求，从彼此想法的差异中找到突破口。受传统文化和整个社会价值取向的影响，教师一直都是"知识权威"的象征，处于主流文化地位的教师在家校合作中常常主导话语权，家长很难真实或直接地表达出自己的想法和意见。在合作对话的过程中，教师要摒弃自己是"主导者"或"权威者"的心态，对于家长的想法和意愿要以耐心的态度给予理解和尊重。从家长作为独立的精神个体的角度来说，家长的教育知识和能力相对于专业教育者的教师而言差别较大，有时也因个人情感原因不能充分理解教师的观点，因而教师尊重家长的情感需求和意愿十分必要。在家校合作的过程中，教师作为专业性更强的一方应敏锐把握并且分析这种差异，根据家长个体意愿的不同而采取不同的合作策略，真正做到尊重和理解家长，尽可能地理解每位家长的情感诉求，以达到最佳的合作效果。

其次，在构建教师和家长伙伴型合作关系的过程中，彼此的信任是最为关键的因素，双方关系紧张大都是由于彼此之间的不信任造成的。例如，家长对于新手型教师在教育教学方法上的怀疑，从而过度干涉教师的教学工作；而教师对于家庭教育"非专业化"的偏见，认为家长根本不懂什么是科学的教育，家长参与学校教育只会干扰学校正常教育教学程序，从而忽视家庭教育，对家校合作持不情愿态度，这是对家长教育资源的不信任，这种不信任会直接导致教师对家长教育权的忽视。由此可见，只有合作主体彼此信任，且信任是双向、真实的，才有利于构建良好的合作关系。

最后，教师需要支持家长。家长在合作中作为教育活动的参与者和配合者，发挥着十分重要的作用。基础教育的教学组织形式主要是班级授课制，一位教师通常要面对几十个学生，难以做到面面俱到。但是家长对子女的关注常常是个别的，具有很强的针对性和自主性。这时教师要把每个学生都作为独立的个体，理解家长的关注之情，设身处地去考虑家长的情感需求，给予家长足够的包容和适当的表达机会。另外，家长也需信任和支持教师。除了社会上个别恶性事件外，绝大多数教师还是具有很强的职业操守，是值得信赖的人。在与教师的交往过程中，家长要信任教师，支持教师的教育活动。教师尊重家长，家长信任教师，双方在情感上有共鸣，会帮助教师掌握除平时学校课堂之外更为全面的学生情况，对于教学计划的制订、教学方法的调整都有益处。

(三)明确家校教育责任担当

家长的教育目的是希望学生通过学习能掌握基本生存生活能力和科学文化知识,学校的教育目的是希望学生发展的同时也能获得好的学校评价,良好的家校合作能够使二者形成教育合力,达成最佳的教育效果。发挥合力最大化效用必须明确各自的分工以及相应所承担的责任,家长和教师都要有责任意识和角色意识,立足于共同利益,为学生营造良好的教育环境。

家庭教育基本上伴随学生终身,家长从小就承担了道德教育和思想教育的任务,帮助学生树立正确的人生观、价值观和世界观。父母是孩子的启蒙教育者,孩子的成长更多的是模仿家长的信仰和行为,父母应对其确立信仰负最主要的责任。家长应当保护孩子不受复杂文化的影响,为他们营造一种富有社会责任感的生活情感氛围。相对于学校而言,家庭教育往往表现为文化传统的延续和遵循,教育功能只是家庭诸多功能之一,所以不同家长的文化素养、教育能力和价值观念等方面的差异也会影响家庭教育在家校合作中的效果,家长提高自己的教育素养对于提高家校合作质量和更好地担当自己的教育责任至关重要。

作为公共教育机构的学校,在家校合作中并不能代替家长承担过多的教育责任。学校教育主要承担两项最重要的责任:一是专注于传授客观基础知识和相应的技能;二是专注于在国家宪法和社会基本道德框架内进行价值教育。[①]学校教育确切说来是学生的社会化教育,学生接受学校教育的最终目的是以后能在社会上生存,因而必须实现自身的社会化。作为更加专业和科学规范的教育机构,学校本身承载着家长、学校领导甚至是整个社会的教育期望。因此,在家校合作中起主导作用的教师也在无形中承担了更多教育责任,这种失衡对于学校教育和家庭教育的发展都是不利的,因而明确自身的责任担当和界限十分必要。

(四)完善家校合作的制度组织

当前,家校联系主要有集体和个别两种组织形式。集体形式一般是阶段性定期举办的家校活动。如家长会、家长开放日、家长接待日等。定期按需举办这些活动的主要内容是向家长报告学校和班级相关工作,让家长更了解学生在校情况,同时也会针对性地征求家长的意见或让家长配合学校完成某些工作,共同探讨教育问题。部分学校会

---

① [德]沃夫冈·布雷钦卡.信仰、道德和教育——规范哲学的考察[M].彭正梅,张坤,译.上海:华东师范大学出版社,2008:172.

定期向家长展示学校的相关教学成果或邀请家长到课堂上体验教育教学实践，通过课堂观摩、主题班会等形式增强家长对子女在学校受教育情况的了解，同时也检验了教师教育教学能力。定期的家长接待日则可以满足部分家长与教师沟通交流的个别需要。个别需要形式则是相对随意的日常联系，比如家访，包括面访或电访等。这是家长或教师某一方主动就学生的相关教育问题展开联系，帮助教师对个别学生的具体情况有更深入的了解，以便在实际教育教学中更好地因材施教。

完善家校合作的制度设计，有利于构建教师和家长的伙伴型合作关系，是提高家庭与学校合作有效性的必要条件。目前，许多国家都已经通过很多法律法规手段来确保家校合作的质量，尤其是通过法律法规明确家长、教师和社会在合作中各自的权利和义务。但我国家庭和学校之间深度合作还缺乏足够的保障，保障性的政策制度能够明确家长和教师在合作中的权利义务，避免出现权责不分、责任推诿的现象，保证家长、教师在家校合作中具有参与意识和积极性，提高家长、教师对于教育的责任感，有助于将家校合作的相关事宜纳入学校的整体发展规划。虽然我国现阶段家长在家校合作中多作为支持者和协助者，鲜少能对学校决策有发言权，但是制度的完善对家长参与到学校日常事务及管理决策中起到重要推动作用。

【案例6-2-1】家庭—学校—社会视角下自闭症学生康复体系的构建

自闭症学生作为特殊的教育群体，给教育教学带来了很大难度，但这群特殊的孩子同样享有受教育的权利。在当下的教育环境下需建设更加完备的康复支撑系统。例如，有效精准地为自闭症学生开展评估鉴定，为其提供适合的教育监测系统；创建康复课程体系及融合教育新模式的课程系统；实施家庭干预促进自闭症学生康复的家庭系统；解决自闭症学生就业难的就业系统；创建和谐社会环境为自闭症学生服务的社会系统。

为了解决以上问题，天津市北辰区特殊教育学校构建家庭、学校、社会支持系统，协同促进自闭症学生的康复。学校方面，通过区域内“双支持交互服务”率先在全国实现了自闭症学生从学前到大专的18年全免费教育，建立了服务自闭症学生的生命理想课程体系以及终身教育康复服务体系和融合教育体系；家庭方面，成立北辰区特殊需求服务指导中心家庭支持服务部，以需求为导向，为自闭症学生家长提供各类心理支持、康复理论技术帮助和生活拓展服务，干预后，家长逐渐走出阴霾，心态的转变为自闭症学生康复创造了和谐的家庭环境，康复知识的掌握加快了康复的进度和效果；社会方面，从政策、环境、社会资源等方面全方位支持服务于自闭症学生。学校创建北辰区特殊需求服务指导中心公共服务平台，实现了网络互通，教育、卫生、残联等部门信息共建共享，通过平台指导、监督、实施、记录自闭症学生的康复过程，为创建有效且具有针对性的康复治疗体系打下坚实基础；成立筑梦志愿者团队，目前志愿者人数达到将近400人。

通过不懈地努力，学校构建的家、校、社合作系统在理论和实践上取得了众多创新。理论上，验证了反向支持理论，即在结果导向教育理念（OBE）的基础上，提出的一种新型的教育康复支持形式；实践上，通过区域内“双支持交互服务”，实现了特殊教育从学前到大专的18年全免费教育，成立了特殊学生入学鉴定委员会，确立了从出生评估开始介入残疾儿童的教育康复治疗体系，家庭干预效果明显。与此同时，该实践运用各种量表，如《自闭症儿童家长心理评估》《生活满意度评定量表》《家庭教育方式综合测评》等，从现状、问题、需求、发展等多重维度，同步对家庭、家长持续地评估服务并提供适切的长期干预和支持，加强家校之间的协调沟通；2014年，在区领导的支持下，创建了全国首家自闭症儿童音乐康复科学研究中心，开始对音乐治疗进行研究，创新了“参与式音乐治疗方案”，即通过3D真实的情境教学和地面的触感对自闭症学生进行缺陷补偿，以歌唱、律动、乐器、音乐剧、图谱这五种形式改善自闭症儿童语言、动作、情绪等障碍，该方法同时适用于自闭症儿童沟通认知、社交、感统疗愈课程且该魔方康复教程已对外推广使用；最后，促进大龄自闭症学生就业。在社区康复实习实训的专门支持下，自闭症学生在职业技能、职业礼仪、工作态度和工作表现等方面都有明显进步。除了对自闭症学生的效果显著，实习实训也培养了一批就业指导员，掌握了自闭症学生就业支持的技能，积累了丰富经验。

（本案例为天津市北辰区特殊教育学校主持的2018年基础教育国家级教学成果奖二等奖成果）

第三节　基础教育的评价

基础教育评价作为基础教育管理的一种有效手段，贯穿基础教育的全过程。一方面，在教育教学活动中，评价占据举足轻重的地位，引导着活动的顺利开展；另一方面，对于教师和学生而言，评价既推动了教师专业发展，也促进了学生的成长与进步。因此，本节重点选择教师教学工作和学生学业成就进行评价研究。

一、基础教育评价原则

基础教育评价原则作为基础教育评价理论体系中不可或缺的一个整体，是至关重要的。[①]在基础教育评价的过程中，应遵循以下原则。

（一）促进师生发展

基础教育评价首先要做到对学生和教师的尊重与理解、宽容与呵护，将成长和发展放在首位，评价目的并不是单纯地通过学习和教学成绩评判学生和教师的行为等，而是试图借助教育评价的形式以促进教师和学生的进步与发展。一方面，对于基础教育阶段的学生而言，可观测的外在表现行为未必是学生内心的确切想法。例如，对于低年级等认知不成熟的小学生而言，比较容易实现情感的外露，能够帮助教师及时真实地观察到学生的成长状况，及时评价并引导其发展。而对于心理认知比较成熟的中学生，通常具备较强的自我意识，特别是部分早熟、内心情感丰富且敏感的学生，同时具有一定的情绪控制能力，对自己的内在思想并不能够真正地外在显化，很容易误导教师的言语和行为。

另一方面，在基础教育评价的过程中，评价者起着决定性作用，教育评价结果的形成，未必是真实的情况反映，而是综合评价者自身的主观认知和情感偏倚。在此情况下，很可能会对评价的真实性产生质疑。如若依照评价者的评价标准、方式和结果进行考核，那么被评价者会陷入约束当中，而约束的背后，则是对其生命发展的束缚。[②]总而言之，基础教育评价的目的是改进学习或教学，以促进被评价者的健康成长和评价者自身的发展。

① 李森.现代教学论[M].北京:人民教育出版社,2011:94-99.

② 陈斯琪.基础教育评价中的“维”与“为”[J].当代教育科学,2018(12):85-89.

(二)理性对待评价

在基础教育领域,最为常见的评价对象是学生主体,教师掌握评价的绝大部分权力,在此情况下出现对教师话语权的迎合,评价过程所呈现出的是一种非理性的状态。教师虽能对学生进行重要的评价,但此时的教育评价却稍有偏颇,对学生的价值观、行为处事等多种因素都产生了很大的影响。在基础教育评价的过程中,针对传统教育评价中教师占据主场的现象,需要对教师提出理性的要求。理性是对人思维能力的高水平要求,需要教师赋予学生权利,减少不公平的现象。而在学生权利行使下,由于基础教育阶段学生主体的心理认知水平较低,更加需要理性思维的训练与提升。

对于那些不合理性的行为可以通过训练、规范加以调整和约束。一方面,基础教育评价应当是一个不断理性化的过程,针对当前教育评价中所出现的问题,需要研究者理性地思考,辩证地看待问题,提出新的理念思路。另一方面,构建合理科学的基础教育评价模式需要理性力量的支撑,必要的规则重建是帮助评价者恪守理性的关键所在。同时,规则的制订与实施过程也需要理性的维护。

(三)坚持"培德为先"

基础教育评价是关于人的活动,教育的目的是"立德树人"。第一,评价行为需要建立在德的基础之上,从有德之事,为德而行。第二,评价的过程不能为了达成有效真实的评价而进行一些不道德的行为。第三,评价的结果是具有德性的,能以其自身的感染力影响更多的人,这也是人性中社会属性的体现。基础教育评价的目的不仅是为了评定个人的综合素质或修养,同时也是为了能够形成榜样教育,以一带多,能够激励其他教师或学生的奋斗意识,实现个体推动整体的愿景。

目前基础教育评价中还存在少数非"德"的情形:在功利价值的追求影响之下,基础教育评价过程中导致了教育分层的现象,具有明显的功利性和控制性;评价往往以自我成就为前提,并没有考虑被评价者的立场,偏离了基础教育评价的初衷;评价过程中,为了迎合教育评价标准,无论是外在控制还是内在服从,评价成为制裁的手段,被评价者逐渐失去了个性和独特性。可见,教育工作者应当明白评价并不仅是目的,更是一种促进人发展的方式,教育的本质是培养全面发展的人,以更好地追寻人本身所具有的德性。

【案例6-3-1】区域基础教育质量综合评价能力建设

长期以来，我国教育评价侧重唯“学业分数”，在日常教育工作中，把考试等同于评价，把成绩等同于质量的现象大行其道。这样的教育评价无法回答我国教育质量状况如何，影响教育质量的关键因素有哪些，以及教育质量的提升的有效途径与模式是什么等问题。目前，全国各地在开展教育质量监测、推进综合评价改革工作中面临种种挑战、困难频出，突出表现为教育质量综合评价的高度专业性、评价内容的全面多元性、指向能力发展的科学导向性与区域教育评价整体工作滞后、区域教育评价人员能力不足。

为了解决上述问题，北京师范大学中国基础教育质量监测协调中心开展基线调研，摸清现状、了解实际需求，探索教育质量综合评价能力，建设有效培训模式，帮扶部分省市开展教育质量监测试点工作，摸索有效项目服务模式。在长期的实践过程中，中心研制了《中小学教育质量综合评价改革实施指南》和工具样例，开发了教育质量综合评价专项教材和网络课程，其中开发4本专项教材和21门专业技术网络研修课程，重点在于培养和提升区域教育评价人员的专业能力。最后，建设中小学教育质量综合评价改革资源共享平台：采用“门户网站+论坛”的形式搭建平台，方便各实验区用户的经验交流与资源共享，增强项目为实验区及时提供专业支撑和指导的能力。

该项成果构建以学习者为中心，“帮—扶—放”服务模式为特征的区域教育质量综合评价能力快速建设模式，探索出一套点面结合、全面推动、迅速辐射的项目运行机制，开发国内首套基础教育质量综合评价能力建设培训课程体系，夯实我国全面开展基础教育质量综合评价的基础。在区域范围内尽可能让广泛的受众者更新教育质量综合评价观念。区域可利用本项目通识性培训、专项教材、网络课程等成果，也可以充分利用每个年度国家义务教育质量监测结果报告解读的机会，让更多的教育工作者了解教育质量监测及结果状况。加强教育质量综合评价专业人员队伍建设，同时加快机构设立和制度建设，尝试探索自行开展监测，在实践中检验能力。

（本案例为北京师范大学中国基础教育质量监测协同创新中心辛涛主持的2018年基础教育国家级教学成果奖一等奖成果）

二、教师教学工作评价

随着基础教育改革与发展的不断深入，基础教育阶段教师内部的各项改革也不断具体化，且具有针对性。教师教学工作评价作为基础教育改革与发展的工具，对教师队伍的专业成长产生深远的推进作用。国内外学者对基础教育阶段教师评价有着不同的见解与看法，如王汉澜认为，教师教学工作评价是根据学校的培养目标和教师的根本任务，运用现代教育评价理论和方法对教师个体的工作质量进行价值判断[①]。布洛克(Bullock D)指出，教师教学工作评价是针对教师进行的一种评价程序，包括由多个人完成的多种评价形式，用来决定教师和教育项目的效能。[②]如何科学而有效地评价教师教学工作，已成为基础教育实践活动中重要部分。

(一)教师教学评价的内容

针对教师教学工作的评价是关注教师的情感、态度、意志等因素，以满足教师的客观需要与利益，强调对师德及教师的实际表现等方面进行系统性评价的过程，主要包括以下几个方面。第一，知识素养的评价。对中小学教师知识素养的评价具体表现在两个方面：文化知识的占有程度，如教学理论知识的学习与运用情况、与自身执教学科相关的背景性文化科学知识的拥有情况、所教学科知识的丰富性程度与正确输出率；遇到教学难题是否沉着冷静，是否可以灵活地解决问题等。第二，教学能力的评价。主要是衡量中小学教师能否巧妙地运用教学原则或教学方法，其教学行为能否引起有效的学习反应，尤其是使学生有效参与教学活动；能否因势利导、合理地驾驭教学过程，并妥善处理一些课堂突发事件；能否巧妙使用一些教学手段，以快速实现教学目标；是否可以创造性地组织教学活动，使教学活动独特而高效；等等。[③]第三，教学态度的评价。在教学前准备阶段，能否了解学生的情况、认真地研究教学计划、精准地确定教学目标及细致地选择教学内容；在教学过程中，是否可以积极地面对出现的问题，将发挥学生主体性始终放在重要的位置；等等。[④]第四，教学效果的评价，可以是教师对自己教学效果的

---

① 王汉澜.教育评价学[M].开封：河南大学出版社，1995：354.

② Bullock D. Assessing Teachers：A Mixed-Method Case Study of Comprehensive Teacher Evaluation[J]. Proquest Llc，2013：200.

③ 瞿葆奎.教育学文集·教育评价[M].北京：人民教育出版社，1989：234.

④ 熊川武.教学通论[M].北京：人民教育出版社，2010：435.

评价，也可以是教师对学生学习成就的评价。教师通过对自身教学效果的评价可以掌握教学方面的信息，及时获取教学中所存在的问题和缺陷，做出相应改变；教师对学生的评价，可以判断自己的教学效果与学生学习成就之间的关系，并在一定程度上激发学生学习动机。①

教师教学评价发展有以下特征：一是加深评价主体与教学实践的融合度，提高评价的精准度。对基础教育阶段教师的评价要引入多元化评价主体，评价主体一般包括上级教育行政管理部门、教师、教师的同行和学生等相关方面的力量。而评价包括教育行政管理机构的形成性评价、教师的自主性评价、同行之间的教育性评价、学生的有效评价以及家长的动态性评价。在教学实践过程中，应对教师主体给予充分的信任和尊重，使教师能够加强自我控制，激发内在的动力，并在实践层面深刻体会到教师评价不仅是行政部门的工作，也是教师自身和相关人群的职责所在。为了弥补教师教学工作评价中不可避免的“忽视差异性”问题，作为评价主体之一的教育行政部门应当将具体的评价过程落实到教师专业成长的实际需求上。要求各级教育行政部门将重心放在教师的教学实践上，让实践中存在的各类需求与问题能够及时反映到评价标准中去，进而提高评价的精准度，促进教师的专业成长。

二是推动评价方式多样化创新，构建基础教育阶段教师多重评价模式。基础教育阶段教师的工作过程是一个多层次、多因素的动态系统，若要建构合理科学且具有递进特征的“分层性”教师评价体系，既需要尊重全体教师在专业成长过程中的差异性，还要体现各自学科领域的独特性，使评价标准兼具差异性和独特性，这样会对教师专业成长产生积极的引导作用，同时对学校的长远发展也大有裨益。在实际的操作中，要根据基础教育阶段教师在专业知识、专业实践、专业理念、教学能力与水平等领域的差异，按照教师不同成长阶段的划分，形成许多独立存在的“评价域”，将不同层次和梯度的评价标准对照相应成长阶段的教师。其中，“评价标准”不仅包括量性的指标系统，也包含教师在整个教育实践中的情感、态度、价值观等质性的指标系统，通过综合运用各种评价手段，以保证评价结果的科学性和全面性。由此，教师可以根据相应的“评价域”来明确未来的发展方向和定位，提高教育质量，引领自身的专业成长。此外，对教师的评价指标要能够激发基础教育阶段教师的工作热情，且具有一定的挑战性。每当教师经过自身奋斗而努力达到“评价标准”时，便能够获得充足的荣誉感和成就感，加快促进教师专业成长。

① 杨鑫.教师实践知识与教师教学决策的互动关系研究[M].北京：中国社会科学出版社，2018：192

三是教师评价结果应促进教师专业成长。评价结果应关注教师核心素养的形成与发展,不与晋升、奖金、聘任等利益直接挂钩,克服教师评价中的功利倾向。具体来说,评价方式应以教师的教学效果为切入点,关注教师教学实践的全部过程,通过能够促进教师专业成长的多重评价模式,既考评教师的职业道德,也考量教师的教学内容,对教师的教育教学工作进行有效整合,使教师的教育素质获得全面的发展和提高。将外在的压力与教师内在成长需求结合起来,从而激发教师的工作动力,充分张扬教师的教育个性。

(二)教师教学工作评价的方法

教师教学工作评价是对教学活动过程中针对教师教的评价。不仅可以有效提升教师教学水平、推动教师专业发展,也有助于教师引导学生成长、促进学生学习。用于教师教学工作评价的方法多种多样,本部分详细介绍综合量表评价法和课堂观察法等普遍用于教师教学工作评价的方法。值得注意的是,评价方法的使用需视情况而定,比如综合量表评价法和课堂观察法也可以酌情调整后用于评价学生,标准化测验与综合素质评价同样适用于教师评价。

1. 综合量表评价法

综合量表评价法是一种比较精细的量化评价方法,运用的基本步骤如下。首先,需要编制专门的教师教学评价量表。教师教学评价量表的设计,涵盖确定评价指标(项目)、明确各项指标的权重,并且明晰各项指标评分或评等级的标准和要求等问题。其次,评价者基于听课的所见所闻所感,在教学评价量表上对教师授课质量进行评定。在完整听完某教师的课后,评价人员根据自己对评分(等级)的标准的理解,结合听课的感受,针对教师教学评价量表上的每个项目,独立地打出相应的分数或等级。再次,数据汇总和处理。将所有的教师教学评价量表结果汇总整理,采取相应的统计方法对所得数据进行分析和处理,得出每个被评价者的总得分或等级。综合量表评价法在实践中的应用可简单、可复杂,关键在于量表本身的精细程度、评价人员的数量以及统计方法的选取。

综合量表评价法是评价教师课堂教学的有效方法,在基础教育领域被广泛应用。该方法具有如下优点:其一,注重具体细化教育活动的二级维度,评价指标的划分较为具体;其二,强调数据的量化处理,结果较为准确;其三,注重标准的一致性和客观性,评价人员的主观因素干扰较少。但该评价法也有其局限，一方面，在项目和权重的确定方面，难以保证所依标准充分合理；另一方面，评价人员对标准的理解完全依据个人经验或价值观，主观因素较强，难以实现严格意义上的客观评价。

【拓展性资料6-3-1】

小学英语"和谐高效思维对话"型课堂教学综合评价计分表

<table>
<tr><td>学校</td><td></td><td>任课教师</td><td></td><td>时间</td><td></td></tr>
<tr><td>课题</td><td colspan="2"></td><td>总分</td><td colspan="2"></td></tr>
<tr><td>项目</td><td colspan="4">内容</td><td>得分</td></tr>
<tr><td rowspan="3">教学目标
（10分）</td><td colspan="4">1.准确、具体，具有层次性、生成性，可操作性强，切合学生实际。</td><td rowspan="3"></td></tr>
<tr><td colspan="4">2.激发学生兴趣，培养学习情感，发展学习能力。符合课程标准要求，体现学科核心素养。</td></tr>
<tr><td colspan="4">3.贯穿于整个教学过程中，落实在具体的教学内容上。</td></tr>
<tr><td rowspan="4">教学内容
（20分）</td><td colspan="4">1.合理利用课堂资源，教材内容把握准确、科学，整体与个体关系处理得当。</td><td rowspan="4"></td></tr>
<tr><td colspan="4">2.内容条理，层次清晰，重点突出，难点化易，内容的呈现符合英语学习的规律和特点。</td></tr>
<tr><td colspan="4">3.关注英语知识与生活的联系，体现语言教学的实践性和交际性。</td></tr>
<tr><td colspan="4">4.课堂容量合适、难易适度。</td></tr>
<tr><td rowspan="7">教学过程
（30分）</td><td colspan="4">1.课堂氛围民主、平等，师生、生生关系宽松和谐，分享彼此的思考、见解和知识，合作积极、愉快。</td><td rowspan="7"></td></tr>
<tr><td colspan="4">2.课堂结构合理，层次分明，讲练疏密适度，教学反馈和校正及时。教学思路清晰，每个环节紧紧围绕既定的教学任务和目标。</td></tr>
<tr><td colspan="4">3.教与学关系和谐，时间分配科学，以学为主。教师启发、点拨和组织教学的时间原则上不超过16分钟，充分调动学生的各种感官，进行自主、高效的学习。</td></tr>
<tr><td colspan="4">4.教师、学生、文本之间进行形式多样、频率适当、有思维含量的对话与交流，学生思维活跃，参与面广。语言形式与语言意义有机结合，着力在具体语境中对学生进行语用能力的培养。</td></tr>
<tr><td colspan="4">5.多媒体、教具等辅助教学手段运用恰当，有实效，和谐、高效地服务于课堂教学。</td></tr>
<tr><td colspan="4">6.注重学法指导和习惯养成，教学环节完整，作业适度、适量。知识教学、技能训练、能力培养布局得当，重在把知识转化为能力。</td></tr>
<tr><td colspan="4">7.教学方法适宜，学习方式多样，学习方法高效，能启发、引导学生主动学习，注重主体参与。</td></tr>
</table>

续表

<table>
<tr><td>学校</td><td></td><td>任课教师</td><td></td><td>时间</td><td colspan="2"></td></tr>
<tr><td>课题</td><td colspan="2"></td><td>总分</td><td colspan="3"></td></tr>
<tr><td>项目</td><td colspan="5">内容</td><td>得分</td></tr>
<tr><td rowspan="3">教学效果
（20分）</td><td colspan="5">1.达到预期目标，不同层次的学生都学有所得。</td><td rowspan="3"></td></tr>
<tr><td colspan="5">2.师生保持良好的情绪状态和交往状态，学生参与面广、学习积极主动。</td></tr>
<tr><td colspan="5">3.学生的学习策略得当，能运用所学知识解决真实情境中的问题，学生的观察能力、分析能力、思维能力等综合能力得到发展和提高。</td></tr>
<tr><td rowspan="2">教师素质
（10分）</td><td colspan="5">1.基本素质。仪表端庄，教态自然亲切，有感染力。语言规范，关注每个学生。教学基本功扎实，教学技能娴熟。有较强的课堂调控能力，能及时处理各种偶发教学事件。</td><td rowspan="2"></td></tr>
<tr><td colspan="5">2.学科素养。学科知识功底深厚、扎实，教学视野宽广，能科学、合理、创造性地使用教材，英语语音准确，口语自然流利，能熟练和创造性地运用各种教学资源。</td></tr>
<tr><td>创新教学
（10分）</td><td colspan="5">在教学设计、教学方法、课件使用等某一方面具有创新，教学设计新颖，能在教学过程中形成新的教学资源，教学效果显著。</td><td></td></tr>
<tr><td>简评</td><td colspan="6"></td></tr>
<tr><td colspan="7">说明：优秀85分以上；良好75~85分；合格60~74分；不合格60分以下。</td></tr>
</table>

（选自：张元国.基于“和谐高效思维对话”型课堂建设的课堂教学评价标准与实施研究[M].长春：吉林大学出版社，2015:63-64.）

2. 课堂观察法

课堂观察法是指评价者以教育评价的要求、指标体系为依据，有目的、有计划地观察被评价者的方法，旨在获取并收集教育评价信息。主要通过“听”“看”等手段直接获取不易量化的评价信息，例如教育理念、教学态度、教学素养、教师的业务水平等。评价者在进行观察时可遵循的主要步骤为：第一，做好充分的评价准备。评价者应根据评价目的和要求，制订相应的评价标准体系，确定观察目的，制订观察计划，明确观察内容，编制相应的课堂观察评价表，并选取合适的观察方法和手段。第二，进入课堂观察。在观察过程中，评价者应准确无误、客观全面地用文字或者相关符号记录下被评价者在整个教学过程中的行为和表现等。在条件允许的情况下，还可以借助录音、录像等辅助方式进行全程记录。第三，资料分析与结果呈现。对于所获取的观察信息，必须运用科学的手段，做出客观的评价。①

课堂观察法的优点是简单、易操作，获得的材料真实可靠；不足之处在于难以把控

① 陈瑶.课堂观察指导[M].北京：教育科学出版社，2002:31-38.

自变量，对观察到的材料难以做出精确的分析和判断。为此，在采用该方法时，要注意以下问题：其一，应事先明确观察的目的、程序和方法；其二，有适当的观察内容，观察对象应处于自然状态，否则收集资料的真实性有待考察；其三，有科学的观察方法，观察者应客观记录，不能加入强烈的主观想法，并且对观察所获信息应准确记录，可以借助现代多媒体手段；其四，要将收集的信息与教学工作评价标准进行比较，做出合适的判断，形成清晰的观察分析和结论。①

【拓展性资料6-3-2】

课堂观察记录（教师行为）

<table>
<tr><td>执教者</td><td>姓名</td><td></td><td>学校</td><td colspan="3"></td></tr>
<tr><td>观察者</td><td>姓名</td><td></td><td>学院</td><td colspan="3"></td></tr>
<tr><td>课题</td><td colspan="6"></td></tr>
<tr><td>观察中心</td><td colspan="6"></td></tr>
<tr><td></td><td colspan="4">视角</td><td>单项评价</td><td>备注</td></tr>
<tr><td rowspan="6">观察记录</td><td colspan="4">1.能否有效调控学习气氛？</td><td></td><td></td></tr>
<tr><td colspan="4">2.能否有效激发学生的学习兴趣？</td><td></td><td></td></tr>
<tr><td colspan="4">3.课堂教学语言用辞是否浅显易懂，讲解是否有效（清晰/结构/契合主题/简洁/语速/音量/节奏）？</td><td></td><td></td></tr>
<tr><td colspan="4">4.非言语行为（表情/移动/体态语）呈现是否合理，效果怎么样？</td><td></td><td></td></tr>
<tr><td colspan="4">5.是否指导学生学习（如自主、合作、探究学习），是否有效？</td><td></td><td></td></tr>
<tr><td colspan="4">6.是否倾听学生发言，是否作出即时评价？</td><td></td><td></td></tr>
<tr><td rowspan="2"></td><td colspan="4">7.能否通过恰当问题（如评价等）引导对学习主题的深入思考？</td><td></td><td></td></tr>
<tr><td colspan="4">8.媒体（板书、课件等）呈现是否合理，是否为学生学习提供了帮助？</td><td></td><td></td></tr>
</table>

① 孔凡哲，梁红梅.课堂教学观察、诊断与评价[M].长春：东北师范大学出版社，2014：38.

续表

执教者	姓名		学校		
观察者	姓名		学院		
课题					
观察中心					
	视角			单项评价	备注
	9. 教态是否自然、沉稳、愉快?				
	10. 教学机智(制)表现如何?				
总体评价					

(选自:黄培蓉.美术微格教学[M].厦门:厦门大学出版社,2015:337.)

三、学生学业成就评价

基础教育阶段的学生评价其实是一个事实判断与价值判断的综合性评价,教育工作者必须在一个正确合理的价值观前提下,运用现代化的评价手段,对学生的各个方面进行测评,并给出结果,以了解学生的学习表现,促进学生的全面发展。2019年6月23日,《中共中央、国务院关于深化教育教学改革全面提高义务教育质量的意见》提出"从严控制考试次数,考试内容要符合课程标准、联系学生生活实际,考试成绩实行等级评价,严禁以任何方式公布学生成绩和排名""高中阶段学校实行基于初中学业水平考试成绩、结合综合素质评价的招生录取模式"。2020年10月,中共中央、国务院印发《深化新时代教育评价改革总体方案》提出"改革学生评价,促进德智体美劳全面发展",从树立科学成才观念、完善德育评价、强化体育评价、改进美育评价、加强劳动教育评价、严格学业标准、深化考试招生制度改革等方面促进学生全面发展。学生评价不再局限于单一内容,走向多元化内容评价改革。2021年3月1日,教育部等六部门关于印发《义务教育质量评价指南》的通知中强调学生发展质量评价主要包括学生品德发展、学业发展、身心发展、审美素养、劳动与社会实践等五个方面重点内容,旨在促进学生德智体美劳全面发展,培养适应终身发展和社会发展需要的正确价值观、必备品格和关键能力,为学生评价改革指明了内容方向。系列政策的颁布都对基础教育阶段学生评价提出了具体的要求。

【案例6-3-2】“小学体育综合育人”的实践探索与研究

有80年办学历史的云南师范大学附属小学地处少数民族聚居的边疆地区，学校存在着体育综合育人的功能被忽视；学校体育综合育人缺乏课程体系与资源；学校体育综合育人场地与师资不足等问题。

为解决学校存在的问题，学校传承重视体育运动优良传统，秉持“良习修美德 好好做个人”的办学理念，把国家体育课程与校本体育课程相结合、传统体育与现代体育相结合、学校体育与家庭体育相结合，特别开展了融入民族舞蹈、歌谣及服饰的室内外课间操。老师、学生、家长人人参与，家校社三方联动，形成“以体育德、以体益智、以体寓美、以体促劳”的“五育并举”新格局，培养了学生终身体育意识，让学生在其中享受乐趣、增强体质、健全人格、锤炼意志。1999年，学校传承西南联大注重体育运动的优秀传统，在全校实施40分钟体育大课间活动，结合学校“做人教育”国家级课题研究，以“三维六品”为目标，明确“小学体育综合育人”方向，学校、家庭、社会三方联动，发挥引领辐射功能，向云南、全国乃至国外推广，获得领导、专家学者、学生、家长和社会等一致好评。

该成果立足于学校“做人教育”的理念，以“体育综合育人”为切入点和突破口，创新“五育并举”实施途径。学校将民族舞蹈、歌谣及服饰融入学校室内外课间操；编写并实施《体育1+1阳光少年日记》家庭作业；分年级、分时段、分层次地开展“民族大课间”“小手牵大手”等形式多样、内容丰富、时间灵活有保障且全员参与的体育活动；开展“世界冠军进校园”“家长进课堂”等综合实践活动，形成“家校社共建共育”的良好体育教育模式，创新了室内外立体铺开、校内外交互联结的活动形式。

学校先后被授予“全国教育系统先进单位”“全国特色学校”“全国红旗大队”等13个国家级荣誉称号；被评为全国青少年田径、足球、篮球、网球特色学校；历届学生参加国家级体育竞赛获奖186人次，省市级获奖万余人次；编著并出版小学体育综合育人系列教材12册，编写校本教材6册，发表论文11篇。美、英、日等6国及国内20余省的千余所学校来访参观学习，中央电视台、新华社、云南日报等10余家媒体进行报道，被多家主流媒体誉为“红土高原基础教育的一面旗帜”。著名慈善家邵逸夫先生、著名教育家顾明远先生等对学校体育综合育人大加赞赏。

（本案例为云南师范大学附属小学主持的2019年云南省基础教育教学成果奖特等奖成果）

当前，我国部分地区采取中考招生指标区域下发的方式，中考改革取消保送生，所有学生参加中考，部分省份地区根据相关规定，调整省示范高中指标到校比例，严厉禁止部分学校无计划、超计划组织招生，并进行综合评价，减少择校压力，促进教育公平而均衡发展。除此之外，为了体现教育公平，《深化新时代教育评价改革总体方案》强调义务教育学校重点评价促进学生全面发展、保障学生平等权益、引领教师专业发展、提升教育教学水平、营造和谐育人环境、建设现代学校制度以及学业负担、社会满意度等情况。国家制定义务教育学校办学质量评价标准，完善义务教育质量监测制度，加强监测结果运用，促进义务教育优质均衡发展。国家制定普通高中办学质量评价标准，主要评价学生全面发展的培养情况，突出实施学生综合素质评价、开展学生发展指导、优化教学资源配置、有序推进选课走班、规范招生办学行为等内容。

【案例6-3-3】不做娇骄儿：城市小学劳动教育价值传承和实践创新

新时代教育方针明确提出培养德智体美劳全面发展的社会主义建设者和接班人。但城市小学劳动教育薄弱，劳动教育的学校、家庭、社会支持体系不健全，学生劳动意识薄弱、劳动能力不足等问题突出。

为了解决上述问题，重庆市人民小学始终坚持在传承中创新，从目标体系、课程体系、实施体系、评价系统及支持体系五个方面，整体重构劳动教育学校体系。该研究项目在与中国基础教育质量监测协同创新中心西南大学分中心合作的评估结果显示，学生劳动素养整体以及劳动观念、劳动情感态度、劳动精神品质、劳动参与、劳动能力各维度上的均值均高于全国均值，劳动教育环境基础、资源配置、过程实施也均高于全国均值，处于重庆前列。该成果发起建立中国大中小劳动教育联盟、重庆市未成年人劳动教育联盟，在学校多所分校、重庆市39个区县、全国500多所学校推广项目成果，在辐射引领和推广实践中进一步优化成果。“全国首届大中小学劳动教育峰会”等重要会议的召开，受到教育部好评，被作为教育部教材局劳动教育发展的三个阶段所取得的成果之一。《不做娇骄儿：“四个着力”劳动教育新实践》入选2021年教育部典型案例；《中国教育报》（理论版）、《半月谈》等深度报道，深受专家、同行好评。学校持续带动众多公司、企业、社区致力劳动教育实践，极大地扭转了家长、教师和社群的劳动教育价值观，营造崇尚劳动的育人生态。

该成果立足新时代教育方针，挖掘学校深厚的劳动教育文化，坚守“从小爱劳动 不做娇骄儿"的育人价值,重塑"爱劳动 能自立 养谦敬"的育人目标。创新系统构建城市小学劳动教育体系和实践模式:具化分级"十二条"目标体系;构建"爱劳动"课程体系,包括指向学生基本劳动素养的基础课程和指向随社会发展、劳动形态变化而应具备的劳动素养的拓展课程两大类;架构"三维合一"立体实施体系,宏观层面确立"集团主导项目牵头 部门联动"的整体推进机制,中观层面确立"纵向衔接 横向贯通 跨界协同"的整体实施机制,微观层面探索"一课一策"的实施策略;借助新技术开发"劳动萌主"智慧评价,研制线上线下相结合的劳动素养表现性评价系统;形成包括联盟平台、教师多元研修、新基建在内的支持体系。基于劳动教育传承与创新而形成的实践成果在国内外产生了广泛的影响。

(本案例为重庆市人民小学校杨浪浪主持的2021年重庆市基础教育教学成果特等奖成果)

(一)学生学业成就评价的内容

学生学业成就评价是对自己的学习进步和变化的评价,不仅包括对试卷成绩的评价,也包括对学生的人格和品德的评价等。[①]学生学业成就评价是对学生鉴定的一种过程评价,这一过程中评价者要科学合理地搜集评价资料,不能任由主观臆断,目的在于促进学生的全面发展。[②]学生学业成就评价主要包括对学生的学习结果、预设目标的达成程度以及对学生学习过程的评价。

在进行学生学业成就评价时应遵循以下基本要求:首先,坚持育人功能和甄别功能的有机统一。育人功能和甄别功能是学生学业成就评价的重要功能,要实现两种功能的统一首要是确立以人为本的价值理念,以育人功能为评价的基础和主线,无论是评价过程,还是评价结果,育人功能始终是第一位的。在此基础上,再寻找育人功能和甄别功能的有机结合的关键点和融合域。[③]通过有效发挥上述两种功能,才能使学生学业成就评价服务于学生成长、有益于学生发展。

其次,采用多元的评价内容与方式。一方面,从评价内容上看,除学习成绩、学习能力外,还需注重对学生思想品德、身心健康、艺术素养及社会实践等方面的考察。例如,当评价学生身心健康时,可通过锻炼习惯、身体机能、情绪管理等观测点来分析,以凸显多元

---

① 陈玉琨.教育评价学[M].北京:人民教育出版社,1999:86.

② 金娣,王刚.教育评价与测量[M].北京:教育科学出版社,2002:296.

③ 刘志军,徐彬.面向未来的课程与教学评价——困顿、机遇与走向[J].课程·教材·教法,2020(1):17-23.

化的评价内容。另一方面，从评价方式上看，鼓励学生使用汇报展示、作品展览、表演模拟等多种方式呈现成果，与之对应采用档案袋评价、情景测验、行为观察等多元评价方式。

最后，营造开放、动态的评价环境，在师生对话互动中实现共同发展。具体通过以下两种互动方式展开：一种是内部式互动评价。主要是指学生的自我评价，表现为学生在常规性学习和活动后的自我体验与总结，学生基于客观事实进行自我认知，定期总结反思个人成长历程和学习情况。另一种是外部式互动评价。主要包括同伴评价与教师指导。前者主要是以同学之间相互汇报、互写评语的方式而展开的阶段性评价活动。后者是伴随教师与学生的互动而贯穿整个过程展开的。比如，当学生进行自我评价时，教师要引导学生客观反思总结，并鼓励学生发现不足；当同伴互评时，教师引导学生积极参与，启发被评价学生从不同侧面深刻认知自我，指引评价学生学习他人优点；教师点评时，结合学生自评、同伴评价以及学生总体表现做全面评价并给出评语。通过学生自评、同伴互评以及教师点评等多方主体展开的对话互动，可促使学生评价的环境走向动态开放，实现共同发展。

【案例6-3-4】中小学生学业质量综合评价——从PISA研究到“绿色指标”实践

上海市教育委员会教学研究室作为致力于改善中小学学业质量的研究机构，在长期实践当中，发现现阶段我国学生学业质量的评价过多关注学科成绩，忽视学生的全面发展，学习过程过多依赖个人经验命题，忽视测量技术在评价中的应用，过多强调功利取向，忽视评价的诊断和改进功能。

为了解决上述问题，上海市教育委员会教学研究室参加国内外大规模测评项目，建构学业质量评价方案。在实践中，创造性地提出“绿色”学业质量观和评价观，强调基于大规模测试数据的分析和全面质量观的理解，研制学业质量综合评价指标、完善学业质量评价实施，建立学业质量综合评价体系，开展评价结果的反馈指导，推动“为了评价的教学”向“为了教学的评价”的转变。同时，创造性地用十个极具导向性和针对性的指标反映学业质量，针对教育教学的重点、难点、热点问题，确立学业水平、学习动力、学业负担、师生关系、教师教学方式、校长课程领导力、学生社会经济背景对学业成绩的影响、学生品德行为、身心健康及跨年度进步十方面的评价内容，构建“绿色指标”。2018年，根据国际教育发展趋势、党和国家对课程改革的新要求，对“绿色指标”的十个指标又进行修订完善，目前为学业水平指标、身心健康、品德与社会化行为、学习动力、学生对学校认同度、学业负担与压力、教师课程领导力、校长课程领导力、教育公平、跨时间发展指标。该成果开发学业质量测评体系，形成上海市中小学生学业质量数据库，并且建立了基于“健康体检”的教学改进和教学质量保障机制。

学业质量综合评价的改革实践，改变了上海基础教育的发展形态，提升了学生学习品质，转变了教育管理模式：以“绿色指标”为标志的综合评价，创造性地开发了学业质量测评体系，形成上海市中小学生学业质量数据库，建立了基于“健康体检”的教学改进和教学质量保障机制，逐步成为区域提升专业领导力的抓手，也提升了行政基于实证的决策能力和形成了“综合评价→问题认定→原因分析→决策改进→行动落实”的良性管理机制。在该学业质量综合评价模式的影响下，上海市其余16个区都出台践行了“绿色指标”的相关政策，一定程度上转变了教学研究方式、学校教学行为、社会价值观念，催生了系列配套改革。

（本案例为上海市教育委员会教学研究室主持的2014年基础教育国家级教学成果奖二等奖成果）

（二）学生学业成就评价的方法

学生学业成就评价主要是对学生的认知、技能、情感、态度、自主和创新等多方面进行的考察与评估。既有助于学生及时发现自己的学习优势与不足、调整学习步调，又对教育具有反馈和矫正作用，学生学业成就评价是教育评价方法及环节中最核心与最关键的部分。[①]在基础教育活动中，用于学生学业成就评价的方法复杂多样，结合当前学生学业成就评价发展趋势，着力介绍标准化测验与综合素质评价法。

1. 标准化测验

标准化测验是在基础教育阶段评价学生学业成就最为普遍和常用的方法。如将班级、年级或者整个学区等作为评价对象，让所有的学生在相同的时间条件下同时解答事先仔细拟定好的题目，具有较大的公平性，其测验结果具有较高的可比性。[②]测验或测试的规模可大可小，就规模较小的考试而言，一般是作为评价者的教师自行决定，灵活性较大；对于规模较大的考试，例如中考、高考等，对试卷的印制、考场的安排、考试的组织等都有严格的规定和安排。基于测验的时程，可以根据教学前、教学中和教学后三个不同时间段进行划分，不同时间段的测验内容和功能等各有侧重(表6-3-1所示)。

① 靳玉乐.现代教育学(2011年修订本)[M].成都:四川教育出版社,2011:252.

② 张洪秀.教育测量与评价方法[M].长春:吉林大学出版社,2014:168.

表6-3-1　标准化测验的基本类型[1]

功能	教学前		教学中		教学后
	准备度	安置性	形成性	诊断性	总结性
测量目标	是否具备教学所需的先备技能	学生已达到教学计划目标的程度	监督教学进展	侦测学习错误	提供师生教学与学习反馈
测量重点	先备的起点技能	课程或单元目标	事先界定的教学段落	大多数共同的学习错误	课程或单元目标
样本性质	选出技能的有限样本	所有目标的广泛样本	学习作业的有限样本	明确错误的有限样本	所有目标的广泛样本
试题难度	难度通常较低	难度范围通常较广	随着教学段落而变化	难度通常较低	难度范围通常较广
施测时间	课程或单元开始时	课程或单元开始时	定期于教学中进行	视需要于教学中进行	课程或单元结束时
结果运用	补救起点的不足或分派至学习小组	教学规划与高阶安置	透过持续性的回馈改善并指导学习	补救与重要学习困难相关的错误	分派等级、确认成就或评价教学

测验题作为标准化测验的核心，需遵循相应的命题原则，才能更有效地评价学生的发展。其一，试题分布依据双向细目表（双向细目表以教学目标为横轴、教材内容为纵轴），且选取教学目标、教材中具有代表性的内容编制试题；其二，试题编制结合生活实际，引导学生学以致用；其三，测验的题目表述清晰易懂，避免使用费解、语意混淆的词语和语言；其四，试题的表述简明扼要，直接呈现重点问题；其五，根据学生的认知水平使用题目的词汇与表达；其六，试题答案必须是公认的正确答案，避免争议性；其七，表达清楚，让学生易于了解其任务或工作；其八，试题必须相互独立，内容不宜交叉重复；其九，不要提供正确答案的线索。[2]在基础教育实践中，通常采取两种方法分析测验所得的分数：一是常模参照分析法，二是标准参照分析法。前者主要是选取学生所处群体的平均成绩或是根据实际情况选定一个成绩作为判断标准，并依据这个标准来评定学生在群体中的相对位置，帮助教师了解某个学生的学业水平与班级或者年级其他学生

① P. Airasian, G.F. *Madaus.Functional Type of Student Evaluation*[J]. Measurement and Evaluation in Guidance, 1972(4):221-233.

② 李坤崇.教学评估——多种评价工具的设计及应用[M].上海:华东师范大学出版社,2011:54-61.

之间存在的距离。后者则是选择一个客观的、适当的标准，将成绩与标准相比较。基于此，学生可以意识到自己的优势与不足，以及和教学目标之间存在的差距。

2. 综合素质评价法

综合素质评价既是一种评价观，又是一种具体的评价方法。作为评价观，它欣赏教育的内在价值，追求学生的个性发展；作为评价方法，它是以学生为评价主体的教育内部评价，强调评价的真实性与过程性。[①]2014年12月，教育部出台的《关于加强和改进普通高中学生综合素质评价的意见》中指出：综合素质评价是对学生全面发展状况的观察、记录、分析，是发现和培育学生良好个性的重要手段。综合素质评价的核心是促进学生全面而有个性发展，引导学生成为他自己。[②]综合素质评价一方面对学生成长的思想品德、学业水平、身心健康、艺术审美、社会实践等各方面进行横向综合评价，另一方面也注重对学生的生活道路、成长历程和发展状况等进行观察、记录与分析，实现纵向综合评价。

一般而言，综合素质评价包括观察学生行为、记录信息、做出评价等步骤。在进行综合素质评价过程中，教师并非仅是学生表现和行为的评判者，还应是活动协助者、数据记录者和档案研究者[③]。活动协助者是指教师协助学生完成综合素质评价方案、活动、情景以及总结的全过程，作为协助者参与其中能够更直接地观察学会在活动中的举止行为。数据记录者即要求教师对学生的表现进行全面记录，并根据需要整理为记录档案（如学生成长记录袋、档案袋等）。档案研究者是指教师面对所记录的数据要进行深入思考，在理解数据时应将其放入学生的整个活动过程或成长历程中，通过对片段化数据进行合理补充，发现学生不同表现与素质的内在关联、学生行为背后的思维模式与思考路径，全面考量学生的综合素质，并力求对学生素质做出准确评价。综合素质评价作为破除“唯分数”评价的关键，[④]在信息化时代借助互联网、大数据、人工智能等技术能够更方便、更精准地服务学生学习，如为学生制订个性化标准、进行伴随式采集、反馈及时性报告等，超越以往纸笔测试的内容，对学生综合素质发展情况进行评价。[⑤]

① 李雁冰.论综合素质评价的本质[J].教育发展研究，2011(24)：58-64.

② 柳夕浪.综合素质评价——引导学生成为他自己[J].人民教育，2016(1)：64-67.

③ 张红霞.综合素质评价中教师的“应为”与“勿为”[J].中小学管理，2017(10)：38-40.

④ 刘志军，徐彬.综合素质评价——破除“唯分数”评价的关键与路径[J].教育研究，2020(2)：91-100.

⑤ 田爱丽.综合素质评价——智能化时代学习评价的变革与实施[J].中国电化教育，2020(1)：109-113+121.

【思考】

1.中小学班主任工作的内容主要有哪些?

2.如何构建良好的中小学师生关系?

3.中小学校本管理的理念有哪些?

4.在基础教育阶段,如何构建有效的家校合作关系?

5.中小学教师教学工作评价的主要内容有哪些?

6.结合实例,运用不同评价方法对学生进行评价,并说明所运用评价方法的优点和不足。

【延伸学习】

1.刘岩,王萍.班主任与班级管理[M].北京:北京师范大学出版社,2013.

《班主任与班级管理》致力于帮助班主任教师做好班级管理工作,提高管理效果。该书走进班主任工作的实际,以介绍先进的班级管理理念,指导和提高班级管理工作时效性为重点,具有可读性与操作性。主要内容包括班级与班级管理、班主任与学生、班集体建设、班级日常工作管理、个别教育、非正式群体教育、偶发事件的处理、班级活动、班级心理健康教育、班级管理中的公共关系、班级管理工作的未来展望等。

2.杨颖秀.学校管理[M].北京:北京师范大学出版社,2012.

《学校管理》讨论了学校管理思想与管理目标、学校领导体制、学校管理过程、学校管理原则、学校管理方法、学校领导人员管理等问题。全书共分为十三章,第一章至第六章主要阐述学校管理的基本原理,第七章至第九章应用基本原理阐述学校中以校长、教师、学生为代表的人的管理,第十章至第十三章同样在基本原理的指导下阐述学校中教学、教研、安全等方面的管理,并在社会的大系统中审视学校与社区的沟通合作问题。

3.金一鸣,刘世清.基础教育评价研究[M].上海:华东师范大学出版社,2012.

《基础教育评价研究》一书探讨了我国基础教育评价的学理基础,深刻剖析了基础教育评价的现状,提出了进一步完善评价的见解。主要内容有:学生品德发展评价研究、中小学语文学科学业成就评价研究、科学课程学生学业成就评价研究、青少年学生体质健康评价体系研究、中学历史学科学业成就评价研究、综合实践活动课程学业评价研究、中考改革、高考研究、PISA及其对我国基础教育评价政策的启示、多元智能理论的评价思想及其对我国基础教育考试评价改革的启示与借鉴。

4. 黄河清.家校合作导论[M].上海:华东师范大学出版社,2008.

《家校合作导论》一书从理论和现实两个角度切入,明确阐述了家校合作的内涵,深度剖析了我国家校合作发展的现状,并对未来家校合作发展方向做出展望。全书共十章,包括家校合作的背景与意义、家校合作的基本概念、家校合作的理论依据、国外的家校合作、港澳台地区的家校合作、我国家校合作的发展与研究、我国家校合作的方式与内容、我国家校合作成功的案例、我国家校合作的问题与对策、我国家校合作的展望与推进以及附录了一些家校合作的相关文件和资源。

5.《中小学管理》杂志.

《中小学管理》是由北京市教委主管、北京教育学院主办,以基础教育战线中小学管理干部、教育行政机关干部、教育科研人员、从事干部培训的教师等为主要读者对象的月刊。它集学术性、实用性、可读性、资料性于一身,刊物内容贴近读者需求,紧跟国家基础教育改革的步伐,瞄准热点、难点、焦点问题,聚焦于问题解决中的学术智慧与实践智慧。该刊物旨在宣传党和国家的教育方针、政策和法规,传播中小学管理改革的新鲜经验,报道优秀中小学管理干部的先进事迹,反映中小学管理干部的呼声,介绍国内外中小学管理的最新动态和学术研究成果,为基础教育的改革与发展服务,为中小学管理实践服务。

第七章
基础教育的科学研究

【学习目标】

1. 联系实际理解基础教育科学研究的价值和路径，选择恰当的方法开展基础教育科学研究。

2. 了解我国基础教育教研发展历程和现状，形成教研自觉和基本教研素养。

【情景导入1】

教育科学研究过程蕴含着许多积极的精神文化元素，能够为教师提供丰富的精神食粮。比如，在科研活动中，他们为了集体荣誉感，齐心协力，不惜付出个人的全部精力，展开科研接力赛，获得一次次突破。科研团队展现了荣辱与共的精神风貌，弘扬了集体主义精神的光荣传统。同时，教育科研活动还孕育着自强不息的品格文化。科研之路没有止境，只有发扬“生命不息，研究不止”的科研精神，才能使教育事业获得成功。然而，教育科研道路上没有平坦的大道，只有崎岖、责任与艰辛，这就需要教师甘于奉献、敢为人先、勤于钻研、迎难而上。

你认为教育科学研究在基础教育阶段是否重要？其重要价值体现在哪些方面？

（选自：祝彩，朱政权. 教育科研提速教师专业成长[N]. 中国教育报，2018-04-02(2).）

【情景导入2】

供职于美国某州立大学的一位美籍华人教育学者在与中国同行交流时，曾经郑重其事地表达了如下观点：中国大陆的基础教育，若论经费、论教师学历、论学校设备等，都无法与美国相比，可以说整体水平要相差许多。但论到教育质量，最典型的如学生的平均成绩，却要比美国强得多。究竟为什么？这位学者表示自己在一番调查研究之后表示找到了答案:“我发现中国有一个特别的机构——教研室,这个机构可太厉害了,它对于保证中国基础教育的质量,特别是在教育总体条件和经费投入,包括师资队伍的学历水平都并不理想的情况下,发挥了不可替代的作用。”

你对中国特色的教研制度了解多少？中国教研制度的特点和意义是什么？

(改编自:丛立新.沉默的权威——中国基础教育教研组织[M].北京:北京师范大学出版社,2011:7.)

21世纪以来,尤其是第八次课程改革以来,持续不断的改革浪潮使基础教育发展迈上了一个新的台阶,对教师专业发展提出了更新的要求,教师角色的内涵不断丰富,“教师成为教育科学的研究者”的理念广为大众接受和认可,开展教育科学研究已成为一线教师专业发展的必由之路。此外,教研制度是我国基础教育领域具有中国特色和世界影响的重要专业支持体系,作为基础教育工作者,必须充分认识我国教研制度的发展历程、价值和特点。

第一节　基础教育科研

教育科学研究是指运用科学的方法探求教育事物本质属性,摸索和总结教育规律,探索科学结论,解决教育问题,促进教育事业发展的研究活动过程。基础教育科学研究是在教育科学理论的指导下,以基础教育领域中发生的现象为对象,以探索基础教育中的规律为目的的创造性的认识和实践活动。研究能力是中小学教师成长为专家型和创新型教师的必备能力,教育科研对于提升教育质量的价值是一个逐渐进化的过程,探讨基础教育科研的价值、研究路径和基本方法,有利于深化对教育科研的认识和理解并有效付诸实践。

一、基础教育科研的价值

我国基础教育虽经历过多次改革,取得了多重突破,但其发展现状与时代要求相比还存在一定距离。为迎接知识经济社会的挑战、顺应世界基础教育改革的潮流,加强基础教育研究显得尤为重要。基础教育科学研究既具有较强的理论性，又具备较强的实践特征，对提高基础教育质量，提升教师科研能力，促进学生发展具有积极意义。

（一）为基础教育改革发展提供理论指导，提高基础教育质量

基础教育是整个教育体系的基础性工程，《中国教育现代化2035》将“推进基础教育巩固提高”和“优先发展高质量基础教育”列为新时代教育现代化的重点任务，而基础教育科学研究是提高基础教育质量的重要途径。一方面，基础教育要符合人和社会的发展方向，要构建有中国特色的社会主义基础教育理论体系，这就要求在批判继承传统基础教育理论、借鉴先进理论成果的同时，积极开展本土化教育研究，总结完善已有的教育经验和规律，并发现新的教育经验，不断丰富和发展基础教育理论。另一方面，正确的教育理论为实践提供指导和保障，并解决教育实践中的真问题。教师在教育教学实践中会遇到各种各样的困难和问题，通过教育研究，教师能够自觉钻研教育理论，并运用相关理论和思想分析解决出现的教育现象及问题，提升并优化教育教学效果。此外，在科学的教育理念指导下，教育科学研究能够揭示基础教育的本质和规律，挖掘新时代基础教育发展的特点，预测未来社会对人才的要求及需求，为推动基础教育深化改革提供科学依据，提高基础教育改革的针对性和预见性。

（二）促使教师立足实践，在研究中成长为创新型教师

基础教育质量提高的阵地在学校，关键在教师。2018年1月，中共中央、国务院颁布的《关于全面深化新时代教师队伍建设改革的意见》提倡打造高素质专业化创新型教师队伍，要求教师不仅要具有广博的基础知识、精深的专业知识、前沿的理论和实践能力，还需要具有一定的科研能力。2019年11月，《教育部关于加强和改进新时代基础教育教研工作的意见》也强调校本教研要立足学校实际，以提高教师专业能力为重点，不断推动教师专业发展。基础教育阶段教师的研究指向教育实践，即在教育实践中研究，为了教育实践质量的改善而研究，这就是要求教师从自己的教育工作实际中发现问题、研究问题和解决问题。基础教育研究范式大致可以分为理论型研究和实践型研究两种，前者侧重构建理论，后者聚焦改进教育实践，教师根据现实情况和发展需求，更多地开展实践型研究而非理论型研究。教师实践研究的目的包括改进实践以及构建实践性知识。教师的实践性知识是教师专业发展的主要知识基础，在教师的工作中发挥着不

可替代的作用，具有强大的价值导向和行为规范功能，指导甚至决定着教师的日常教育教学行为。[①]教师在教书育人、努力做好教育教学工作的同时，需遵循科学研究范式，不断构建实践性知识，为改进教育实践而研究。

（三）构建基础教育活力课堂，促进学生全面发展

基础教育研究服务于课堂，落脚于学生发展。基础教育研究包括基础教育思想、制度、内容、教学、课程等多方面，研究成果都将作用于教育实践活动，并最终培育出学生生活所必需的能力和素养，帮助学生健康成长，促进学生全面发展。回顾以往的基础教育研究成果，特别是植根于本土的研究成果，往往以课堂为研究中心，旨在彰显课堂的生机与活力、凸显学生的主体性。教师在教育实践中摸索和总结出的各种教学方法、教学模式，甚至有些已经升华为教学理论、教学思想，都是基础教育理论体系中的瑰宝。在新时代，社会的发展对人的发展提出了新要求，人必须具有多种发展的可能性和更广泛的适应性，基础教育需培养学生成为具有丰富内涵的个体以适应多变社会的发展与人才需求。这就更需要教师深入课堂，由知识传授者转变为教育研究者，在研究学生身心发展的普遍规律的同时关注每一个个体的成长与发展，构建促进每位学生发展的活力课堂。

二、基础教育科研的路径

基础教育作为实现人全面发展的关键，是在学前教育的基础上进一步夯实学生的知识根基的必由之路，也是实现与高等教育有效衔接的桥梁。针对当前基础教育在发展中的困境，通过由外向内的探索和由内而外的课堂优化两种路径，在基础教育阶段落实全程互动的创新教育。

（一）由外向内的基础教育探索

由外向内的基础教育探索主要由理论研究者，尤其是高校研究者，针对中小学校教育实践中的现实需要，提出课题、确定课题并与组织团队进行研究。这类教育探索通常与国家宏观教育改革的方向一致，往往能够积极争取政府与行政部门的认同和支持，吸

① 吴义昌.教师的两种专业实践辨析[J].现代中小学教育,2016(2):84-86.

引教育行政部门人员、学校和实践工作者的共同参与。这类研究的主要特点:一方面在于其具有理论基础和假设,以理论研究为先导,并在实践改革的同时重视理论本身的建构;另一方面,它们又立足课程与教学实践,着力于对学校教育实践的改造,但又超越教师的教育经验总结。[①]例如,裴娣娜主持的"主体教育·发展性"教学实验研究,旨在为基础教育课程与教学改革以及研究人才的培养服务,同时还积极推动课程与教学理论的深入发展,构建科学的教学实验评价体系;[②③]叶澜领衔的新基础教育实验,立足深厚的理论研究成果,根本目的在于提出新的基础教育理念、创办符合21世纪人才需求的创新型学校,在此过程中打造中国本土的"生命·实践教育学派";[④]朱小蔓及其团队同江苏省南京琅琊路小学合作开展了"情感教育"的实验研究,提出了情感性道德教育的理论范式和符合中国国情的操作模式,强调情感与人的发展之间的多元关系,情感教育是一个辐射学校课程与教学活动全域、全程的理论和实践体系;[⑤⑥]熊川武主持的自然分材教学研究,源于理解教育研究,强调"让教学任务随学生差异自然分化"以及"学生针对自己存在的学习问题进行研究",形成了"感情调节—反思诊断—普补分读—课堂作业—问题跟踪"等循环的教学过程;[⑦]郭思乐创立的生本教育实验研究,强调以学生为本的课堂,是"师本课堂"的重大改革,改变了师生关系的形态,落实了课程改革倡导的"自主、合作、探究"学习方式,开辟了课堂教学的新视野,影响了大批基础教育学校;[⑧]王秀泉、陆重穆主持开展的GX教学法实验,以"减轻负担,提高质量"为主,目的在于提高学生的学习效率,改变中学数学教学历来存在的"重教轻学"、学生学习负担过重等现象,[⑨]等等。

---

① 李森,赵鑫.20世纪中国教学论的重要进展和未来走向[J].教育研究,2009(10):42-48.

② 裴娣娜.教育实验评价体系的建立及其方法论思考——构建少年儿童主体性发展测评体系研究的初步报告[J].教育改革,1996(1):5-8.

③ 裴娣娜.主体参与的教学策略——主体教育·发展性教学实验室研究报告之一[J].学科教育,2000(1):8-11+49.

④ 叶澜.更新教育观念,创建面向21世纪的新基础教育[J].中国教育学刊,1998(2):6-11.

⑤ 朱小蔓,梅仲荪.儿童情感发展与教育[M].南京:江苏教育出版社,1998,7.

⑥ 朱小蔓.当代情感教育的基本特征[J].教育研究,1994(10):68-71+75.

⑦ 熊川武.论自然分材教学[J].华东师范大学学报(教育科学版),2007(2):1-7.

⑧ 郭思乐.教育走向生本[M].北京:人民教育出版社,2001,10.

⑨ 陈重穆,曾宗教,宋乃庆.减轻负担、提高质量——GX(提高课堂效益)实验简介[J].数学教育学报,1994(2):1-4+61.

(二)由内而外的课堂质量优化

由内而外的课堂优化探索是一线教师在总结、反思和提升自身的课程与教学实践经验基础上所展开的研究,主要在学校层面展开,大多是由学校教育实践中的优秀教师或校长领衔,并积极争取政府和理论研究者的支持与合作。[①]以教师课堂教学实验研究为例,邱学华提出的尝试教学法实验研究,最早源于小学数学教学,1985年举行了全国协作区第一届尝试教学法研讨会,各地中小学校纷纷开展实验,遍及数十个省(自治区、直辖市),从小学数学发展到中小学语文、政史、理化、音体美等多个学科,经过50多年的孕育、产生和发展,尝试教学法已经成为名副其实的具有中国特色的教学理论模式;[②]发端于1984年上海市开展的平面几何目标分类研究的目标教学实验,之后延伸到河南新乡市、山东烟台市、重庆市等全国20多个省(自治区、直辖市),各地虽名称不同,诸如"目标教学实验""目标教学管理""大面积提高教学质量"等,但是实验的理论基础和程序模式基本一致,形成了著名的目标教学实验研究;[③]马芯兰提出的四性教学法实验研究,旨在遵循学生身心发展规律和年龄特征,在传授知识的同时,发展学生的智力和能力,既提高了教学质量,又减轻了学生负担,促进了学生的全面发展,林崇德教授研究了马芯兰的成果后,将她的教法命名为"四性教学法",国内学者和教师将四性教学法运用到其他学段和学科,取得了积极的效果;[④⑤]张思中从国内外各种教学法中吸取精华,结合自身30年的实践与创造,于1986年总结提炼出"适当集中,反复循环,阅读原著,因材施教"十六字教学法,1992年,当时的中央教育科学研究所成立了"张思中外语教学法推广小组",在全国范围内试验推行十六字教学法,并从最初的外语学科拓展到语文、历史等中小学多个学科[⑥]。

三、基础教育科研的方法

基础教育的科学研究方法丰富多样,文献研究法、观察研究法、调查研究法等都是教师最常用的教育科研方法。本书立足基础教育阶段教师的素质特点,选取符合基础

① 李森,赵鑫.20世纪中国教学论的重要进展和未来走向[J].教育研究,2009(10):42-48.

② 邱学华.尝试教学研究50年[J].课程·教材·教法,2013(4):3-13+32.

③ 熊明安.中国近现代教学改革史[M].重庆:重庆出版社,1999:392-397.

④ 马芯兰.构建新的知识结构 培养学生思维能力[J].人民教育,1995(5):22-31.

⑤ 谢至平.马芯兰的四性教学法[J].云南教育,1988(6):45-46.

⑥ 张思中.适当集中,反复循环,阅读原著,因材施教——介绍中学外语十六字教学法[J].人民教育,1990(9):38-41.

教育研究特点，适合教师运用的行动研究法、案例研究法和教育实验法三种教育研究方法进行详细阐述。

（一）行动研究法

行动研究法是教师在实际教学情境中，通过与同事、专家、家长或学生等共同合作，针对实际问题提出改进计划，在教育实践中实施、验证、修正而得到研究结果，并将成果运用于实践中的一种研究方法。行动研究围绕教师实际教育教学工作展开，以改进教学实践为目的。在行动研究中教师是研究主体，要求教师运用教育理论于自身的实践中，通过对自身教育教学行为的观察与反思，形成更为具体的经验和见解，获得研究成果。其具有简便易行的特点，"行动"和"研究"相结合，较适合没有接受过严格教育测量和教育实验训练的中小学教师采用。此外，行动研究直接面向教师的教学实践，教师无需在繁重的教学工作之上另行研究任务，具有很强的可行性。

行动研究有一定的实施步骤，本书参考借鉴学者凯米斯（S. Kemmis）和埃利奥特（J. Elliott）等人提出的观点，认为行动研究的主要步骤是以计划、执行、勘察、反思等程序构成的、螺旋式推进的循环过程。

第一步是"计划"，以收集的大量资料和调查数据作为基础，始于问题解决的需要和预设。设想是行动研究者（行动者和研究者）对问题的认识，以及他们掌握的有助于解决问题的知识、理论、方法、技术和各种条件的综合；设想还包含了行动研究的计划。"计划"包括总体计划和每一个具体行动步骤的设计方案，尤其重视计划中的第一、二步行动。

第二步是"执行"，指研究者通过对相关信息的分析和理解，有目的地开展行动。是在获得了关于背景和行动的反馈信息，经过思考并有一定程度的理解后有目的、负责任、按计划地采取实际步骤。行动的目的，是在变革中促进工作的改革、认识的改进和行动所在环境的改进。这样的行动是实际工作者和研究者的同步协作行动，家长、社会人士和学生均可作为合作的对象。随着主要研究人员对问题认识的逐步加深，以及行动过程中各种信息的及时反馈，他们能够基于参与者的评价和建议，对已制订的计划在实施过程中进行修改和调整。行动计划的执行和实施具有灵活性。

第三步是"勘察"。研究者在具体的行动考察中进行考察，包括行动背景、行动过程、行动结果；这一阶段，要注意收集上述三个方面的有关资料。背景资料是分析计划设想有效性的基础材料；过程资料是判断行动效果是否"由方案带来"和"怎样带来"的考察依据;结果资料是分析方案带来什么样的效果的直接依据。考察要灵活运用各种勘察技术以及数据、资料的采集和分析技术,充分利用录像、录音等现代化手段。

第四步是"反思"。研究者对所观察到的教育现象或教育问题进行归纳整理和分析,并对这次行动研究进行总结,撰写研究报告。反思是行动研究第一个循环周期的结束,又是过渡到另一个循环周期的中介。这一环节的工作至少包括:第一,整理和描述。即对观察、感受到的与制订计划、实施计划有关的各种现象加以归纳整理,描述出循环过程和结果。第二,评价与解释。即对行动过程和结果做出判断,对有关现象和原因进行分析解释,找出计划和结果的不一致性,从而决定基本设想、总体计划和下一步行动计划是否需要修正,应做哪些修正。第三,撰写研究报告。行动研究有自己的特色,允许采取多种不同的写作形式。如让所有的参与者共同撰写叙事故事,或编制一系列自传、个人的叙述、生活经验等。对于中小学教师来说,不仅要把行动研究作为一种研究方法,而且要把行动研究当作一种普遍的研究方式,融入自身的教学过程中。

行动研究法是针对教育实际情境进行的研究,其适用于教育实际问题的研究而非理论问题研究,以及中小规模而非宏观的实际问题研究,如教师通常通过深入实际教学情境进行行动研究,并将研究结果用于实际教育实践中去。①行动研究有其特定的优点和局限性。行动研究的优点主要表现在以下方面:其一,较强的适应性和灵活性。对于常年进行教学实践,较少接受严格的教育测量和教育实验训练的中小学教师而言,他们能够较快适应并采用行动研究;行动研究允许在行动中调整研究方案,教师可以在复杂多变的教育情境中,依据其实际目标和需求灵活修改行动策略。其二,评价的持续性和反馈的及时性。行动研究中的诊断性评价、形成性评价和生成性评价贯穿于整个研究过程;持续性评价的结果也能作为对已有阶段性研究方案、行动结果等的即时反馈修正,并指导教学实践和下一步行动研究的进行。其三,教育理论与教学实践的紧密结合。行动研究是为行动而研究、对行动的研究、在行动中研究。②教育研究问题围绕教学情境中的实际问题展开,并在持续的行动研究中以一定的教育理论对其进行指导、分析、验证和解决,教育实践行动与教育研究活动密不可分。其四,多种研究方法综合运用。典型的行动研究中可以综合采用多种研究方法,以实现研究效果的最大化。但行动研究也有其局限性,行动研究作为非正规的研究活动,在研究范围和研究步骤的设计

① 李清臣,徐艳伟.中小学教育研究的理论与方法——帮您走出教育教学的困境[M].开封:河南大学出版社,2008:194.

② 施良方,崔允漷.教学理论——课堂教学的原理、策略与研究[M].上海:华东师范大学出版社,1999:381-384.

等方面缺乏科学的严密性，在实际操作中往往无法精确控制实验条件，也难以完全确保其结果的有效性和可靠性。

【案例7-1-1】“多元交互式”教学评价体系的建构与实践——基于地理教学观察的行动研究

基于大量的数据调查发现，现有教学评价理论不满足现代信息技术支持下的师生发展需要，同时存在测评工具开发不足，评价者与评价对象相对立及时空限制，传统评课缺乏科学依据，评价路径与教学过程相游离等问题。

为了解决上述问题，自2005年开始，项目组成员经过问题诊断与顶层设计、两轮实践与初步总结、理论提炼与实践检验以及拓展研究与推广应用四大阶段，调研区域地理教学现状，确定以评促改思路，设计评价改革实验方案与评价手册；基于对经典评价理论进行创新性改造，借鉴FIAS课堂观察原理、SOLO分类理论、CIPP评价模式、共同建构模式提出“教—学—评—研—管”一体化理念与“数据驱动决策”课堂教学评价模型；研发课堂观察数据采集与分析软件，结合互联网、云计算、大数据技术研发“多元交互式”课堂教学观察平台；通过进行教学行为观察与数据采集实践，开展循环跟进式课堂教学行动研究以及基于课堂观察平台数据的清洗、统计、分析、挖掘，生成可视化决策报告等途径，构建“多元交互式”教学评价体系。

在长期的行动研究当中，该项目促进了评价关注人理念的发展，提出“教—学—评—研—管”一体化新思路。同时，评价内容突出教学行为，建立多元主体交互协同的教学评价内容体系，创新评价标准嵌入网络平台，提供评价教与学过程及成效的可操作性依据，评价工具走向信息互联，研发基于互联网的数字化课堂教学观察平台，使评价路径融入教学全程，形成可视化的循环跟进式课堂行动研究范式。

该成果扎根课堂、应用广泛，至2019年9月，实践应用单位有江苏、上海、北京、天津、浙江、广东、海南、云南、四川、重庆、贵州、安徽、河南、山东、河北、内蒙古、宁夏、吉林、陕西、新疆、青海等21个省级行政单位的200多所学校，包括重庆巴蜀小学、成都七中初中学校、江苏天一中学、华东师范大学第二附属中学、扬州中学等名校，在实践过程中不断揭示教育信息化对教学评价改革的重大意义，实现评价范式从经验判断型转向数据决策型，促进实践应用单位教研方式改进与教学质量提升。据不完全统计，利用本平台作为教科研工具成功申报、立项的课题有16项，发表、获奖的相关论文有30篇，5项研究成果获省级以上表彰，其中石嘴山市实验中学的“数字化课堂观察”应用被评为2019年教育部基础教育信息化应用典型案例。

（本案例为江苏省扬州市教育科学研究院主持的2014年基础教育国家级教学成果奖一等奖成果）

（二）案例研究法

案例研究法是通过对基础教育活动教学过程中有价值的问题、现象和事例进行描述总结、提炼和探索教育教学规律的过程。案例研究的核心案例是为了达成一定的研究目的，围绕选定的一个或几个问题，以事实为素材而编写成的对某一实际情境的客观描述，具有典型性、真实性和问题性。在教育案例研究中，教师通常呈现一个或几个有关教育问题的故事，并在呈现的过程中进行全面、深入、细致的分析，提出有针对性的改进措施。

案例研究法的基本思路是把教学过程发生的教学事件和处理的全过程如实记录下来，写成教育案例，然后围绕案例过程反映出的问题进行分析，提出解决问题的策略以及值得探讨的问题，最终解决问题的过程。教学案例研究一般分为搜集资料阶段、案例分析研究阶段和案例加工整理阶段。

第一阶段：搜集资料阶段。作为案例研究的起始阶段，案例研究的素材主要通过三种途径进行收集：一是研究自己的教学，从自己的教学实践中积累一定的材料；二是在对别人教学的课堂观察中捕捉素材，教师按照一定的目的和计划，在课堂教学活动的自然状态下，用自己的感官和辅助工具对课堂中师生的教与学和学生的参与状态等教学现象进行观察，根据观察到的教学现象逐字逐句整理成课堂教学实录，并设计教学程序表，提问技巧水平检核表，课堂教学时间分配表等，为撰写案例提供丰富的原始材料；三是在平时的学习和阅读中注意积累书面材料中的案例资料。

第二阶段：案例分析研究阶段。可以对选择的教育案例的课堂教学行为作技术分析，也可以自行展开分析和反思，围绕案例中体现的教学理念进行研讨，还可以围绕其中蕴含的教学理论进行阐释。在此基础上，从案例中得到的启示发现问题，学习经验以及对照自身的教学行为和观念，不断地改进，并学会感悟和运用案例中的解决问题的思维方式和理念，以进一步在自己教学实践中更新教学观念提高教学素养。值得注意的是，这里的分析研究，应回归到对课堂教学基本层面的探讨才能展现案例的价值，不要过分地集中于个别情境或特殊问题。

第三阶段:案例加工整理阶段。在对案例材料做多角度分析研究的基础上,可按一定的结构进行表述,形成教学案例。课堂教学案例撰写并非千篇一律,而是可以有不同的表现形式,可以灵活多样。但要注意的是,在撰写案例过程中所使用的材料必须是真实可靠的,能在现实当中接触到的,对它的描述也要真实具体,能够在现实中有所反映,结论也能为现实的情景中所应用。案例撰写结束后仍需再次反思一些关键性问题,例如案例呈现的中心问题是什么?教育事件中每个人物持有何种情感和动机?作为教师,案例中的教学事件给你什么启示?这个案例对你处理班级、学生、教学等方面有何种帮助?总之,对案例的加工整理要经过多次反复,不断完善,才能形成有教育意义、引人深思的好案例。

案例研究法适用于研究教育事实中"怎么样"或"为什么"的问题,其研究对象聚焦于自身或同行的教学经历以及书面材料中的教育教学案例,研究范围相对较小。教育案例研究也有其自身的优点和局限,优点主要表现为:第一,能够有效揭示典型的或特殊的教育现象及其特点与规律,促进师生的发展和教育质量的提升。案例研究通过对典型对象的剖析,明确其性质,有助于认识这类人事的本质和规律,同时以案例的方式阐释某种抽象的教育理念或学说,使理论既具有概括性,又具有生动性和实用性,从而有助于教育研究成果的推广与运用。第二,为教育对象提供了有效的引导,利于因材施教。案例研究能够提供研究对象各方面的详细案例材料,为研究对象的发展提出针对性较强的,甚至是个性化的改进建议与措施。第三,为教育理论的发展提供了特殊例证,丰富了理论学说的内容。案例研究中所提供的典型材料为描述概括性的教育理论观点和学说提供了具体佐证,能够丰富教育学的相关理论成果。教育案例研究法的局限性主要在于,其一,在进行研究案例的选取和案例结果的分析时,研究者不可避免根据自身经验对其进行主观选择、解释和判断,缺乏一定的科学性和客观性。其二,教育案例研究是针对小样本的研究,即在精选少数教育案例的基础上进行深入分析、综合与提炼,其所得出的结论可推广性不足。其三,案例研究在时间和人力上耗费较大,其研究成本相对较高。

【案例7-1-2】生活"活水"创新数学教学案例研究

《独立事件积的概率》一课是上海二期课改高中数学教材三年级第二学期的教学内容。

独立事件积的概率与之前学习的古典概率和几何概率(等可能性事件)、互斥事件和的概率是三类典型的概率模型，将复杂问题分解为这三种基本形式，是处理概率问题的基本方法。因此，本节课内容的学习，既是对所学知识的深化与拓展，又是提高学生解决现实问题能力的一种途径，更是加强学生应用意识的良好素材。

寻找“俗语”中的数学道理

在日常生活中，我们经常听到这句俗语：“三个臭皮匠顶个诸葛亮”，意思是说“集体出智慧，人多力量大”。那么三个臭皮匠真的可以胜过聪明绝顶的诸葛亮吗？其实这句俗语完全可以用概率来分析它的科学性，于是我带领学生尝试用数学的知识来验证。

首先要模拟一个比赛场景，诸葛亮VS臭皮匠团队(3人)。比赛规则：各位参赛选手必须独立解开一个难题；团队中有一人解出即为团队获胜。假设诸葛亮、臭皮匠老大、老二、老三的解题把握分别为85%、50%、45%、40%。那么三个臭皮匠是否真能顶个诸葛亮呢？

此问一出，学生兴趣盎然，各抒己见。其中有一个学生提出：“设事件A、B、C、D分别为老大、老二、老三、诸葛亮解出问题，则三人中有一人解出的可能性是：$P(A+B+C)=1.35>P(D)(0.85)$。所以，合三个臭皮匠之力，把握就大过诸葛亮了”。听完这位学生的观点之后，周围的学生纷纷表示同意。于是我继续引导学生们思考这个观点的合理性。

在教师的带领下，学生继续乐此不疲地投入问题的探究，带着“欲知而后快”的迫切。终于有另外一个学生提出了两点矛盾：(1)概率不可能大于1；(2)公式$P(A+B+C)=P(A)+P(B)+P(C)$运用的前提是：互斥事件有一个发生。而此问题中“团队中有一人解出”实质是至少有一人解出，事件A、B、C可以同时发生，公式应用有误。周围同学听完之后，顿时茅塞顿开。于是我便追问：“既然事件A、B、C不互斥，那又是什么关系呢？”学生们顿时陷入了思考当中……“能否从日常生活规律中总结一下A、B、C这三个事件的相互特点呢？”我给了正在思考的学生一个提示，马上就有学生回答道：“它们互相之间没有影响。”没错！这便是独立事件的定义。最终，在师生的共同探讨下，全班得出了相互独立事件的定义：若事件A与B的发生互不影响，则称事件A与B是相互独立事件。

根据这一猜想，我带领学生们继续尝试用数学作为工具，来验证“三个臭皮匠顶个诸葛亮”的科学性。他们获胜的概率为：$1-P(\overline{ABC})=1-0.5\times0.55\times0.6=0.835$。

寻找数学中的人文底蕴

顺着这个思路，我又给出一个问题：一位运动员梦想成为羽毛球单打冠军，但是对手实在是太强了，他战胜对手的概率只有可怜的20%。如果他敢于挑战困难，不怕失败,连续10次向他的强大对手挑战,那么他打败一次这个强大的对手的可能性又是多少呢?

学生讨论后就会发现,他获胜概率为:$1-(0.8)^{10}\approx0.893$这个运动员的梦想并不是那么的遥不可及!这个数学题让学生对“有志者事竟成!”有了新的认识。

改变后的思考

和以往传统的教学方式不同,我在这节课中将数学问题与日常生活进行了有效结合,相比于单一的教学模式,学生更容易在生活情境中学习数学。在数学课堂中引进生活活水,不但激起了学生学习数学的兴趣,培养了学生用生活实践来理解数学知识的思想方法,同时也锻炼了学生用数学知识解决问题的综合能力。在课后,学生纷纷用本节课的知识研究“双色球问题”“游戏胜率问题”“相亲问题”等等,可见这样的创新教学模式,使得学生在学习数学的主动性上有了很大的提高。

然而,我也发现,要将课本中所有数学知识做到生活化是非常困难的。这需要教师拥有丰富的数学生活经验,还要具备很高的数学人文素养,这都需要我们教师平时不断地积累,实践,反思。数学源于生活,生活中的许多事情都与数学课上的“知识点”有着千丝万缕的联系,它们貌不相似,神却相通。

(选自:赵海鸣.生活“活水”创新数学教学[J].上海教育,2014(Z1):58.)

(三)教育实验法

教育实验法是根据一定的理论假说,在教育实践中进行的,运用科学合理的控制方法,尝试变革研究对象,探索教育规律的一种科学研究活动。按照不同分类标准,教育实验也具有多种实验类型:按照实验方式划分,包括实验室实验和自然实验;按照实验目的划分,包括探索性实验、验证性实验和推广性实验;按照实验变量的数量划分,包括单项实验、综合实验与整体实验等。

教育实验法具有以下特点:其一,教育实验法需在严格控制条件下进行研究。即在整个研究过程中引入某种或某些措施,使研究对象处于先前不同的实验情境中,观察其变化。教育实验法通常会人为改变诱发研究对象变化的条件,使研究对象的变化能够在特定条件下为研究者所观察和把握。其二,教育实验法通过严格的统计推理,控制外部变量,确定自变量与因变量之间是否存在因果关系。其三,教育实验的研究结果易受研究人员和实验对象的主观影响,与理想的真实验之间存在一定的距离。

教育实验研究设计一般分为六个步骤:第一,陈述研究问题,提出假设并明确自变量和因变量。第二,确定实验处理,一次实验处理即对应着一次自变量的变化。第三,列举群体、样本、抽样方法及样本大小等。第四,确定因变量及适当的测量。第五,分析无关变量及控制的方法,设计控制过程和预测控制程度。第六,确定相应的实验设计及统计假设。中小学教研工作中常用的实验方法主要有单组教育实验法、等组教育实验法和轮组教育实验法等。单组教育实验是向一个或一组教育研究对象施加某一个或数个实验自变量,测量研究对象所发生的变化,以此确定自变量的效果。等组教育实验是以不同的实验因子或同一实验因子的不同水平分别实行于多种情况基本相同或相等的教育实验组,比较所发生的变化。轮组教育实验是把各类实验因子轮流施行于各组,而各组不必相等,然后根据实验因子发生的变化的总和而决定实验结果的方式。三种实验法的常用模式如表7-1-1所示。

表7-1-1　中小学教育实验法及其常用模式

实验方法	常用模式
单组教育实验法	研究对象——(前测——实验因子1——后测——实验效果1) ——(前测——实验因子2——后测——实验效果2) 实验结果=实验效果1-实验效果2
等组教育实验法	研究对象1——(前测——实验因子1——后测——实验效果1) 研究对象2——(前测——实验因子2——后测——实验效果2) 实验结果=实验效果1-实验效果2
轮组教育实验法	研究对象1——(前测——实验因子1——后测——实验效果1) ——(前测——实验因子2——后测——实验效果2) 研究对象2——(前测——实验因子1——后测——实验效果3) ——(前测——实验因子2——后测——实验效果4) 实验结果=(实验效果1+实验效果4)-(实验效果2+实验效果3)

教育实验研究的研究范围相对较大,能够根据研究目的创造条件,研究自然教育情境中难以观察的教育现象,并主动引起教育现象的发生及其变化,同时也能人为创设特定教育场景,进一步扩大研究范围。教育实验研究法的优点主要有以下方面:第一,对无关变量的可控性。在复杂的教育情境中,实验者可以对外部环境的干扰因素进行有效的操纵和控制,以有效控制无关变量可能造成的实验误差,进而研究自变量对因变量

的影响。第二,研究结果的科学性和可靠性。教育实验研究法能够有目的地控制研究变量,并在科学合理的实验条件下由因追果,探究自变量与因变量之间的因果关系,并根据实验结果进行客观分析,从而得出科学有效的实验结论。第三,研究的可重复性与可验证性。只要具备同样的研究先决条件,并针对同样性质的变量采取与之前相同的实验措施,就能够反复多次进行该实验,其研究结论也可通过重复实验的结果对比加以验证。[①]尽管教育实验研究法较前述研究方法有其科学优势,但也存在一定的局限性。一是教育实验难以达到实验室实验的精准程度,对研究条件的控制有限。教育实验的研究现场通常是复杂多变的教育情境,其研究对象是活生生的人,这就要求教育实验不能用纯科学理性的实验方法对其进行严格控制。二是对实验研究人员的要求较高。中小学教师需要通过对教育研究法的相关理论和实践知识进行准确把握,接受实验技术操作的培训,并在学校的配合与帮助下才能进行教育实验。[②]

【案例7-1-3】“新基础教育”学校教学改革研究

根据当代中国社会转型对学校培养新人的改革要求,目前仍然存在当代教学理论与学校教育实践重建、新型教师队伍培养、课堂教学形态改造等一系列基本问题。学校教学普遍存在“重知识,忽视人,忽视学科教学育人价值,忽视学生积极、健康、主动发展”等根本问题。

为切实解决上述问题,由华东师范大学叶澜教授率队主持的“新基础教育”学校教学改革研究以“培育生命自觉”“成事成人”为核心价值,以实施义务教育的中小学为对象,以实现当代中国学校整体转型性变革为目标,通过学校整体转型性变革、校际生态区建设等实现区域教育内涵优质均衡。该成果作为一项中国社会转型时期的学校转型性变革综合研究,先后经历探索性、发展性、成型性、扎根性、生态式研究阶段。全国十余个地区、百余所学校、数千名教师、数万名学生参与研究,研究团队形成的研究课达3万余节。该成果系统更新教学理论,提出新的教学价值观、教学过程观和教学评价观,创生义务教育阶段语文、数学、英语三个学科的系列课型和教学改革“指导纲要”。当代中国基础教育学校变革研究丛书“生命、实践”教育学论著系列书系已4次印刷,累计发行20余万册。创生开展长期研究的推进原则与具体策略;形成将教学当作不可分割的

① 林锦秀,陈伙平.教育科学研究方法导论[M].福州:福建科学技术出版社,2009:71.

② 李方.现代教育研究方法(第六版)[M].广州:广东高等教育出版社,2016:268.

基本单位，形成以“有向开放—交互反馈—集聚生成—深化拓展”为基本过程课堂教学新形态；建构基于“贴地式深度介入”的新型“大中小学合作研究”与学校“内生共生”的机制，最终培育了一支研究型教师队伍。

该成果经过多年改革研究，在国内外产生广泛影响。在全国“新基础教育”共生体建设和对外支援项目中发挥引领作用。2014年，闵行区“新基础教育”教学改革研究与华东师范大学“新基础教育”研究，同获上海市教学成果特等奖，同年，“新基础教育”研究获国家级教学成果一等奖。20年来，以研究成果为教材，组织并参与各种类型层次的校长和教师培训，包括北京、重庆、成都、株洲、无锡、昆明等地共计800余名教研员培训，培训次数达两千多场，培训人数不低于100 000万人次。各区域试验学校已组织近300次“精品课”“专题研究”等开放式研讨，参与人次达54 000，积累优秀教案近700份，合作学校的“新基础教育”网站点击率超过5 200 000次。上海市闵行区华坪小学、实验小学、闵行四中等学校在以“新基础教育”研究为载体的“中加互惠学习”国际合作项目中，多次向来自加拿大、美国、新西兰、新加坡等国际专家团队开放学校教育教学现场研讨，多次在国际学术研讨会上做专题报告，得到国际学者的广泛好评，并在SCCI期刊介绍推广，扩大中国基础教育改革与发展的国际影响力。

（本案例为华东师范大学叶澜主持的2014年基础教育国家级教学成果奖一等奖成果）

第二节　基础教育教研

教研制度是我国基础教育领域具有世界影响和中国特色的重要专业支持体系。70余年的实践经验证明，具有中国特色的教研制度在我国的基础教育事业改革和发展的进程中发挥了巨大的作用，成为推动我国基础教育改革和发展的重要而独特的力量。我国“国家—省—市—县—校”五级教研体系保障了中央教育方针政策的层层落实，尤其是新课程改革以来，教研制度在中小学、幼儿园课程改革、科学研究、教师培训等方面发挥了至关重要的作用。

一、基础教育教研制度的形成与发展

中国特色教研制度70多年的发展历程大致划分为五个时期，每个时期有不同的特点。[①]

（一）基础教育教研制度初创和发展期：1949—1965年

1949年10月，上海市教育局增设“教育研究室”，以加强教学研究，改进教学工作，这是我国成立的首个省级教研机构。1952年3月，教育部颁布了新中国第一份涉及教研组的正式文件《中学暂行规程（草案）》和《小学暂行规程（草案）》，对中小学教研组的设置做出了详细的规定。1955年11月，《人民教育》发布了题为“各省市教育厅局必须加强教学研究工作”的评论[②]，要求独立设置教学研究室，此后，各地省、市、区县教研组织纷纷成立。1957年1月，教育部颁布了我国历史上第一个专门针对教研组的文件《中学教学研究组工作条例（草案）》，进一步规范了教研组的性质、定位和工作内容，其中明确规定“教学研究组是教学研究组织，不是行政组织的一级。它的任务是组织教师进行教学研究工作，以提高教育质量，而不是处理行政事务”，这就明确了教研组专业机构的定位。同时，全国各地教研组织逐渐扩大规模，教研室设置更加完整，工作职能更加全面。这一时期，各省（自治区、直辖市）的教研组织相继组建完成，同时省以下各级教研组织也组建起来，形成了比较完整的体系。中小学教研组和专门教研组织都逐渐走出了刚成立时对苏联经验的盲目照搬，开始思考并逐渐形成与中国实际相适应的教育体系和教研制度，并日益彰显其对教育教学质量提高的重要作用。

（二）基础教育教研制度挫折和恢复期：1966—1985年

1966年到1976年“文化大革命”十年我国中小学教育事业遭到严重破坏，教研组织、教研队伍同样受到巨大冲击，教学研究机构几乎处于瘫痪状态，教学研究活动几乎处于停滞状态。

“文化大革命”后期，各级教研组织陆续恢复。“文化大革命”后，基础教育面临着恢复正常教育教学秩序的艰巨任务，教研系统和教研秩序的恢复也是其中的重要内容之

---

① 梁威，卢立涛，黄冬芳.撬动中国基础教育的支点——中国特色教研制度发展研究[M].北京：教育科学出版社，2011：导言2-5.

② 人民教育.各省市教育厅局必须加强教学研究工作[J].人民教育，1955(11)：17-18.

一。在这一时期，全国各级的教研组织陆续恢复，专职教研员人数达到10万人，基本形成了深入各学校的教研网络。仅在1979至1982的4年时间里，就有15个省级教育科研机构恢复重建或新建，市、县教育行政部门也普遍设立了中小学教材教法研究室。[①]省级教研组织的机构设置主要有三种形式：一是单独设置，如天津市、上海市、江苏省、福建省、广东省、山东省、山西省等；二是隶属于教育学院作为专职的研究管理部门，如北京市、黑龙江省、辽宁省、吉林省、湖北省等；三是与教育科学研究部门（如教科院、教科所等）合二为一，成为教科院或教科所职能的一部分，如河北省、四川省、安徽省等。[②]这种教研组织体系和格局也基本延续至今。这一时期，教研组织较为全面地发挥了在教学、教材研究，教师培训，考试命题等方面的功能，为改革开放初期基础教育的秩序恢复和改革发展提供了重要的专业支持作用。尤其是20世纪80年代，我国开始调整修订课程大纲，酝酿课程多样化和教材"审定制"，教研组织在教材编写、审定中发挥了重要作用。同时，恢复高考制度后，各级教研组织围绕研究考试、命制试题、组织考务等开展工作，组织各种统一考试也成为教研组织的主要业务之一，发挥了教研组织在基础教育教学管理方面的作用。

（三）基础教育教研制度规范期：1986—2000年

1986年秋，全国教研室主任会在北京举行，时任国家教育委员会副主任的何东昌强调了教研工作"不容忽视""不可替代"，肯定和明确了教研在基础教育中的作用和地位。为了加强对教研工作的指导，教育部发布了系列相关文件。1990年，国家教育委员会发布《关于改进和加强教学研究室工作的若干意见》，成为此后相当长时期内我国教研工作的纲领性文件，文件明确了教研组织的性质、作用、职责，规范了教研组织建设、教研员标准及专业发展等，特别是明确了"教研室是地方教育行政部门设置的承担中小学教学研究和学科教学业务管理的事业机构"，也明确了教研组织的管理体系，即"各级教研室在当地教育行政部门的领导下进行工作，并接受上级教研部门的业务指导，国家教委基础教育司在方针上对中小学教研工作进行指导"。各省市教研组织也印发了相关文件，明确本省市教学研究室的工作。1993年，国家教委办公厅发布《全国省级教研室主任会议纪要》；1994年又发布了《关于对部分省级教研部门教研工作进行检查评估试点

① 黄迪皋.从外推走向内生[D].湖南师范大学，2011.

② 梁威，卢立涛，黄冬芳.撬动中国基础教育的支点——中国特色教研制度发展研究[M].北京：教育科学出版社，2011：导言4.

工作的通知》;1998年起草《教研室工作规程》,对教研室主任、教研员及教研室的工作做出了进一步的规范。上述系列文件标志着我国教研工作的制度化、规范化,也标志着教学研究工作性质与职能的正式确立。为此,教研组织在基础教育质量提升中发挥着越来越重要的作用,包括教育教学研究、教学指导、教学管理、教材编写、教师培训、决策咨询、教学评价等。

(四)基础教育教研制度转型期:2001—2016年

自20世纪末以来,针对我国基础教育严重的应试教育倾向,我国逐步开始推进素质教育。21世纪以来,课程改革成为我国推进素质教育最主要的抓手,而教研机构成为推进课程改革的中坚力量,并随着课程改革的推进迅速发展壮大,一大批教研员成长为全国有影响的课程改革专家,教研机构在我国基础教育改革和发展中的地位和作用也达到前所未有的高度。2001年教育部在《基础教育课程改革纲要(试行)》明确强调"各中小学教研机构要把基础教育课程改革作为中心工作,充分发挥教学研究、指导和服务等作用"。在新课程改革推进过程中,教研成了理论与实践之间的中介,教研机构一方面要全面理解新课程改革的全新理念,另一方面要组织新课程教师培训,最大限度地保证新课程改革理念落实到每一位教师身上,落实到每一节课堂中;同时,教研也成为政策与实践之间的中介,一方面,教研机构接受地方教育主管部门的委托,承担起了推进本地课程改革的责任;另一方面,教研机构还要为学校创造性地实施国家和地方的课程政策提供直接指导与支持。这一过程中,教研组也日益介入新课程改革理念的构建、政策的制定,因此,教研员日益成为课程理论的研究者、课程政策的制定者、课程实施的组织者和指导者以及地方课程、校本课程的开发者。可以说,教研组织的职能定位逐步从"以教学为中心"变为"以课程改革为中心"。不少地方在教研机构内部专门设立了课程改革办公室,负责组织实施区域课程改革工作。教研工作的形式也不断创新,呈现多样化的特征,如学校层面的校本教研,区域层面的连片教研(包括跨县、跨市、跨省的协同教研),以及超越时空限制的网络教研,等等。随着教育行政部门的体制改革,一些地方教研组织的隶属关系也发生了变化。例如,从1996年起,原北京市教育局教学研究部改为北京教育科学研究院基础教育教学研究中心,隶属北京教育科学研究院。其职能发生了很大变化,原有的教材编写管理工作主要由北京教育科学研究院课程教材发展中心承担;原有的统一考试命题工作逐渐交由北京教育考试院负责。

（五）基础教育教研制度完善期：2017年至今

进入新时代，我国教育领域的主要矛盾转化为人民日益增长的对优质教育的需求和不平衡不充分的教育发展之间的矛盾。为此，针对新时代教育改革和发展的实际需要，中共中央、国务院发布了系列针对学前教育、义务教育、高中教育、职业教育、教师队伍建设等方面的文件，其中，2018年1月发布的《中共中央、国务院关于全面深化新时代教师队伍建设改革的意见》指出，“建立健全地方教师发展机构和专业培训者队伍，依托现有资源，结合各地实际，逐步推进县级教师发展机构建设与改革，实现培训、教研、电教、科研部门有机整合。”2019年6月发布的《中共中央、国务院关于深化教育教学改革全面提高义务教育质量的意见》强调，“发挥教研支撑作用。加强和改进新时代教研工作，理顺教研管理体制，完善国家、省、市、县、校教研体系，有条件的地方应独立设置教研机构。”此后，针对教研工作还存在机构体系不完善、教研队伍不健全、教研方式不科学、条件保障不到位等问题，2019年11月教育部发布《关于加强和改进新时代基础教育教研工作的意见》，对新时代教研工作体系建设、教研工作改革、教研队伍建设等进行了细致部署，为新时代教研工作提供了行动指南，也为我国基础教育教研体系日渐成熟奠定了基础。其中，明确了新时代基础教育教研工作的主要任务为：引领课程教学改革，提高教育教学质量；服务教师专业成长，指导教师改进教学方式，提高教书育人能力；服务学生全面发展，深入研究学生学习和成长规律，提高学生综合素质；服务教育管理决策，加强基础教育理论、政策和实践研究，提高教育决策的科学化水平。同时，对国家、省、市、县、校五级教研工作体系进行了职责划分，即国家层面，教育部基础教育课程教材发展中心在部内有关司局指导下，组织开展基础教育教研工作，发挥专业引领作用，组织实施重大教学改革研究项目，建设基础教育教研基地，指导各地教研工作。地方层面，各级教育行政部门进一步明确教研机构的工作职责，充分发挥教研机构在推进区域课程教学改革、教学诊断与改进、课程教学资源建设、培育推广优秀教学成果等方面的重要作用。市、县级教研机构要重心下移，深入学校、课堂、教师、学生之中，紧密联系教育教学一线实际开展研究，指导学校和教师加强校本教研，改进教育教学工作，形成在课程目标引领下的备、教、学、评一体化的教学格局。

【案例7-2-1】“西藏教学改革支持活动”引领西藏基础教育发展的实践探索

“西藏教学改革支持活动”是由教育部委托，西南大学承担，西藏教育厅、西藏教科院协同实施的立足于促进西藏基础教育教学质量提升的专业支持活动。项目以习近平总书记关于西藏教育的系列重要论述为指导，以大规模调研、基地学校建设、名师培养（训）、教学成果培育、教育信息化为抓手，20次进藏开展工作，促进了西藏基础教育质量提升。

该项目开展大规模实地调研，涉及7个地市州，近百所学校，2万余名学生、教师、家长、管理者，为西藏教育提供系列决策咨询；培养两批西藏名师，共同引领带动全区教师队伍建设，首批名师班获国家级荣誉6项，21人获自治区名师称号；建设了13所在生态环保教育、红色教育、国防教育、控辍保学、劳动教育等方面有特色的中小学、幼儿园为基地学校，力促西藏学校规范发展、内涵发展、特色发展；培育一批教学成果和科研课题，相关成果于2018年突破性地获得3项基础教育国家级教学成果奖，使西藏成为中西部仅有的四个获得一等奖的省份之一；打造了西藏教育珠峰旗云平台，维护西藏教育稳定，促进了西藏教育信息化和现代化。

该成果获教育部主要领导，教育部基础教育课程教材发展中心、课程教材研究所主要负责人，北师大、华东师大当代教育名家，时任西藏自治区党委常委、副主席、西藏人大常委会副主任、政协副主席等高度肯定。该成果连续四届在中国教育创新公益博览会展出，受到了新华社、央视、《人民日报》、《中国教育报》等媒体的报道。

（本案例为西南大学、西藏自治区教育厅主持的西藏自治区第二届基础教育教学成果奖一等奖成果。注：一等奖为西藏自治区基础教育教学成果奖最高奖项）

二、我国基础教育教研制度的特点

（一）我国形成了完备的“国家—省—市—县—校”五级教研体系和教研员队伍

中华人民共和国成立以来，各地教研机构不断建设发展，逐步形成了从学校教研组到地市（或区县）级教研组织再到省、市级教研组织的完整组织机构。教研机构的性质、职能、管理制度也不断完善。同时，教研组织内部也不断进行机构调整和完善，既根据不同学科、不同学段建制，也注重根据课程教学研究、课程教学指导、课程教学管理、教师培训等不同职能建制，比如，随着新课程改革推进，不少地方教研机构内部专门设立了“课改办”

(课程改革领导小组办公室),并成立科研指导机构,用于指导中小学、幼儿园开展课题研究,并负责区域范围内的课题管理;而随着基础教育质量监测的全面推进,不少地方的教研机构又设立了教育评估与教育督导研究室。教研机构的职能越来越全面,分工越来越明确,队伍越来越壮大,从而形成覆盖不同学科、不同学段、不同专业领域需要的完备的教研支持体系。在教研组织自身不断完善的基础上,开放的教研体系逐渐形成。一方面,各级、各地教研组织之间的联系更加紧密,形成了区域的教研联合体,定期进行教研工作交流和专题合作研究。另一方面,教研组织与其他相关教育研究单位的联系更加密切,加强了与高等院校的基础教育研究单位和学科教法室、教育学院、教育科研部门、教育考试院的联系,全方位、优势互补地为基础教育课程实施服务。

进入新时代以来,国家明确了教育部基础教育课程教材发展中心(2022年与教育部课程教材研究所的整合为新的课程教材研究所)作为全国教研工作的宏观管理和指导机构,由此形成了"国家—省—市—县—校"五级教研体系。同时,教研员队伍不断壮大,以北京为例,市区两级专职教研员人数达到千人。教研员队伍的组成也呈多元化发展。改革开放前主要是由有经验的一线教师担任教研员,改革开放之后尤其是教育教学理论大量应用于教学实践中后,一大批教育学、教育测量学和学科教学论硕士、博士研究生补充到教研员队伍中,教研员的整体素质不断得到提升。

(二)教研制度是我国基础教育改革和发展的重要本土经验和支撑

教研制度是中国特色社会主义教育体系的重要组成部分,是我国基础教育质量屹立世界的重要保证,也是我国基础教育改革和发展的重要经验和支撑。中华人民共和国成立以来中国特色基础教育发展与我国基础教育教研管理制度的完善与发展密不可分。我国基础教育以中央统一管理为主要模式,需要专门、专业机构将中央的精神和党的教育方针政策逐级执行和落实下去,逐步形成了上下相通的完整的教研体系。长期以来,由于我国教育发展迅速,教师队伍的现状不能完全满足事业发展的需求,正是由于有着这样一个教研工作系统,才在一定程度上保证了我国中小学教育教学的基本质量,同时又通过对教师进行课程计划、课程标准和教材等方面的培训,保障了党的教育方针在学校中贯彻落实。2001年开始的面向21世纪的基础教育课程改革,各级教研组织承担了课程计划和课程标准的宣讲、教师教材培训、教学实践指导和监控的工作。这一系列形式多样的教研活动,在帮助教师尽快熟悉新课程、认同新课程、实践新课程、推进课程改革、提高教育教学质量中发挥了不可或缺的重要作用。

（三）教研机构和教研员成为教育理论、教育政策和教育实践的中介

学校教研组建立之初，主要是为了适应教学需要，其后各级教研组织多由教育行政部门统一管理，为教育行政部门决策服务成为教研组织的主要工作之一，教研组织承担的其他工作也多由教育行政部门领导和安排。进入21世纪以来，我国教育管理体制改革不断深化，为教研组织创设了更宽广的发展空间。尤其是第八轮基础教育课程中提出建立三级课程管理制度和以校为本的教研制度，教研机构一方面加强了与高校、研究机构的合作，既是教育理论的研究者，又是教育理论的实践者，另一方面教研机构也更多地为教育决策提供咨询，既是教育政策制定的参与者，也是教育政策落实的传达者。与此同时，基础教育课程改革要求下移工作重心，要多走进学校和课堂，主动聆听学校和教师的需要，更好地服务于学校变革、课程改革、教学改革和教师专业发展，教研机构成为教育实践的引领者、指导者和服务者。由此教研机构成为连接教育理论、教育政策与教育实践的重要纽带，为保证教育理论落地、教育政策的落实和教育实践的同步提供了基本保证，既促进了教育政策的层层落实不变形，也使学校能够及时更新教育教学理论，改进教育教学质量。

【案例7-2-2】服务课程改革的上海教研实践范式

上海自1988年开始，受教育部委托，开始建设“课改实验区”，并启动“一期课改”工程。在世纪之交展开的“二期课改”，标志着上海中小学（幼儿园）课程改革进入新的发展阶段。课程建设与转化对教研内容、运行机制、教研方法等均提出转型要求。上海作为课改实验区，需要通过课程编制、实施、完善的循环过程，不断优化课程建设，提高课程实施效果。在实践过程中，面临着如何编制体现课改实验区特点的国家课程，如何使国家课程转化为教师理解与实施的课程，进而转化成学生经历与体验的课程等问题。

面对课改的瓶颈问题，上海教研与时俱进，攻坚克难，承担着“转换”和指导者的角色。上海教研努力推进落实国家教育政策、建立教学研究的合作共同体、引领学校提升学校课程领导力并建立以校为本的质量保障体系等重点工作。在此过程中，教师的课程意识、实证意识、共同体意识逐渐形成，教研转型扑面而来，上海在教研转型中逐渐形成自己的“范式”。立足学生发展，激发课程领导潜能，再塑上海教研价值取向；创新运

行机制，建立结构形态多样的合作共同体，创建项目运作方式，完善教研员发展评估制度；通过文本与实践的持续互动，构建强化目标、内容、实施、评价相互关联的教研内容范畴；研发以标准引领、路径明晰、证据支持、信息技术融入为特征的系列教研工具，提升教研质量，形成“基于规准”的实证方法。

该成果以上海教研实践范式为引领，持续优化完善各类教研活动，形成课例研修、课程调研与主题教研等教研模式，实现上海教研实践范式的推广与应用。并在探索与实践中关注活动的参与度与教研深度，促进教研活动品质与质量的提升。以课例研修模式优化日常教研，依据上海教研实践范式，改进日常教研活动设计，明确备课、上课、听课、说课、评课等环节实施要求，形成课例研修模式；以课程教学调研模式促进调研，在调研实施过程中，自主研发5大类20个调研工具，涉及课程计划、拓展型课程、课程管理、课堂教学、作业、考试测验、教研组建设等诸多方面，凸显实证方法；以主题教研活动模式实现教研改进，体现主题的针对性、活动的持续性、参与的深入性、信息化支持等特征，以促进学校教师和教研员发展为宗旨的专业发展研究活动。上海教研实践范式揭示“团队智慧，经验分享”的教研机理，呈现实践范式的引领性、操作性和公认性的三个特质。

（本案例为上海市教育委员会教学研究室主持获得的2018年基础教育国家级教学成果奖一等奖成果）

三、教研员的角色定位与专业发展

教育学自成为一门相对独立的学科以来，职业分工和学科建制使教育研究领域形成了两个相对分离的、复合的特殊研究主体：一个是专业研究人员，他们的学术背景有的以教育学科为主，也有的以其他学科为主，辅以教育学科；另外一个是来自一线的研究人员。这两类研究人员即教育理论主体和教育实践主体，可以说是教育研究的“两极”，而在我国特殊的教育研究体制下，教研员可谓教育研究的“第三极”主体，[①]成为连接教育理论和实践的“桥梁”。教研员在基础教育改革和发展中具有独特的角色定位和专业要求。

① 范涌峰，杨聪林．论教研员在教育研究中的“第三极”角色[J]．新教育，2013(Z1)：56-58.

(一)教研员的角色定位[①]

随着我国基础教育改革和发展的深入推进,教研机构被赋予越来越多样、综合的专业职能,与此相适应,教研员也承担着越来越多样化的专业角色,具体地说,主要包括以下方面:(1)政策咨询和执行者:为教育行政部门科学决策提供咨询,协助教育行政部门,整合多方专业力量,认真贯彻、落实国家课程政策,培育高效的课程政策执行文化;(2)课程研究者和设计者:根据本地的实际和需求,与相关人士一起,共同研究、设计国家课程方案的推广,以及地方课程的设计;(3)发展服务者:理解教师专业,建立合作共同体,尊重教师的专业自主,为教师的专业成长提供平台、支持和服务,是教师专业发展的引领者和亲密伙伴;(4)专业指导者:指导学校做好课程规划方案,指导教师开展基于课程标准的教学与评价,指导教师开发综合实践活动课程与校本课程;(5)质量促进者:配合教育行政部门,加强统考管理,研制地方统一测试框架,明确分工与责任,提倡"谁统考,谁提供科学的数据与分析报告",让统考成为促进教与学的重要手段,以促进本地教学质量的持续提升。

(二)教研员的专业标准

教研员专业发展内容一般包括课程发展能力、专业服务能力、自我发展能力。[②]就专业标准来说,教研员一般应具备以下基本条件:(1)政治素质过硬。增强"四个意识",坚定"四个自信",做到"两个维护",认真贯彻党的教育方针。(2)事业心、责任感强。有教育理想和教育情怀,热爱教研工作,自觉为提高基础教育质量贡献智慧。(3)教育观念正确。遵循教育规律和学生身心发展规律,坚持德智体美劳全面培养,积极践行发展素质教育。(4)教研能力较强。具有扎实的教育理论功底,教学经验丰富,原则上应有6年以上教学工作经历,具有中级以上教师专业技术职称,在教育教学上取得优异成绩。(5)职业道德良好。遵守教研工作学术道德,作风民主,有较强的服务精神,善于听取和总结基层经验,勇于探索教育教学改革创新。[③]

---

① 崔允漷.论教研室的定位与教研员的专业发展[J].上海教育科研,2009(08):4-8.

② 崔允漷.论教研室的定位与教研员的专业发展[J].上海教育科研,2009(08):4-8.

③ 教育部.教育部关于加强和改进新时代基础教育教研工作的意见(教基〔2019〕14号)[EB/OL].2019-11-30,http://www.moe.gov.cnsrcsite/A06/s3321/201911/t2019i/128-409950.html.

【案例7-2-3】提高农村教师执教能力的团队研修实践——吴正宪小学数学教师工作站的五年探索

农村教育的解决突破口在于提高农村教师执教的能力。现行农村教师存在凭借感觉、经验积累来进行教学,自身专业发展意识不强,存在强烈的职业倦怠,同时,存在培训模式单一,未形成制度化等问题。

为了解决上述问题,吴正宪小学数学教师工作站首先明确了"团队研修"的基本理念,确立了"在提供高质量教研服务中培育优秀教师"的工作宗旨,"引导每位教师享受高品位的职业幸福"的价值追求,"高专业品格、高专业技能、高合作精神"的专业标准,同时确立了"在服务中挑战自我,在合作中相互学习,在研究中发展能力"的研修方式和"巧在全程设计,重在课例研修,成在后续跟进,贵在资源建设"的研修策略。与此同时,吴正宪小学数学教师工作站提出了"名师引领从成功经验中汲取专业养料""课例研修借助精心组织的教学过程开展行为干预""课后访谈学生体验是教师专业成长的重要资源""同伴研修在互动建构中生成教学实践知识""1+5+N发挥专业服务的辐射合作机制""资源建设增强对于实践过程的理性认识"的六大研修策略。

十年来,该团队尝试变革教师的研修方式,将"被设计被培训"变为"我设计我研修"的形式,吸引教师全程参与,在经历了一次次基于为基层教师提供专业服务的团队研修,在连续干预和后续跟进中收获了丰富的创新实践资源;从工作站的研修活动中又体现了教师专业发展的四个阶段:个人经验、群体共享、形成共识、化为策略。在此过程中逐渐建构工作站特色的、可行有效的教师能力发展课程及其实施机制;创造了儿童喜爱的特色课堂,激励教师自主专业发展的特色研修,创建了具有成人特色的教师研修课程和教师研修机制;最后提炼了一系列研修成果,"团队研修的理念与实践策略""吴正宪儿童数学教育"等系列专题完成并出版了一系列具有很强教学实践指导价值和一定学术价值的研究成果。

在长期的实践过程中,该成果在全国范围内得到了高度评价和广泛应用。其中,吴正宪及团队队员应邀于东北师范大学、陕西师范大学等高校为教育部组织的"培训者培训"做团队研修专题报告,引起与会教师的强烈反响,出版了团队研修系列丛书共20余本,还有相应的期刊论文;在《小学教学》《小学数学教师》等期刊刊登吴正宪小学数学教师团队的成果,为全国一线教师专业发展提供了重要资源。

(本案例为北京教育科学研究院吴正宪主持的2014年基础教育国家级优秀教学成果奖一等奖成果)

【思考】

1.基础教育科研的路径有哪些?

2.基础教育科研的方法有哪些?

3.基础教育教研制度的特点表现在哪些方面?

4.基础教育教研员的角色定位是什么?

【延伸学习】

华东师范大学学报(教育科学版)2021年第5期出版中国教研问题专刊,刊发一组共8篇文章,从多维视角对教研、教研机构、教研员相关问题进行了论述,以下为其中4篇的摘要内容。

1.刘月霞.追根溯源:“教研”源于中国本土实践[J].华东师范大学学报(教育科学版),2021(5):85-98.

教研是中国基础教育的独特经验和优良传统,却长期被当作“舶来品”,被看作是新中国“全面学习苏联”的结果。通过梳理晚清实行新学制以来的研究史料、查阅民国时期的校史档案,可以发现:教研源于中国本土实践。其先于清末推行新学制时萌芽。在新教育思潮的影响、民国时期教育部门的政策引导以及教育先行者身体力行的推动之下,一批民国时期新学校通过实验研究以适应教学新法,逐渐探索形成了较为体系化、制度性的教研经验。中国教研不是“以俄为师”的结果,而是对中国几千年优秀“师道”文化的传承,是对教师专业发展规律的探索。

2.程介明.教研:中国教育的宝藏[J].华东师范大学学报(教育科学版),2021(5):1-11.

本文以西方社会,尤其是英语社会有关教师专业的理论框架,分析中国教师专业特性的各个方面,包括专业的一般定义及教师的专业特征、专业知识、专业操守、专业成长等,认为在世界各地,教育是一个体系,但是教学却没有体系。中国的教研,是一个少有的教学体系。不止如此,教研其实也是教师专业身份的象征,而教研所包含的种种内涵和使命,也可以说相当于西方的教师专业组织的功能,不过采取了中国特色的形态。教研里的“研”,更是保持教师专业长青不断更新的关键因素,而这是其他社会少有的。因此,教研是中国教育的宝藏,应该珍惜而且更上一层楼。

3.沈伟,孙天慈.中国教研员研究的历史脉络与多重视角[J].华东师范大学学报(教育科学版),2021(5):116-129.

教研员是我国区域教学质量保障人员,为基础教育课程实施、教学改进、教师发展做出了贡献。随着教研员的地位与作用日显,有关教研员的研究表现出蓬勃发展的趋势。在教研员角色、教研工作、教研员能力与发展方面经历了理念探讨与历史分析、制度关切与实证调研、国际比较与本土论证相交叉的研究过程,其中教研员角色研究起步最早,教研转型成为新的研究热点。多线并进的研究提出了三个重要且环环相扣的研究问题:教研制度的特殊性与普遍性,教研员作为教学领导与课程领导的关系,教研员核心能力的基础所依。未来教研员的研究应以体制机制研究推动教研员职能的转变,以教学研究为基础分析教研范式的转型,以国际比较视野构建教研员专业标准。

4.胡惠闵,马洁,张翔昕.从"教研机构合并"看教学研究职能的定位——基于"教学研究"概念的视角[J].华东师范大学学报(教育科学版),2021(5):99-107.

近年来随着教研机构与其他部门合并的趋势明显,教学研究职能弱化与行政性职能也越趋明显。从"教学研究"概念演变的视角来看,"教学研究"概念的泛化与教学研究职能弱化密切相关。因此,解决教学研究职能问题的前提是要厘清"教学研究"概念的本义。基于此,本文认为要处理好以下关系:第一,在"教"与"学"关系上从"以教为主"走向"因学而教";第二,在"教学"与"课程"关系上从"教学"范畴走向"课程"范畴;第三,在"经验"与"理论"关系上从"就事论事"走向"理论指导"。

主要参考文献

一、工具书

[1] 国家教育委员会办公厅.基础教育法规文件选编[M].北京:北京师范大学出版社,1988.

[2] 教育大辞典编纂委员会.教育大辞典(第1卷)[M].上海:上海教育出版社,1990.

[3] 顾明远.教育大辞典(增订合编本上)[M].上海:上海教育出版社,1998.

[4] 顾明远.教育大辞典(增订合编本下)[M].上海:上海教育出版社,1998.

[5] 顾明远.中国教育大百科全书(第1卷)[M].上海:上海教育出版社,2012.

[6] 顾明远.中国教育大百科全书(第2卷)[M].上海:上海教育出版社,2012.

[7] 顾明远.中国教育大百科全书(第3卷)[M].上海:上海教育出版社,2012.

[8] 何东昌.中华人民共和国重要教育文献(1949年—1997年)[M].海口:海南出版社,1998.

[9] 汉语大字典编纂处.多功能现代汉语词典(全新版)[M].成都:四川辞书出版社,2017.

[10] 吕景和.汉字解形释义字典[M].北京:华语教学出版社,2016.

[11] 倪文杰,张成福,马克锋.现代交叉学科大辞库[M].北京:海洋出版社,1993.

[12]《新华大字典》编委会.新华大字典[M].北京:商务印书馆国际有限公司,2004.

[13] 夏征农,陈至立.辞海·缩印版[M].上海:上海辞书出版社,2010.

[14] 中国大百科全书出版社编辑部.中国大百科全书·教育[M].北京:中国大百科全书出版社,1985.

[15]《中国教育年鉴》编辑部.中国教育年鉴(1989)[M].北京:人民教育出版社,1990.

[16]《中国大百科全书》总编委会.中国大百科全书(第2卷)[M].北京:中国大百科全书出版社,2009.

二、著作

[1] 王维娅,王维,李桂华.基础教育的理论与实践[M].济南:山东教育出版社,1999.

[2] 班华.中学教育学(第2版)[M].北京:人民教育出版社,2012.

[3] 班华.享受和班主任朋友共同成长的快乐——班华班主任原理文集[M].南京:南京师范大学出版社,2014.

[4] 陈玉琨.教育评价学[M].北京:人民教育出版社,1999.

[5] 陈瑶.课堂观察指导[M].北京:教育科学出版社,2002.

[6] 窦桂梅.窦桂梅与主题教学[M].北京:北京师范大学出版社,2006.

[7] 窦桂梅.超越·主题·整合——窦桂梅教学思想探索[M].北京:中国大百科全书出版社,2013.

[8] 郭福昌,吴德刚.教育改革发展论[M].石家庄:河北教育出版社,1996.

[9] 郭文安,陈东升.国民素质建构与基础教育改革[M].北京:人民教育出版社,1997.

[10] 龚春燕,蔡政权,魏文锋.魏书生与六步教学法[M].北京:中国青年出版社,2001.

[11] 高奇.中国教育史研究(现代分卷)[M].上海:华东师范大学出版社,2009.

[12] 高定量,黎薇娜,刘旭东.地方课程建设[M].兰州:甘肃教育出版社,2018.

[13] 黄煜峰,雷雳.初中生心理学[M].杭州:浙江教育出版社,1993.

[14] 华东师范大学教育系,浙江大学教育系.西方古代教育论著选[M].北京:人民教育出版社,2001.

[15] 黄甫全.新课程中的教师角色与教师培训[M].北京:人民教育出版社,2003.

[16] 黄晓光.教师职业道德修养——新规范内涵解读与实践导行[M].长春:东北师范大学出版社,2009.

[17] 黄河清.家校合作导论[M].上海:华东师范大学出版社,2008.

[18] 侯怀银.中国教育学之路[M].合肥:安徽教育出版社,2009.

[19] 贾文华,高中毅.苏联教育[M].开封:河南教育出版社,1989.

[20] 金一鸣.中国特色社会主义教育研究[M].济南:山东教育出版社,1998.

[21] 金娣,王刚.教育评价与测量[M].北京:教育科学出版社,2002.

[22] 靳玉乐.现代教育学(2011年修订本)[M].成都:四川教育出版社,2011.

[23] 靳玉乐.课程论(第2版)[M].北京:人民教育出版社,2015.

[24] 教育部教师工作司.中学教师专业标准(试行)解读[M].北京:北京师范大学出版社,2013.

[25] 孔凡哲,梁红梅.课堂教学观察、诊断与评价[M].长春:东北师范大学出版社,2014.

[26] 康建朝,李栋.G20国家教育研究丛书——芬兰基础教育[M].上海:同济大学出版社,2015.

[27] 李平晔.宗教改革与西方近代社会思潮[M].北京:今日中国出版社,1992.

[28] 李弘祺.学以为己:传统中国的教育(上)[M].上海:华东师范大学出版社,2017.

[29] 李如密.教学艺术论[M].济南:山东教育出版社,1995.

[30] 林崇德.发展心理学(第3版)[M].北京:人民教育出版社,2018.

[31] 林崇德.发展心理学[M].杭州:浙江教育出版社,2002.

[32] 李臣.活动课程研究[M].北京:教育科学出版社,1998.

[33] 李吉林,田本娜,张定璋.李吉林小学语文"情境教学——情境教育"[M].济南:山东教育出版社,2000.

[34] 李秉德.教学论[M].北京:人民教育出版社,2000.

[35] 李其龙.德国教育[M].长春:吉林教育出版社,2000.

[36] 李其龙,陈永明.教师教育课程的国际比较[M].北京:教育科学出版社,2002.

[37] 联合国教科文组织.世界教育报告,2000:教育的权利:走向全民终身教育[M].北京:中国对外翻译出版公司,2001.

[38] 李森,宋乃庆.基础教育概论[M].成都:四川教育出版社,2004.

[39] 李森.现代教学论[M].北京:人民教育出版社,2011.

[40] 李春玲.教师职业道德[M].北京:人民文学出版社,2005.

[41] 李坤崇.教学评估——多种评价工具的设计及应用[M].上海:华东师范大学出版社,2011.

[42] 李晓波.教师专业发展[M].南京:南京大学出版社,2016.

[43] 李霞.初等教育管理论[M].上海:华东师范大学出版社,2017.

[44] 李弘祺.学以为己:传统中国的教育(下)[M].上海:华东师范大学出版社,2017.

[45] 刘义兵.教师专业发展[M].北京:高等教育出版社,2017.

[46] 刘梅,赵楠,国云玲,等.发展心理学[M].北京:清华大学出版社,2017.

[47] 毛礼锐,沈灌群.中国教育通史(第6卷)[M].济南:山东教育出版社,1989.

[48] 马骥雄.战后美国教育研究[M].南昌:江西教育出版社,1991.

[49] 庞国彬.小学教师专业发展[M].北京:高等教育出版社,2013.

[50] 瞿葆奎.教育学文集·教育评价[M].北京:人民教育出版社,1989.

[51] 瞿葆奎.教育学文集·教师[M].北京:人民教育出版社,1991.

[52] 钱源伟.基础教育改革研究[M].上海:上海科技教育出版社,2001.

[53] 邱学华.尝试教学论[M].北京:教育科学出版社,2005.

[54] 邱学华.邱学华教育实验研究[M].上海:华东师范大学出版社,2018.

[55] 邱淑慧.班级管理与班主任工作技能[M].广州:暨南大学出版社,2011.

[56] 孙可平.现代教学设计纲要[M].西安:陕西人民教育出版社,1998.

[57] 盛群力,等.教学设计[M].北京:高等教育出版社,2005.

[58] 申继亮.新世纪教师角色重塑——教师发展之本[M].北京:北京师范大学出版社,2006.

[59] 石鸥.中国基础教育60年(1949—2009)[M].长沙:湖南师范大学出版社,2009.

[60] 宋乃庆,李森,朱德全.中国基础教育改革与发展[M].北京:高等教育出版社,2018.

[61] 滕大春.外国教育通史(第一卷)[M].济南:山东教育出版社,1989.

[62] 滕大春.外国教育通史(第二卷)[M].济南:山东教育出版社,1989.

[63] 王逢贤.中小学生爱国主义共产主义教育引论[M].北京:教育科学出版社,1987.

[64] 王桂.日本教育史[M].长春:吉林教育出版社,1987.

[65] 吴锡改.基础教育学[M].武汉:中国地质大学出版社,1989.

[66] 吴祥祯.初中教育学[M].重庆:西南师范大学出版社,1990.

[67] 王耘,叶忠根,林崇德.小学生心理学[M].杭州:浙江教育出版社,1993.

[68] 乌美娜.教学设计[M].北京:高等教育出版社,1994.

[69] 王汉澜.教育评价学[M].开封:河南大学出版社,1995.

[70] 马忠虎.家校合作[M].北京:教育科学出版社,1999.

[71] 王承绪.英国教育[M].长春:吉林教育出版社,2000.

[72] 吴洪成.现代教学艺术的理论与实践[M].石家庄:河北人民出版社,2009.

[73] 魏书生.教学工作漫谈(修订本)[M].北京:文化艺术出版社,2011.

[74] 吴和贵.支架式教学:有效教学的生长点:高中数学课堂教学方式的探索与研究[M].广州:中山大学出版社,2013.

[75] 谢维和,裴娣娜.走向明天的基础教育[M].成都:四川教育出版社,1997.

[76] 熊明安.中国近现代教学改革史[M].重庆:重庆出版社,1999.

[77] 熊明安,熊焰.中国古代教学活动简史[M].重庆:重庆出版社,2013.

[78] 徐汝玲.外国中小学教育管理发展史论[M].北京:红旗出版社,2000.

[79] 萧宗六,余白.学校管理学新编[M].武汉:华中师范大学出版社,2001.

[80] 熊川武.教学通论[M].北京:人民教育出版社,2010.

[81] 项纯.教师专业标准解读——小学教师[M].天津:天津教育出版社,2012.

[82] 肖远军.中小学教师绩效管理[M].杭州:浙江大学出版社,2014.

[83] 叶澜.教育概论[M].北京:人民教育出版社,1991.

[84] 叶立群.小学教育学[M].北京:人民教育出版社,2000.

[85] 余维武,朱丽.教师的职业道德素养[M].福州:福建教育出版社,2011.

[86] 中央教育科学研究所.中华人民共和国教育大事记(1949-1982)[M].北京:教育科学出版社,1984.

[87] 张祖忻,朱纯,胡颂华.教学设计——基本原理与方法[M].上海:上海外语教育出版社,1992.

[88] 郑和钧,邓京华,等.高中生心理学[M].杭州:浙江教育出版社,1993.

[89] 朱小蔓，梅仲荪.儿童情感发展与教育[M].南京：江苏教育出版社，1998.

[90] 钟启泉，崔允漷，张华.为了中华民族的复兴　为了每位学生的发展：《基础教育课程改革纲要（试行）》解读[M].上海：华东师范大学出版社，2001.

[91] 朱德全.小学教育学[M].重庆：西南师范大学出版社，2003.

[92] 周予同.中国现代教育史[M].福州：福建教育出版社，2007.

[93] 郑崧.国家、教会与学校教育——法国教育制度世俗化研究（从旧制度到1905年）[M].上海：学林出版社，2008.

[94] 周建平.小学课堂教学设计[M].北京：高等教育出版社，2012.

[95] 周仁康.走向智慧的校本管理[M].北京：国家行政学院出版社，2012.

[96] 周仁康.走向智慧的校本课程开发[M].北京：国家行政学院出版社，2012.

[97] 张洪秀.教育测量与评价方法[M].长春：吉林大学出版社，2014.

[98] 张作岭，姚玉香.班级管理案例教程[M].北京：清华大学出版社，2015.

[99] 张继华，何杰.现代中小学管理新编[M].南京：南京大学出版社，2015.

[100] 赵鑫.教师感情修养论[M].福州：福建教育出版社，2015.

[101] 张国超，曹建，何静.家校合作教育研究和指导[M].广州：广东高等教育出版社，2016.

[102] 张治等.教育信息化——走进自适应学习时代[M].上海：上海教育出版社，2018.

[103] [德]沃夫冈·布雷钦卡.信仰、道德和教育——规范哲学的考察[M].彭正梅，张坤，译.上海：华东师范大学出版社，2008.

[104] [美]波帕姆.促进教学的课堂评价[M].国家基础教育课程改革“促进教师发展与学生成长的评价研究”项目组，译.北京：中国轻工业出版社，2003.

[105] [美]博里奇，汤伯里.中小学教育评价[M].国家基础教育课程改革“促进教师发展与学生成长的评价研究”项目组，译.北京：中国轻工业出版社，2004.

[106] [美]乔纳森·特纳，简·斯戴兹.情感社会学[M].孙俊才，文军，译.上海：上海人民出版社，2007.

[107] [美]韦恩·厄本，杰宁斯·瓦格纳.美国教育——一部历史档案[M].周晟，谢爱磊，译.北京：中国人民大学出版社，2009.

[108][瑞士]查尔斯·赫梅尔.今日的教育为了明日的世界[M].王静,赵穗生,译.北京:中国对外翻译出版公司,1983.

[109][苏联]H.A.康斯坦丁诺夫.苏联教育史[M].吴式颖,周蕖,朱宏,译.北京:商务印书馆,1996.

三、期刊

[1] 崔允漷.国家课程标准与框架的解读[J].全球教育展望,2001(8).

[2] 陈桂生."基础教育"辨析[J].上海教育科研,2002(4).

[3] 程斯辉.试论基础教育的本质[J].中国教育学刊,2004(1).

[4] 陈燕,宋乃庆.美国中小学共同核心标准的建立及探析[J].比较教育研究,2012(3).

[5] 程广文,宋乃庆.论教学智慧[J].教育研究,2006(9).

[6] 陈斯琪.基础教育评价中的"维"与"为"[J].当代教育科学,2018(12).

[7] 程翠萍,田振华.小学全科教师的能力结构——国际经验与启示[J].外国中小学教育,2019(3).

[8] 窦桂梅.朝向"伟大事物"——"主题教学"的新思考[J].人民教育,2010(5).

[9] 杜文彬.澳大利亚中小学课程结构改革及其启示[J].全球教育展望,2017(9).

[10] 范敏,刘义兵.斯腾豪斯的"教师成为研究者"思想[J].全球教育展望,2017(8).

[11] 郭丽亚,袁凤芝.试谈幼儿教育与小学教育衔接中的问题及对策[J].河南大学学报(社会科学版),1994(5).

[12] 高秀华,王学明,姜唯,等.浅谈教师行为对人才培养的调控作用[J].中国高教研究,1998(5).

[13] 郭思乐.建立和发展基础教育学学科的若干思考[J].课程·教材·教法,1999(9).

[14] 郭永光.论中小学教师专业发展的三阶段[J].教学与管理,2006(27).

[15] 郭法奇.中世纪西欧儿童的日常生活和教育[J].首都师范大学学报(社会科学版),2009(2).

[16] 郭华.深度学习及其意义[J].课程·教材·教法,2016(11).

[17] 高玉旭.改革开放40年来我国基础教育课程改革回顾与展望[J].上海教育科研,2018(9).

[18] 胡相峰.为人师表论[J].教育研究,2000(9).

[19] 黄盼盼.新中国成立70年来课堂教学结构的演变[J].当代教育科学,2019(10).

[20] 李吉林."情境教学"的操作体系[J].课程·教材·教法,1997(3).

[21] 李吉林.学习科学与儿童情境学习——快乐、高效课堂的教学设计[J].教育研究,2013(11).

[22] 李吉林.中国式儿童情境学习范式的建构[J].教育研究,2017(3).

[23] 李建平.从教学大纲走向课程标准——课程专家与课程实施者的对话[J].教育发展研究,2002(4).

[24] 梁宇学.建设教师学习共同体 有效促进教师专业发展[J].人民教育,2008(Z1).

[25] 刘春梅.新课程三维目标的内蕴[J].教育研究与实验,2009(5).

[26] 李森,赵鑫.20世纪中国教学论的重要进展和未来走向[J].教育研究,2009(10).

[27] 李涛.新中国历次课程改革中的"双基"理论与实践探索[J].课程·教材·教法,2009(12).

[28] 刘次林.刍议三维目标[J].教育发展研究,2013(Z2).

[29] 梁靖云,吕素巧.教学目标设计初探——如何理解、设定与表述三维目标[J].教育理论与实践,2014(8).

[30] 李润洲.继承与超越——"三维目标"与"核心素养"的异同辨析[J].当代教育科学,2016(22).

[31] 刘志军,熊杨敬.基础教育学生评价生态的失衡与重构[J].中国教育学刊,2017(9).

[32] 李雁冰.论综合素质评价的本质 [J].教育发展研究,2011(24).

[33] 柳夕浪.综合素质评价——引导学生成为他自己[J].人民教育,2016(1).

[34] 刘志军,徐彬.综合素质评价——破除"唯分数"评价的关键与路径[J].教育研究,2020(2).

[35] 李冬梅.培养"升级版"生存能力——日本基础教育未来十年发展走向[J].人民教育,2017(20).

[36] 郎晓娟.美国中小学个性化教学策略及启示[J].教学与管理,2019(13).

[37] 欧玉松.构建家校合作学习共同体的内涵、意义及措施[J].教学与管理,2013(21).

[38] 裴娣娜.主体参与的教学策略——主体教育·发展性教学实验室研究报告之一[J].学科教育,2000(1).

[39] 彭泽平.培养公民还是人才——对我国基础教育培养目标定位的思考[J].教育理论与实践,2002(7).

[40] 彭寿清.日本基础教育课程改革及特点[J].当代教育科学,2004(18).

[41] 邱学华.尝试教学研究50年[J].课程·教材·教法,2013(4).

[42] 权国龙,冯园园,冯仰存,等.面向知识的可视化技术分析与观察[J].远程教育杂志,2016(1).

[43] 荣维东.课程标准基本问题探析[J].教育发展研究,2009(2).

[44] 孙喜亭.当前基础教育的改革是要取代以学科知识为中心的课程体系吗——与一种课程观讨论[J].教育研究与实验,1998(2).

[45] 宋宝和,宋乃庆.淡化"双基"是对"双基"的误解——多元视角下的"双基"解读[J].人民教育,2004(11).

[46] 石中英.如何理解基础教育的"基础性"[J].人民教育,2005(24).

[47] 申燕,吴琳娜,张景焕.优秀教师成长历程的质性研究[J].当代教育科学,2009(6).

[48] 田爱丽.综合素质评价——智能化时代学习评价的变革与实施[J].中国电化教育,2020(1).

[49] 汪潮,吴奋奋."双基论"的回顾与反思[J].课程·教材·教法,1996(12).

[50] 王标,宋乃庆.中小学名师类型、特征及成长策略[J].中国教育学刊,2013(5)

[51] 汪霞.国家课程和学校课程——英国中小学基础学科解析(之一)[J].外国教育资料,2000(6).

[52] 王楠,李永.基础教育网校实践个案研究——基于北京四中网校的案例分析[J].开放教育研究,2008(6).

[53] 王月芬,徐淀芳.重新反思“课程标准”——国际比较的视角[J].教育发展研究,2010(18).

[54] 王凯.试论中小学教师专业发展共同体建设路径[J].当代教育科学,2014(22).

[55] 吴刚.论中国情境教育的发展及其理论意涵[J].教育研究,2018(7).

[56] 许洁英.国家课程、地方课程和校本课程的含义、目的及地位[J].教育研究,2005(8).

[57] 熊川武.论自然分材教学[J].华东师范大学学报(教育科学版),2007(2).

[58] 辛涛,姜宇,林崇德,等.论学生发展核心素养的内涵特征及框架定位[J].中国教育学刊,2016(6).

[59] 杨洲.小学全科教师的素质结构及其培养路径[J].中国教育学刊,2016(4).

[60] 叶澜.时代精神与新教育理想的构建——关于我国基础教育改革的跨世纪思考[J].教育研究,1994(10).

[61] 叶澜.更新教育观念,创建面向21世纪的新基础教育[J].中国教育学刊,1998(2).

[62] 张斌.“课程标准”含义的演变与解读[J].教育学术月刊,2010(6).

[63] 张德启,汪霞.芬兰基础教育课程改革的整体设计与实施浅析[J].外国教育研究,2009(5).

[64] 张红霞.综合素质评价中教师的“应为”与“勿为”[J].中小学管理,2017(10).

[65] 张思中.适当集中,反复循环,阅读原著,因材施教——介绍中学外语十六字教学法[J].人民教育,1990(9).

[66] 赵士果.培养研究型教师——芬兰以研究为基础的教师教育探析[J].全球教育展望,2011(11).

[67] 赵鑫.论教师的感情修养[J].教育学术月刊,2012(4).

[68] 赵鑫,李森.我国教学方法研究70年变革与发展[J].课程·教材·教法,2019(3).

[69] 郑金洲.走向“校本”[J].教育理论与实践,2000(6).

[70] 钟启泉.基于核心素养的课程发展——挑战与课题[J].全球教育展望,2016(1).

[71] 钟启泉.“三维目标”论[J].教育研究,2011(9).

[72] 朱晓宏.日用即道——重新理解教师的职业修养[J].教育发展研究,2013(22).

[73] 朱小蔓.当代情感教育的基本特征[J].教育研究,1994(10).

[74] 朱小蔓.认识小学儿童 认识小学教育[J].中国教育学刊,2003(8).

[75] 朱旭东,周钧.教师专业发展研究述评[J].中国教育学刊,2007(1).

后　记

基础教育作为提高国民素质、建设精神文明、繁荣文化生活的奠基工程，直接关系着新时代人才培养质量和国家现代化进程。全面实现基础教育提质增效，是办好其他各阶段教育的前提条件和重要保障。2018年9月10日，习近平总书记在全国教育大会上强调，“培养德智体美劳全面发展的社会主义建设者和接班人，加快推进教育现代化、建设教育强国、办好人民满意的教育”，深刻揭示了基础教育在国家教育事业发展中的基石作用，为基础教育指明了发展方向。面对新时代建设高质量基础教育体系的浪潮，身为基础教育研究者，我们既有责任、也有义务努力编写一本高质量的基础教育学教材。

基础教育学作为教育学的分支学科，是一门专门洞察基础教育现象、剖析基础教育问题、把握基础教育规律的学科。我们致力于将教材打造成为西南大学基础教育研究中心的又一标志性成果，成为中小学教师培养培训的重要参考文献，以及本科生、研究生和基础教育研究者的参考用书。本教材基于历史与逻辑相统一、现实与未来相结合的研究视角，以时代变革和社会发展对人才培养的要求为价值导向，尝试对基础教育学的学科架构、经典内容与核心知识进行了全景式呈现。

第一，彰显基础教育学科体系的科学性。教材根据基础教育学的学科意蕴、学科发展以及基础教育的目标、主体、课程、教学、管理、评价和教研等构成要素，梳理并搭建了基础教育学的学科框架，确保教材内容的结构性和严谨性。

第二，立足基础教育学科内容的本位性。教材聚焦新时代基础教育发展前沿、反映中外基础教育的最新进展与发展趋势，凸显基础教育核心观点与独特方法，探讨基础教育学段的特有现象和问题，比如基础教育各学段学生的身心特征及教育要求等，确保教材内容的学理性与特色性。

第三，体现基础教育学科方法的实用性。教材精选了2014年、2018年基础教育国家教学成果奖，以及2014年、2018年和2021年省（区、市）级教学成果奖的获奖成果作为案例支撑，将基础教育的前沿观点、实践经验与经典理论有效结合，确保教材内容的切实性与操作性。

教材由宋乃庆教授、赵鑫教授和张辉蓉教授担任主编,撰写团队的核心人员有陈婷教授、范涌峰研究员、谢小蓉博士、王宁副编审、高鑫博士、郑智勇博士、刘燚博士、罗士琰博士后、李健博士后,以及研究生权琪、吴佩蓉、涂梦雪、王静和刘敏。由宋乃庆教授、赵鑫教授、张辉蓉教授、陈婷教授和范涌峰研究员负责统稿,宋乃庆教授、赵鑫教授和张辉蓉教授定稿。特别感谢西南大学出版社王宁、刘晓庆等编辑老师的辛勤付出,让此书得以尽快面世。教材引用了许多学者的研究成果,我们已在书中一一标明,如有遗漏,还请及时与我们联系,在此向这些学者表示衷心的感谢。

基础教育发展总是在一定的时空交织过程中进行,会受政治、经济、文化等诸多因素的交互作用,同时也会受到编写者研究视角和研究方法的影响。中国基础教育的发展仍然在路上,基础教育学作为一门教育学体系中的年轻学科,也存在许多尚待进一步探索之地,本教材仅是一次初步的尝试。教材由确定思路到撰写成稿历时两年,后又反复讨论和修改,时至定稿出版共用时三年。虽经历多次打磨润色,但我们自觉在讨论深度和广度上尚有诸多不成熟的地方,殷切盼望各位读者在阅读和使用中分享宝贵建议,不吝赐教!